プレップ
労働法［第7版］

森戸英幸

弘文堂

第7版のはじめに

衝撃の事実が明らかになった。

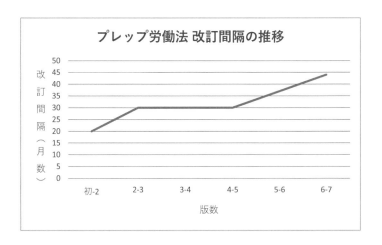

プレップ労働法 改訂間隔の推移

改訂間隔（月数）

	50 45 40 35 30 25 20 15 10 5 0

初-2　2-3　3-4　4-5　5-6　6-7

版数

　数字というのは時に無慈悲なまでに残酷だ。本人は毎回せっせと改訂しているつもりなのだが、改訂の間隔はしっかりと、順調に徐々に長くなってきている。おそらくこれは加齢に伴う人間の物忘れ頻度の上昇と同じ推移である（知らんけど）。この分だと8版が出るのは最も楽観的なシナリオで4年、中間的シナリオで4年3か月、最も悲観的なシナリオで4年半……あ、いや、最も悲観的なシナリオは「8版はもう出ない」か。

　そういうわけで、2019年の第6版刊行後約3年が経過し、この間、コロナ禍で世の中がすっかりおかしくなり（それは別に関係ないか）、注目すべき最高裁判例もいくつか登場、重要な法改正も相次いでなされたことから、「ザ・ファイナル」となるかもしれない第7版を世に出すこととした。「リアップ労働法」あるいは

「枯れッップ労働法」（→「第6版のはじめに」参照）を期待されていたオールド・ファンの皆さんにはただお詫びするしかない。その代わり次こそは、ドラッグの影響下で執筆した「トリップ労働法」をなんとか……

　今回の改訂では、立教大学法学部特任教授で弁護士の亀田康次先生に数多くの的確で有益なアドバイスを頂き、編集作業ではいつものように弘文堂編集部の高岡俊英さんに大変お世話になった。改めて心よりお礼を申し上げたい。

　　2022年12月　すすきののどこかで

森戸　英幸

初版のはじめに

　この本は、一言でいえば「ざっと読んでとりあえず労働法の全体像をさっと把握する」ための本、あるいは「さっと読んでとりあえず労働法の全体像をざっと把握する」ための本である——どっちがいいのかよくわからないのでとりあえず両方書いておいた。まあそれはともかく、要するに労働法の入門書だ。労働法を初めて学ぶ人、ちょっとは勉強したけどもう一度最初からきちんとやりたい人、とにかく明日の朝までに「一夜漬け」しなければならない人。そんな人たちに是非読んでもらいたい。

　なにしろ「ざっと（さっと）」読む本なので、できるだけ平易に、わかりやすく書いたつもりである。ホントは途中にイラストやマンガを挿入してさらにわかりやすくしたかったのだが、自分で描く才能はないし、人に頼む予算もコネもないし……ということでビジュアル系アピールは断念。そうすると残された可能性はテキスト系アピールだ。とは言え、事例とかケースを載せるっていうのはいかにもありきたりだし……ということでたどり着いたのが、職場でリアルになされていそうな「会話」というか「セリフ」を挟み込む、というやり方である。是非、実際に会話がなされている場面を妄想、じゃない想像しながら読んで頂きたい。結構楽しめるはずだ。

　なにしろ「さっと（ざっと）」把握するための本なので、そんなに細かいことまでは書いていない。取り上げた判例の数も多くないし、文献の引用も基本的にはしていない。断片的にサラッとしか、いやそもそもまったく触れていない「論点」（なんかいかにも試験勉強チックでイヤな響きだ……）もいくつかある。そこはもっとちゃんとした、分厚い、面白くな……じゃない、マジメな本でカバーして欲しい。ただそう言いつつ、ぶっちゃけ新司法試験くらいならこの本（＋ケースブック系の本を使ったロー・スクールでの講義）でも十分だと個人的には思っているのだが……

　「入門書」と自ら銘打ったが、ただ「コンパクトで読みやすいけど、表現があっさりし過ぎててつまらない、したがってなにも頭に入らない」というよくあるタイプの入門書には絶対にしたくなかった。読み

やすいけど面白い、（体系書ほどじゃないけど）それなりにその筆者の思いが感じられる本。そんな本にしたいと思いながら書いた。ホントにそういう本になっているのか？　それを確かめながら、かつちょっと疑いながら読んで頂ければ幸いである。

＊　　　＊　　　＊

　以下、（ガラにもなく）謝辞です。忘れもしない19年前の春、司法試験や公務員試験に邁進する級友たちの間でなんとなく波に乗り切れていなかった筆者に（なぜか）研究者の道を勧めて下さった、恩師菅野和夫先生。人間としてはなかなかナイス・ガイだが学者としては明らかにデキの悪い筆者をずっと暖かく見守って下さった、東京大学労働法研究会の諸先生方。そして、小さな大学（＝教科書採用でも部数期待できず）の無名（＝ってこともないんだけど、労働法じゃなくて企業年金が専門だと思われてきたので）研究者に（なぜか）このありがたいチャンスを与えてくれた、弘文堂編集部の高岡俊英さん。

　まだまだいます。判例や行政解釈の照合などの煩わしい作業をやってくれただけでなく、内容についても多くの有益な助言をしてくれた、成蹊大学法学部の原昌登助教授（ちなみに「はらまさ・のぼすけ」教授ではなく、「はら・まさと」助教授です）。新司法試験に向けての勉強で忙しいのに、そして報酬はこの本1冊だけなのに一生懸命原稿を読んでダメ出ししてくれた、成蹊大学法科大学院の院生有志、すなわち奥田真理子さん、金田恒平さん、志村彩織さん、鈴木淳史さん、長谷川泰さん、八田剛さん。

　以上の皆さんのご指導とサポートがなければ、この本が世に出ることはなかったはずです。本当にありがとうございました。

　2006年秋　吉祥寺東急裏のスタバにて

森戸　英幸

第2版のはじめに

2006年の初版刊行後まだ2年足らずではあるが、労働契約法の成立やパートタイム労働法の改正など、労働法制に大きな変化がみられ、また注目すべき新たな裁判例もいくつか登場したので、第2版を——

うー、ダメだ(>_<) あまりにベタな「第2版のはじめに」を書いている自分に寒気がしてきた。というわけで、いつもの調子に戻ろう。え、なんで第2版出したかって?! うーん、まあ強いて言えば「みんなが出すから」かな?

おかげさまで初版にはいろいろなご意見・ご批判を頂いた——たとえば「ふざけ過ぎだ」「ふざけ過ぎだ」あるいは「ふざけ過ぎだ」など。しかし残念ながら第2版もまったく同じトーンなので、ふざけた本で勉強したことをマジメな場面に応用する能力に欠ける場合は読まない方がよいかもしれない。

もちろん、おかげさまでお褒めの言葉も数多く頂いた(ちょっと自慢っぽいが、こっちの方が圧倒的に多かった)。「労働法を楽しく勉強できました!」という初学者の皆さんの反応もありがたかったが、学界の先生方、つまりは労働法を本当にわかっている方々の「面白かった」「実は深い本だね」などのお言葉が何よりも嬉しかった。

第2版も初版同様、いやそれ以上に喜んで頂けるように、やっぱりこの裁判例も載せた方がいいかな、これもうちょっと詳しく書こうかな……などの思いはすべて封印、グッと我慢。あまり欲張らず、初版同様、さっと(ざっと)読んで労働法の全体像をつかめる本、あまり息継ぎしないで一気に読める本に徹する、それだけは心がけたつもりである(……と言いつつ第2部にこっそり第6章が追加されたりしているのだが)。

＊　　＊　　＊

今回の改訂でも、多くの方々にお世話になった。初版同様この第2版についても数多くの有益な助言をしてくれた、成蹊大学法学部の原昌登准教授(そう、文科省の陰謀?により、残念ながら初版のギャグはもう二度と使えない……)。法令等の照合と内容の「検閲」をお願いした、

上智大学法科大学院の院生有志（三振すんなよ！）、すなわち、秋山経生さん、荒木耕太郎さん、佐藤慶さん、鈴木健太郎さん、飛田亮さん、藤井建徳さん。そしてもちろん、今回も全面的にバックアップしてくれた、弘文堂編集部の高岡俊英さん。皆さん本当にありがとうございました。

　2008年夏　赤坂見附WeST PArK CaFE にて

　　　　　　　　　　　　　　　森戸　英幸

第3版のはじめに

　2008年の第2版刊行後2年半余りが経過し、この間、労働基準法・育児介護休業法の改正、注目すべき最高裁判例の登場などもあったため、第3版──

　ハッ(◎_◎;)　ベタな書き出しにはもうサヨナラしたはずだったのに、加齢とともにいつの間にかまた無難な方向に(>_<)　いかんいかん！（←これがすでに初老のフレーズ）というわけで、いつもの調子に戻ろう。なんで第3版出したかって？　だってしょうがないじゃん、菅野先生も水町くんも、忙しいはずなのに毎年のように改訂するからさあ……

　両先生をはじめとする東京大学労働法研究会の諸先生方の立派な教科書にはまだまだ及ばないが、おかげさまで本書は「教科書採用はほとんどされてないのになぜかそこそこ売れる本」としての地位？を築いたようである。初版と第2版をお読み頂いた皆様に心より感謝申し上げるとともに、「だったらついでに3版も買えよ！」との言葉を捧げたい。

　今回の改訂でも、第2版に引き続き、成蹊大学法学部の原昌登准教授、ならびに京都大学大学院博士後期課程の佐藤慶さんに数多くの有益なアドバイスを頂き、編集作業では弘文堂編集部の高岡俊英さんに大変お世話になった。改めてお礼を申し上げたい。

2011年1月　紀尾井町Aux Bacchanales にて

森戸　英幸

第4版のはじめに

　2011年の第3版刊行後2年半余りが経過し、〔建前〕この間、有期労働契約に関する労働契約法の改正、注目すべき最高裁判例の登場などもあったため、〔本音〕遊ぶ金が欲しかった、どの本でもよかった、第4版を刊行することとした。

　スリムでちょっと小脇に抱えるとオシャレな厚さだったのは初版のみ。その後版を重ねるにつれてのバルクアップは避けられなかった。このままだと第4版はかぎりなく立方体に近づくのではないか、オマエはコロコロコミックかという懸念もあったのだが、今回1ページあたりの字数を増やすという裏技？偽装？により、ほんの少しだが第3版よりも減量に成功した。ちょっとのリバウンドですぐ帳消しになるくらいのささやかなページ数だが。

　私がこのようなスタイルのテキストを書けるのは、恩師である菅野和夫先生（古稀だけどまだイケメン）をはじめとする東大労判の諸先生方がそれぞれ立派な基本書を出版されているからである。私はある意味それに甘えて――などとすごく謙虚な体で書いてみたが、よく考えたらこれって「オレだって分厚い教科書を書く能力はあるんだけど敢えて書いてないだけだよ」と言ってるのと同じであった。やはり人間年を取るとさらに傲慢になるようだ。

　今回の改訂にあたっても、成蹊大学法学部の原昌登教授（祝昇進！のぼすけ先生→「初版のはじめに」参照）、京都大学大学院博士後期課程の佐藤慶さん、そして慶應義塾大学法科大学院修了生の安藤翔さんに数多くの有益なアドバイスを頂き、編集作業では弘文堂編集部の高岡俊英さんに大変お世話になった。改めて心よりお礼を申し上げたい。

　2013年7月　中道通り港やにて

森戸　英幸

第5版のはじめに

　この世に生を受けてからはや50年が経過し、この間、体型の大変革、毛髪量の適正化が進展したため—おっと失礼、これはただのパーソナルなつぶやきだ（続きはラテアートとともにインスタにアップしよう！やってないけど）……えっと、2013年の第4版刊行後約2年半が経過し、この間、労働者派遣法や障害者雇用促進法の大改正、注目すべき最高裁判例の登場などもあったため、第5版を刊行することとした。

　気がつけばこのプレップも10年目。守旧派になんだかんだディスられつつこの出版構造不況の中第5版まで出せるなんて、いや出して頂けるなんて、本当に読者の皆様にただただ感謝である。これだけ版を重ねるというのは、考えてみれば相当にスゴイ、なかなかレアなことだ。もはや弟子だということを忘れられている説もあるがやっぱり未だに頭の上がらない恩師菅野和夫先生の『労働法』（弘文堂）が第11版、大先輩中窪裕也先生・野田進先生の『労働法の世界』（有斐閣）も第11版、カワイイ後輩（だった）水町勇一郎先生の『労働法』（有斐閣）は第6版……えっと、前言撤回！　第5版なんてまだまだヒヨッコであった。上記の皆様をはじめとする東大労判の諸先生方に負けないよう、引き続き精進揚げを食していきたい……ではなく、精進していきたい。

　今回の改訂にあたっても、成蹊大学法学部の原昌登教授に、そして新たに弁護士の鈴木みなみ先生（featuring 乳飲み子）に数多くの有益なアドバイスを頂き、編集作業ではいつものように弘文堂編集部の高岡俊英さんに大変お世話になった。改めて心よりお礼を申し上げたい。

2016年2月　北アルプスを望む 松本駅にて

森戸　英幸

第6版のはじめに

【まさかのお詫びから】

　3年ほど前、ツイッター（@moritohideyuki）というリアル社会で
モヤモヤを解消仕切れない寂しい人たちが集うSNSで、「『プレップ』
も今回で最後。年齢的に次の版からは『リアップ労働法』になる予定
です」などとつぶやきましたが、結局日和ってフツーに改訂してしま
いました。私の不徳の致すところです。深くお詫びいたします。ちな
みに（もしあれば、ですが）次の改訂では、さらに老いも進行するこ
とですし、今度こそタイトルを「枯れップ労働法」にすることをここ
にお約束致しま……

　——弘文堂編集部の目が、いやマジメな世間の皆さんの目が冷たい
のでちょっと軌道修正。2016年の第5版刊行後約3年があっという間
に経過した。この間、注目すべき最高裁判例が登場し、（いろいろあ
った）「働き方改革」推進法をはじめとする重要な法改正も相次いで
なされたことから、第6版を刊行することとした。

【「働き方改革」をざっくり】

　というわけで「働き方改革」である。巷ではこの言葉が勝手に徘徊、
いやひとり歩きをしている感もあるが、法改正に焦点を絞って言うな
らば、それは2018年6月に成立した「働き方改革を推進するための関
係法律の整備に関する法律」によってなされた、労働基準法の改正と
パート・有期法制定を核とする一連の改革のことである。本書ではも
ちろん改革の中身についてあちこちで説明しているが、ここでその全
体像をざっくり概観しておこう——はしがきでやることか？　という
気もするが他にいい場所もなく。

　そもそも「働き方改革」の目的は何なのか？　これまでのお役所の
公式説明からキーワードを拾ってざっくりまとめると、

①時間外・休日労働の上限規制導入などによる、

　長時間労働の是正（本書第3部第4章Ⅱ1など）

②「高度プロフェッショナル制度」導入などによる、

　多様で柔軟な働き方の実現（第3部第4章Ⅲ4など）

③「同一労働同一賃金」規制の強化（第2部第6章Ⅰ2(2)など）

⇓

「多様な働き方を選択できる社会」を実現

⇓

就業機会拡大／労働者が意欲・能力を存分に発揮

⇓

経済活性化？

　という好循環を狙ったもののようだ（そうはうまくいかないだろうが）。さらに深読みするなら、長期雇用の保障と引き換えに「恒常的な残業」をする「正社員」という、これまでの雇用慣行と労働法が前提としてきた典型的な労働者像を変えていこう！　という意図もありそうである（いい方に変わるといいね！）。

【結局締めはありきたり】

　今回の改訂でも、成蹊大学法学部の原昌登教授（気がつけば地方講演営業の強力なライバルに……そろそろ潰すか?!)、そして新たに慶應義塾大学法科大学院修了生の山口久美子さん（自慢の教え子の1人です）に数多くの有益なアドバイスを頂き、編集作業ではいつものように弘文堂編集部の高岡俊英さんに大変お世話になった。改めて心よりお礼を申し上げたい。

　　2019年3月　JL70（SGN-HND）機内にて

森戸　英幸

目　　次

第7版のはじめに ……………………………………………………………… *iii*

第1部　労働法の全体像

I　労働法とは ……………………………………………………………… *2*
II　労働法はなぜ生まれたのか、なぜ必要なのか…………………… *5*
　1　民法は冷た過ぎ!?　(*5*)
　2　労働法がキミを救う!　(*10*)
III　労働法のプレイヤー──登場人物 …………………………… *13*
　1　労働者　(*13*)
　2　使用者　(*18*)
　3　労働組合　(*20*)
IV　労働法のルールはどこに定まっているか──法源…………… *23*
　1　労働契約　(*24*)
　2　労働法規　(*25*)
　3　判例法理　(*28*)
　4　就業規則　(*29*)
　5　労働協約　(*33*)
　6　労使慣行　(*37*)
　7　労使協定　(*38*)

第2部　入社してから退職するまで──労働契約法

第1章　採用・採用内定・試用 …………………………………… *45*
I　採　用 ……………………………………………………………… *45*
　1　原則──採用の自由　(*45*)
　2　例外──「聖域」の終焉　(*48*)
　3　最後の「聖域」──契約締結の自由　(*50*)
　4　労働契約締結時における規制　(*51*)
II　採用内定 ………………………………………………………… *53*
　1　採用内定とは　(*53*)
　2　採用内定取消の可否　(*55*)
III　試　用 ……………………………………………………………… *56*

  1 試用期間の意義 *(56)*

  2 本採用拒否の可否 *(57)*

第2章　人　　事 …………………………………………… *60*

 I　配　　転 ………………………………………………… *60*

  1 配転はなぜ行われるか *(60)*

  2 労働契約上の根拠 *(61)*

  3 権利濫用法理による制限 *(64)*

 II　出　　向 ………………………………………………… *66*

  1 出向とは *(66)*

  2 労働者の「同意」 *(67)*

  3 権利濫用法理による制限 *(68)*

 III　転　　籍 ………………………………………………… *69*

  1 転籍命令の有効性 *(70)*

  2 企業組織再編との関係 *(71)*

 IV　休　　職 ………………………………………………… *73*

第3章　懲　　戒 …………………………………………… *76*

 I　「企業秩序」と懲戒処分 …………………………………… *76*

 II　懲戒処分の有効要件 ……………………………………… *77*

  1 就業規則への記載 *(77)*

  2 懲戒権の濫用 *(78)*

 III　懲戒処分の種類 …………………………………………… *80*

  1 けん責・戒告 *(80)*

  2 減　　給 *(80)*

  3 出勤停止 *(81)*

  4 懲戒解雇 *(81)*

 IV　懲戒事由 …………………………………………………… *83*

  1 経歴詐称 *(83)*

  2 職場規律違反 *(85)*

  3 勤務状況不良 *(86)*

  4 業務命令違反 *(86)*

  5 私生活上の行為 *(87)*

第4章　労働契約の終了 …………………………………… *91*

I 解 雇 ……………………………………………… 91
　1 民法上の原則 (91)
　2 法令上の解雇規制 (92)
　3 解雇権濫用法理 (94)
　4 整理解雇 (96)
　5 違法な解雇＝無効 (101)
II 有期労働契約の期間満了──雇止め法理 …………………… 104
　1 無期契約における解雇と同視できる場合 (105)
　2 契約更新につき合理的期待がある場合 (107)
　3 雇止め法理の効果 (107)
　4 正社員の解雇との差異 (108)
III その他の契約終了事由 ……………………………… 108
　1 合意解約 (108)
　2 辞 職 (109)
　3 定年制 (110)
IV 退職をめぐるその他の法的問題 ………………………… 113
　1 退職金の減額・不支給 (113)
　2 退職後の競業 (115)
　3 退職勧奨と退職強要 (116)
　4 退職時等の証明 (117)

第5章　労働条件の変更………………………………… 118
I 労働条件変更の方法
　　　──就業規則か、労働協約か、それとも両方か …… 118
II 就業規則の変更……………………………………… 119
　1 入る前か、入った後か──それが問題だ (119)
　2 ここでもまた「合理性」 (122)
　3 「合理性」の判断基準 (124)
　4 合意による変更 (126)
III 労働協約の改訂……………………………………… 127
　1 組合員の場合 (127)
　2 非組合員の場合 (129)

第6章　非正社員の労働契約 ……………………………… 130
I パートタイム・有期雇用労働法 ………………………… 130

1 そもそも「非正社員」とは （130）

2 「パー有法」までの道のり （131）

3 適用対象 （133）

Ⅱ 均等・均衡待遇 ………………………………………………… 134

1 同じ仕事なら同じ処遇を──均等待遇（差別的取扱いの禁止）
（134）

2 違う仕事でもそれなりの処遇を──均衡待遇（不合理な待遇格差
の禁止）（136）

3 パートでも有期でもないけど非正社員？ （139）

4 派遣労働者についての均等・均衡待遇 （140）

Ⅲ パー有法その他の規制 …………………………………… 140

1 待遇に関する説明義務 （140）

2 その他事業主の義務 （141）

3 各種の行政措置 （143）

Ⅳ 有期労働契約の無期転換 ……………………………………… 143

1 5年で無期労働契約に （143）

2 クーリング期間 （144）

Ⅴ 派遣労働者 …………………………………………………146

1 労働者派遣とは？ （146）

2 労働者派遣に関する規制 （148）

3 均等・均衡待遇 （151）

4 労働者派遣と労働者供給・業務請負 （153）

第3部　労働者保護か、余計なお世話か──労働保護法

第1章　雇用平等 ……………………………………………… 160

Ⅰ 均等法以前……いや均等法以外の雇用平等法理 ………… 161

1 均等待遇の原則 （161）

2 男女同一賃金の原則 （162）

3 男女平等取扱い法理 （163）

Ⅱ 男女雇用機会均等法……………………………………… 163

1 立法の経緯とその後の改正 （163）

2 「女性差別禁止法」から「男女平等法」へ （165）

3 性別による差別の禁止 （165）

4 女性労働者に関する規定 （168）

　　5　セクシャル・ハラスメント　(174)

　Ⅲ　障害者雇用促進法……………………………………………… 176

　　1　障害者に対する差別の禁止　(177)

　　2　合理的配慮の提供義務　(177)

　　3　法定雇用率による雇用促進　(179)

第2章　労働者の人権擁護 ……………………………………… 180

　Ⅰ　労働憲章 ……………………………………………………… 180

　　1　強制労働の禁止　(180)

　　2　中間搾取の排除　(180)

　　3　公民権行使の保障　(181)

　Ⅱ　労働契約に関する規制 ……………………………………… 181

　　1　契約期間の制限　(181)

　　2　賠償予定の禁止　(183)

　　3　前借金相殺の禁止　(185)

　　4　強制貯金の禁止　(186)

　Ⅲ　ハラスメントをめぐる法………………………………………187

　　1　民事法上のルール　(187)

　　2　労働施策総合推進法上のルール　(188)

第3章　賃　　　金 ……………………………………………… 191

　Ⅰ　賃金とは ……………………………………………………… 191

　Ⅱ　賃金の支払いに関する諸原則 ……………………………… 193

　　1　通貨払いの原則　(193)

　　2　直接払いの原則　(194)

　　3　全額払いの原則　(195)

　　4　毎月1回以上一定期日払いの原則　(197)

　Ⅲ　休業手当 ……………………………………………………… 197

　　1　民法536条2項との関係　(198)

　　2　帰責事由の範囲　(199)

　Ⅳ　賃金に関するその他の法的ルール ………………………… 200

　　1　最低賃金　(200)

　　2　賃金の立替払制度　(200)

　　3　賃金の非常時払い　(201)

　　4　時　　効　(201)

第4章　労働時間 ·· *203*

Ⅰ　法定労働時間・休憩・休日 ······················ *203*
　1　法定労働時間　(*203*)
　2　休　　憩　(*203*)
　3　休　　日　(*205*)
Ⅱ　「三六協定」による時間外・休日労働 ·············· *206*
　1　三六協定　(*207*)
　2　割増賃金　(*212*)
Ⅲ　労働時間等に関する規制の適用除外 ··············· *218*
　1　農・水産業に従事する者　(*218*)
　2　「管理監督者」「機密事務取扱者」　(*219*)
　3　監視・断続的労働従事者　(*220*)
　4　高度プロフェッショナル制度　(*221*)
Ⅳ　労基法上の「労働時間」とは？ ····················· *222*
　1　労基法上の労働時間≠所定労働時間　(*222*)
　2　「労働時間性」が問題となるケース　(*223*)
　3　「労基法上の労働時間」が増えたら何かトクするのか？　(*225*)
Ⅴ　法定労働時間の「デコボコ化」と「フニャフニャ化」
　　　　──変形労働時間制、フレックスタイム制 ············ *227*
　1　労働時間の「デコボコ化」──変形労働時間制　(*228*)
　2　労働時間の「フニャフニャ化」──フレックスタイム制　(*230*)
Ⅵ　労働時間のみなし制──事業場外労働・裁量労働 ········ *231*
　1　事業場外労働のみなし制　(*232*)
　2　裁量労働のみなし制　(*232*)

第5章　休暇・休業 ·· *238*

Ⅰ　年次有給休暇 ··· *238*
　1　どれだけ休めるか？──年休権　(*238*)
　2　いつ休むか？──時季指定権と時季変更権　(*240*)
　3　計画年休──労使協定による時季指定　(*242*)
　4　使用者による時季指定　(*243*)
　5　年休の繰越し　(*245*)
　6　年休の取得と不利益取扱い　(*246*)
Ⅱ　育児・介護休業 ··· *247*
　1　立法の経緯など（を徒然なるままに……）　(*247*)

2　育児休業 （*248*）

3　介護休業 （*251*）

4　子の看護休暇 （*252*）

5　介護休暇 （*252*）

6　勤務時間の短縮等の措置 （*253*）

第6章　労災補償 ………………………………………………… *254*

Ⅰ　労災保険 ……………………………………………………… *255*

1　労災保険制度の枠組み （*255*）

2　業務災害 （*257*）

3　通勤災害 （*262*）

4　保険給付の種類 （*263*）

Ⅱ　いわゆる「労災民訴」………………………………………… *263*

1　民事損害賠償の法的枠組み （*264*）

2　労災保険給付と民事損害賠償の調整 （*265*）

第4部　労働組合の持つパワーとは？──労使関係法

Ⅰ　「クミアイ」を作る権利──団結権 ………………………… *274*

1　ユニオン・ショップ協定 （*274*）

2　組合費とチェック・オフ （*279*）

3　使用者の便宜供与 （*280*）

Ⅱ　「話し合いに応じろ」と要求する権利──団体交渉権 …… *282*

1　団体交渉の意義 （*282*）

2　誠実交渉義務 （*284*）

3　団交事項 （*285*）

Ⅲ　会社から「一筆取る」権利──労働協約締結権 ………… *286*

1　規範的効力 （*287*）

2　債務的効力 （*288*）

3　労働協約の拡張適用── 一般的拘束力 （*289*）

Ⅳ　「非常時の武器」と「平常時の備え」の権利──団体行動権… *293*

1　「正当な」争議行為についての法的保護 （*294*）

2　争議行為の「正当性」とは？ （*296*）

3　組合活動についての法的保護と「正当性」 （*299*）

4　争議行為と賃金 （*302*）

V　ある意味これもスペシャルなパワー
　　　──不当労働行為救済制度 ……………………… *305*

　1　不当労働行為とは？　(*305*)
　2　不利益取扱い　(*306*)
　3　団交拒否　(*309*)
　4　支配介入　(*310*)
　5　不当労働行為の救済手続　(*315*)

事項索引 ……………………………………………………… *320*
判例索引 ……………………………………………………… *326*

おわりに

《略語一覧》

法令・通達等

令	施行令
則	施行規則

育介	育児休業、介護休業等育児又は家族介護を行う労働者の福祉に関する法律（育児介護休業法）
科技イノベ活性化法	
	科学技術・イノベーション創出の活性化に関する法律
家労	家内労働法
刑	刑法
憲	憲法
健保	健康保険法
公通	公益通報者保護法
高年	高年齢者等の雇用の安定等に関する法律（高年齢者雇用安定法）
厚労告	厚生労働大臣告示
雇均	雇用の分野における男女の均等な機会及び待遇の確保等に関する法律（男女雇用機会均等法、均等法）
国税徴	国税徴収法
雇児発	厚生労働省雇用均等・児童家庭局長名で発する通達
雇保	雇用保険法
基収	（厚生）労働省労働基準局長が疑義に応えて発する通達
基発	（厚生）労働省労働基準局長名で発する通達
最賃	最低賃金法
障雇	障害者の雇用の促進等に関する法律
職安	職業安定法
短労	短時間労働者の雇用管理の改善等に関する法律（パート労働法）
短有労	短時間労働者及び有期雇用労働者の雇用管理の改善等に関する法律（パート・有期法、「パー有法」）
賃確	賃金の支払の確保等に関する法律（賃確法）
均等法「性差別」指針	
	労働者に対する性別を理由とする差別の禁止等に関する規定に定める事項に関し、事業主が適切に対処するための指針（平18厚労告614）
均等法「セクハラ」指針	
	事業主が職場における性的な言動に起因する問題に関して雇用管理上講ずべき措置についての指針（平18厚労告615）
合理的配慮指針	
	雇用の分野における障害者と障害者でない者との均等な機会若しくは待

　　　　遇の確保又は障害者である労働者の有する能力の有効な発揮の支障と
　　　　なっている事情を改善するために事業主が講ずべき措置に関する指針
　　　　（平27厚労告117号）
大学教員任期法　大学の教員等の任期に関する法律
売防　　　売春防止法
不競　　　不正競争防止法
身元保　　身元保証ニ関スル法律
民　　　　民法
民執　　　民事執行法
労安衛　　労働者安全衛生法
労基　　　労働基準法（労基法）
労契　　　労働契約法（労契法）
労告　　　労働大臣告示
労災保　　労働者災害補償保険法（労災保険法）
労施　　　労働施策の総合的な推進並びに労働者の雇用の安定及び職業生活の充実
　　　　　　　等に関する法律
労承継　　会社分割に伴う労働契約の承継等に関する法律（労働契約承継法）
労審　　　労働審判法
労組　　　労働組合法（労組法）
労調　　　労働関係調整法
労派　　　労働者派遣事業の適正な運営の確保及び派遣労働者の保護等に関する法
　　　　　　　律（労働者派遣法、派遣法）
労保徴　　労働保険の保険料の徴収等に関する法律
割増率令　労働基準法第37条第1項の時間外及び休日の割増賃金に係る率の最低限
　　　　　　　度を定める政令（平6政令5）

判　例

最判（決）　　最高裁判所判決（決定）
最大判（決）　最高裁判所大法廷判決（決定）
高判（決）　　高等裁判所判決（決定）
地判（決）　　地方裁判所判決（決定）
支判（決）　　支部判決（決定）

民集　　　最高裁判所民事判例集
労判　　　労働判例
判時　　　判例時報
労経速　　労働経済判例速報
LEXDB　　LEX/DB インターネット（判例データベース）

第1部

労働法の全体像

I　労働法とは

なぜか売春の話から

　この法律ってどういう法律なんだろう？　と思ったら、まずはその法律の第1条を読んでみることだ。その法律が全体としてなにを目的としているのか、どのようなルールを規定しているのか、だいたいの感じがわかる。たとえば——

売春防止法1条　　この法律は、売春が人としての尊厳を害し、性道徳に反し、社会の善良の風俗をみだすものであることにかんがみ、売春を助長する行為等を処罰するとともに、性行又は環境に照して売春を行うおそれのある女子に対する補導処分及び保護更生の措置を講ずることによつて、売春の防止を図ることを目的とする。

　この法律が売春の防止を目的とするものであることは明らかだが、1条の冒頭を読むと、なぜ売春がイケナイ（あえてカタカナ）ものとされているのかがわかる。「人としての尊厳を害し、性道徳に反し、社会の善良の風俗をみだす」からである。続けて読むと、処罰の対象となるのは「売春を助長する行為等」であることがわかる。「売春」そのものでないところがミソだ。売春も買春も禁止されてはいるが（売防3条）、それ自体はこの法律では処罰の対象となっていない。処罰の可能性があるのは売春の勧誘や周旋などの「売春を助長する行為等」を行った場合のみだ（同5条以下）。

　さらに先を読むと、売春の禁止、売春を助長する行為等の処罰以外にこの法律がなにを定めているのかもわかる。売春を行うおそれがある女性に対する補導処分（売防17条以下）と保護更生措置（同34条以下）である。そしてそれらの措置の目的は、「売春の防

止」だ。

このように、法律の第1条というのは実にたくさんの情報が詰まっているのである……例外もたまにはあるが（民法とか刑法とか、昔からあるちょっとエラソーな法律の第1条はだいたい不親切だ。そしてまた、昔からあるエラソーな法律が専門の先生はだいたい……いやいやそんなことはありません！）。そう、困ったときはまず第1条！

労働法第1条？

というわけで、話が逸れまくった感じもするので少し戻そう。本題は「労働法とは」であった。先ほどのルールに従えば、労働法とはなにかを知りたければ、労働法の第1条を読むべきだということになる。そこで六法を開いて調べてみると……あれ？　おかしいぞ。労働法っていう法律はどこにもないじゃないか?!

──そう、実はこの現代日本には「労働法」という法律は存在しないのだ。労働基準法とか労働組合法とか、「労働」という言葉がどっかに入った法律は結構たくさんあるのだが、肝心の？「労働法」はないのである。

そんなこと知ってるよ！　だいたいそれなら最初からそう言えばいいじゃないか、「労働法という法律は存在しない」と書けば1行足らずで済んだのに！　とお怒りの読者へ。まあまあ、落語のマクラみたいなもんだから……それに、大学の講義で半年間毎週のように「労働基準法は……」「労働組合法では……」と連呼したにもかかわらず、「労働法20条によれば……」なんていうダメダメ答案がたまにあるのもこれまた事実。民法という講義もあり、民法という法律もある。刑法という授業では、刑法という法律を勉強する。でも、労働法という講義科目はあるけど、労働法という名前の法律はない。当たり前のことだが、ここでもう一度だけ確認しておこう。

労働法とは？——「個別法」「団体法」

では結局、労働法とはなにか。一言でいえば、「雇われて働くこと」に関する様々なルールの総称である。サラリーマン、アルバイト、パートタイマー、派遣労働者、外国人労働者……名称もその働き方も様々だが、とにかくみんな雇われて働く人である。労働法ではこの人たちを「労働者」と呼ぶ。そう、労働者に関わる法が労働法、ということになる——この一文だけ読むとなんか当たり前のことを言っているだけのようでもあるが、本当にそうなのだからしょうがない。

労働法は、伝統的に2つに分類されてきた。1つは、労働者「個人」とそれを雇う側との関係を扱う分野である。雇う側、一般的な言葉でいえば「会社」あるいは「企業」であるが、労働法では「使用者」という言葉を用いる。労働者個人と使用者との関係に関する法ということで、個別的労働関係法（個別法）と呼ばれる。最近では雇用関係法という呼称もよく用いられる。この分野に属する代表的な法律は労働基準法（労基法）や労働契約法（労契法）、男女雇用機会均等法（均等法）である。労働者個人が雇われるとき、報酬をもらうとき、残業するとき、転勤するとき、昇進するとき、転職するとき、クビになるとき……「雇われて働く」ことの様々な局面に適用されるルールが「個別法」である。

2つめは、労働者個人ではなく、その団体である労働組合と使用者との関係を扱う分野である。集団的労働関係法（団体法、集団法）あるいは労使関係法と呼ばれる。要するに「組合」と「会社」との関係に関する法である。労働組合法（労組法）や労働関係調整法などがこのカテゴリーに属する。労働者が労働組合を結成するとき、組合活動をするとき、団体交渉を要求するとき、ストライキに打って出るとき……組合の組織と活動に関する様々なルールの集まりが「団体法」である。

期待の新人？——「市場法」

　なお最近では労働法「第3の分野」として「労働市場（の）法」が登場してきている。労働力を買いたい人（求人者）と労働力を売りたい人（求職者）が取引の相手を探す場が労働市場である。要するに労働者と使用者の「マッチングアプリ」だ。労働市場への参入、そこでの「相手探し」、そして市場からの撤退（すなわち、労働生活からの引退）に関するルールを定めるのが労働市場法である。国の雇用政策の実現手段であることから雇用政策法とも呼ばれる。代表的な法律としては、職業安定法、雇用保険法、労働者派遣法などが挙げられる。終身雇用の時代からリストラと転職の時代へ、という社会の変化が「市場法」への注目度を高めたといえよう。

　なお、個別法、団体法、市場法という区別は絶対的なものではない。たとえば労働組合法が規制する労働協約。これは労働組合と使用者との取り決めであり、通常は団体法の分野の問題として扱われる。しかし労働協約が決めたことは組合員である労働者個人の労働条件となる（労組16条参照。→Ⅳ5(1)）ので、その意味では個別法の問題ともなる。また労働市場法に属するとされる労働者派遣法は、派遣労働者と派遣先とのマッチングを行う労働者派遣業を規制するものではあるが、同時にまた派遣労働者個人の労働条件に影響を与えるルールをも定めている。その意味では個別法の要素も有している。要するに、いい加減で恐縮だが、3つの分類はまあ、だいたいの、一応の区別だと思っておいて欲しい。

Ⅱ　労働法はなぜ生まれたのか、なぜ必要なのか

1　民法は冷た過ぎ!?

民法は大事だが……

ところで、人を雇う使用者、雇われて働く労働者、労働者の集

団である労働組合。これらはどれも公の存在ではなく、私的な存在、法律的にいえば「私人」である。私人の間の法的問題を扱うのは民法だ。労働法のメイン・テーマの1つである労働契約、すなわち、雇われて働くという労働者側の約束と、それに対してお金を払うという会社側の約束からなる契約も、私人間の契約である。家を借りる契約、お金を借りる契約、携帯電話利用契約などと同様に、民法の契約法のルールが適用されることになる。ではなぜ、民法があるのに、わざわざ労働法があるのか。なぜ民法とは別に労働法という科目が独立して存在するのか。なぜ労働法は必要なのか。

　実は、労働法を教えるセンセイたちの雇用対策である……というのはウソで（いや本当かもしれないが）、本当のところは、民法のルールを、現実の職場で現実に雇われて働いている人にそのまま適用するとどうも具合が悪い、ということが歴史的にもわかってきたからである。その不都合をなくすために、民法に取ってかわる、あるいは民法のルールを一定の範囲で修正する労働法が必要となったのだ。

　では、民法のルールはどんな不都合を引き起こすのか？

劣悪な労働条件

　民法の世界のプレイヤーは私人＝市民である。市民というのは皆平等と相場が決まっている。雇われて働く労働契約の当事者、すなわち労働者と使用者も、平等で対等な関係にある市民と市民。対等な関係にある当事者が自由な意思で契約を結んだのだから、その内容に原則として法は干渉しない、うるさいことは言わない——これが契約自由の原則である。民法の重要なルールの1つだ。なかなか立派なルールのような気もするが、これが労働の現場では不都合を生じさせる可能性があるのだ。

　たとえば、アルバイトを探す貧乏学生（ギリギリで炎上しないワー

ドと判断）がいるとする。しかし世の中の景気もいまいち、仕事はなかなか見つからない。ある日、すごく怪しげな中年のオッサンがやってきて、雇ってあげてもいいという。やったー！　と喜んだのもつかの間、なんとやたらにきつい肉体労働なのに時給はたった300円、しかも1日15時間ぶっ続けに働くのだという。

> 貧乏学生「えーっ、そりゃああんまりっすよー、マジありえないっすよー」（……貧乏学生なのできっとこんな口調）
> いかにも悪そうなオッサン「そうか、イヤならいいんだぜ。他にいくらでもやりたいってヤツはいるからな！」
> 学生「わかりましたわかりました、やりますよ、時給300円で15時間。それでいいです」（今すぐ金が欲しいからもうこう言うしかない）
> オッサン「（ニヤッと笑って）よし、じゃあホントにいいんだな、約束だぞ、契約だぞ……」

　このように、契約自由という立派にみえるルールの下で、低賃金や長時間労働などの劣悪な労働条件が放置される。女性や年少者が酷使される。これらは実際にかつて日本で、いや世界各国で起こったことである。

突然クビ!?

　また民法の復讐、じゃない（リベンジしてどうする）、復習になってしまうが……契約自由の原則というのは、契約を締結するのもしないのも自由、その内容も自由ということである。そして期間の定めのない契約ならば、それをやめる（解約）のもまた自由、という意味である。要するに、ある日突然、明日からもうこなくていいよ、オマエはクビだ！（You're fired!）――アメリカ映画によくそういうシーンがあるが――と言われるかもしれないという

ことだ。

「ク、クビ？　な、なんでですか……」
「オマエの顔がキライなんだよ！」
「えっ?!」
「っていうか、なんとなくだよ、理由なんかねえよ」

　全く、悪魔のような上司だ。自分で書いておきながら憤ってしまう。アメリカ映画では、解雇されて放り出された気の弱そうな男がついに逆ギレ、ライフル持って会社に乗り込んで来る、なんていうシーンもよくある。
　しかし日本の民法の立場も実はこれとそう変わらない。当事者が雇用の期間を定めなかったときは、各当事者は、いつでも解約の申入れをすることができる（民627条1項）。この「いつでも」は、いつどんなときでも、どんな理由でも、という意味である。極端な話、「顔がキライ」でも、「なんとなく」でもいいのだ。もちろんそれと引き換えに、民法の世界では労働者の側も、なんとなくイヤだからもう辞めます、と言える。しかしよーく考えてみよう、労働者が突然辞めることで会社が受ける痛手と、会社から突然クビになることで労働者が受ける痛手。これは同じレベルのものと言えるだろうか？　これがはたして「平等」あるいは「対等」と言えるだろうか？

　職場での事故──労災
　そういうわけで、契約自由、解雇自由の名の下で労働条件が悪化する。いつクビになるかもしれないという恐怖の下での長時間・低賃金労働──そんな状態であれば、職場での事故、すなわち労働災害も当然発生しやすくなるだろう。ここでまた別の民法上の原則が立ちはだかる。いわゆる過失責任主義である。

職場での事故で負傷したら、その事故について責任のある者に補償してもらえばよい。民法の世界でもそれは損害賠償請求という形で可能である。ただ、不法行為（民709条・715条など）に基づき損害賠償を勝ち取るためには相手方に故意・過失が必要である。たとえば労働者が工場の機械で誤って手を挟んで大怪我してしまったとしよう。しかし手を挟んだのは前の晩の深酒がたたって居眠りをしていたからであったとしたら？　それは労働者側のミスだ。使用者側に過失があったとはいえないから、使用者から損害賠償を取ることはできそうもない。もしかしたら、機械を管理する使用者にも何らかの過失があったかもしれない。ただ仮にそうだとしても、経済力もなく立場も弱い労働者が訴訟でそれを立証するのは簡単ではない。ということで結局、労働者は職場で怪我しても泣き寝入りするしかない、ということになる。

　また仮に故意・過失を立証できたとしても、使用者が本当に賠償金を払ってくれるかどうかはわからない。全然払わないで夜逃げしてしまうかもしれない。そこまでワルじゃなくても、お金がなくて払えないかもしれないし、支払いが遅れるかもしれない。生活を支えるために働いて、その結果ケガしたのに、すぐに補償が得られない。被災した労働者にとってはまことに酷な状況だ。

団結は談合と一緒？

　そこで労働者は考えた。そうだ、１人だと旗色が悪いから、団結して要求すればいいじゃないか、と。でもし要求が通らなかったらストをして対抗しよう！　ところがこれも、民法が想定する世界ではダメなのだ。労働者が団結し、賃金は最低でもこれくらいにしよう、と決める。そしてそれを使用者に対して要求する。こういう行為は、自立した市民としての使用者と労働者の労働力に関する「取引の自由」「契約の自由」を制限する違法な行為とされた。実際かつてのイギリス（と言っても20年前とかではない、200

年くらい前である……）には、「団結禁止法」というそのまんまの名称の法律があったくらいだ。

　労働者が労働組合という形で共同戦線を張り、自分たちの労働力の値段を決めて使用者に対抗する行為は、企業間のカルテル、あるいはゼネコンが談合して入札価格を決めるのと同じように、取引の自由を制限するイケナイ行為だ、ということになるわけだ。

2　労働法がキミを救う!

　このように、職場に民法のルールをそのまま適用するとどうもいろいろと不都合が生じるようだ。なぜ生じるのか?　それは結局、民法の考え方の大前提である「契約当事者の平等」、すなわち労働者と使用者は対等な立場にある、という発想にそもそも無理があるからだ。むかしむかしはもちろん、現代でさえ、やはり労働者と使用者は全然対等なんかじゃない。ほとんどのケースでは、経済的にも立場的にも使用者の方が優位にある。とすれば、職場を民法のルールに委ねたままにしておくのはよくない。一定の範囲で、立場の弱い労働者の保護が図られる方向にこのルールを修正すべきだ。そこで労働法が登場する。そう、労働法は、「だってみんな対等なハズじゃん」と融通の効かないことを言っている原理主義的な民法の世界から、働くキミたちを救い出すために生まれたのだ。

　では労働法は、民法のルールが職場にもたらした前述のような弊害をどのように解決することにしたのか。順番にみていこう。

最低労働基準の設定

　労働条件悪化の問題については、たとえば「1日の労働時間は最長でも8時間」「最低でも時給は1,072円」「15歳未満は働かせてはいけない」など、法律で最低基準を設定することにした。その分「契約自由」は制限されることになる。現代の日本では、労

基法や最低賃金法などがこの最低基準を設定している。最低基準を下回る契約、すなわち1日10時間働く契約や時給300円の契約は原則として法的な効力を持たない（労基13条、最賃4条2項）。

　契約を無効にするだけではまだまだ足りない。法律で定める以上、実際の職場でちゃんと守ってもらわないと困る。そこで労基法も最低賃金法も、この最低基準を守らずに労働者を働かせた使用者に刑罰を科すことにした（労基117条以下、最賃40条）。さらにこの基準が職場でちゃんと守られているのかどうかをチェックする「お目付役」のお役所とお役人も用意した。労働基準監督署と労働基準監督官がそれだ。

解雇の制限

　労働者がテキトーな理由で、あるいは全く理由なく解雇されてしまうという状況を阻止するため、労働法は解雇を制限するルールを作ることにした。海外には、そのものズバリの「解雇制限法」という法律を制定してこの問題に対処している国もある。かつて日本には解雇の理由そのものを規制する立法は存在しなかった。じゃあ解雇し放題、民法の世界のままだったのか？　いやそれはむしろ逆で、長年にわたる判例の積み重ねにより、解雇をする場合にはそれなりの理由がなければいけない、というルール（解雇権濫用法理）が確立していた。

　このルールは、2003年の法改正で労基法の中に明文化され、その後労契法に移された。解雇は、客観的に合理的な理由を欠き、社会通念上相当であると認められない場合は無効となる（労契16条）。つまり現在では、日本においても立法が解雇の理由に一定の範囲で規制をかけているということになる。なにが「客観的に合理的」で「社会通念上相当」かはなかなか難しい問題だが、少なくとも「顔がキライ」とか「なんとなく」とかで労働者を解雇することはできないのである。

労災補償制度の整備

　労働災害の発生という問題に対しては、労働者がその業務に従事したことが原因で発生したケガや病気、つまり業務上の災害については、たとえ使用者に故意・過失がなくても一定の補償がなされるような仕組みが整備された。それが労災補償制度である。現在の日本ではそれが国の社会保険制度として運営されている（労災保険制度）。労災保険は使用者が負担する保険料で運営され、業務上のケガや病気に対して各種の給付を支給する。「業務上」の災害であることが明らかであれば、労働者はその補償を迅速に受けられる。使用者の故意・過失を立証する必要はない。給付を支払うのは国家だから、夜逃げしたり支払いを渋ったりする恐れもない。

　さらに現在の労災保険制度は、業務上の災害だけでなく、労働者の通勤途上での災害（通勤災害）についても業務上の場合とほぼ同様の給付を行うことになっている。通勤ラッシュの電車の中でケガをした、通勤途中に車にひかれた。そういうケースについても一定の補償がなされるのだ。

団結・団体行動の促進

　団結禁止という政策は徐々に方向転換され、時の流れとともに労働者の団結活動を許容する立法が誕生する。なぜ政策転換がなされたのか。「労働者の熱いパワーが立法を変えた！」と言いたいところであるが、まあそれだけでもないだろう。労働者が団結するというのは使用者にとって必ずしもマイナスばかりではない。団体交渉のチャンネルを１つに絞れるし、労使関係も安定させられる。そういう認識が使用者側にもある程度浸透したのだろう。

　現在の日本では憲法28条と労組法がこの役割を担っている。そして労組法は、単に「団結していいよ」「労働組合をつくっていいよ」と言っているだけではない。ストライキや組合活動には一

定の法的保護を与え（刑事免責・民事免責）、使用者と労働組合との間の取り決め（労働協約）に特別の効力を付与し、そして不当労働行為救済制度によって使用者の反組合的な行為に歯止めをかけている。要するに、団結の許容という消極的な保護だけでなく、より積極的に労働組合を後押しする政策が採られているのだ。

III　労働法のプレイヤー──登場人物

　民法のドライな世界よりもちょっぴり暖かい風が吹いているのが労働法の世界。ではこの労働法の世界のプレイヤーはどんなヤツらなのだろうか。民法の世界のプレイヤーは私人、わかりやすくいえば「一般ピーポー」であった（ちっともわかりやすくない世代の方、すいません）。実は労働法の世界のプレイヤーも私人である。しかし民法の世界よりももうちょっとその役割分担が明確だ。

1　労働者

　労働法のリングの赤コーナー！　……いや別に青コーナーでもいいのだが、とにかく労働法の世界における一方の当事者、プレイヤーは「労働者」である。すでに述べたように、「雇われて働く」すべての人は「労働者」であり、労働法の保護を受ける。逆に言うと、「労働者」でなければ、すなわち「自営業者」であれば、この本にこれから出てくる労働法の保護は受けられないことになる。「労働者」に該当するかどうかは実際上非常に重要な問題なのである。ではその「労働者」はどう定義されているのか。実は、以下に述べるように、その定義は場面ごとに微妙に異なっている。

(1)　契約当事者としての「労働者」

　労働者は、使用者との間の労働契約の当事者である。労働契約とは、「雇われて働く」契約、すなわち、使用者の指揮監督の下

で（＝使用され）、労働者が労務を提供（＝労働）し、それに対して報酬（賃金）が支払われる契約である（労契6条）。民法上は「雇用契約」と呼ばれており（民623条以下）、裁判例でも「雇用契約」という文言がよく使われるが、労働契約イコール雇用契約と考えてしまって差し支えない。

　他人のためになにかの作業をして報酬を得る、という契約は労働契約だけではない。請負契約（民632条以下）や委任契約（同643条以下）などもそうである。しかしこれらの契約は、「他人の指揮監督下で働く」ことを内容とするものではない。その点で労働契約とは異なる。請負契約や委任契約の当事者は「労働者」ではなく「自営業者」ということになる。

(2)　労働基準法における「労働者」

　労基法上の「労働者」とは、「職業の種類を問わず、事業……に使用される者で、賃金を支払われる者」である（労基9条）。この定義を満たす者は労基法の保護を受けられることになる。つまり、たとえば有給休暇（同39条）や深夜残業手当（同37条4項）をもらえるということだ。また、最低賃金法や労働者災害補償保険法における「労働者」の定義も労基法のそれと全く一致すると考えられている。つまり、労基法上「労働者」であれば、少なくとも最低賃金額以上の賃金をもらう権利を認められる（最賃4条1項）し、仕事が原因でケガや病気をした場合には労災保険給付をもらうことができる（労災保7条1項1号）。しかし労基法上の「労働者」でない者は、有給休暇取得の権利も深夜残業手当をもらう権利もない。最低賃金法の保護も受けられないし、たとえ働いていてケガをしても労災保険の給付が出ることもない。この違いは大きい。

　労基法の文言に沿って考えてみよう。「職業の種類」は「問わ」ない、のだからまああまり気にしなくてよい。要するにどんな業種・職種でもよいということだ。「事業」もここではあまり

気にする必要はない。また「賃金を支払われる」とは、使用者から労働の対償、つまり働いた見返りとして報酬をもらっているということである（労基11条参照）。そうすると残ったのは「使用される」という要件である。これは少し説明が必要だ。

「使用される」

「使用される」とは、使用者の「指揮監督の下で労務の提供」をすることである（関西医科大学研修医（未払賃金）事件：最判平成17・6・3民集59巻5号938頁）。どこかで見たような？　そう、労働契約の定義とほぼ同じだ。要するに労基法上の「労働者」とは、労働契約の一方当事者である「労働者」のことなのだ。

どういう作業を（内容）、どこで（場所）、いつからいつまで（時間）、どのように（態様）やるか。これらについて具体的にあるいは一般的に上司の指示・命令がなされていれば、「使用され」ていることになる。労働基準監督署の実務では、仕事の依頼や業務の指示等を拒否できるか、業務遂行について具体的な指揮命令があるか、勤務場所・勤務時間などについて拘束があるか、他人が代わりに業務に従事することが認められるか、機械や器具に関する費用を会社側が負担するか、専属性が強いか、などのファクターを総合的に考慮して「使用される」者であるかどうかを判断している（昭和60・12・19労働基準法研究会報告「労働基準法の『労働者』の判断基準について」）。裁判所もほぼ同様の基準を用いている（いわゆるトラック持ち込み運転手について横浜南労基署長（旭紙業）事件：最判平成8・11・28労判714号14頁、工事現場の「一人親方」について藤沢労基署長（大工負傷）事件：最判平成19・6・28労判940号11頁を参照（いずれも「労働者性」を否定））。

「労働者性」の「客観性」

正社員でもアルバイトでも、派遣労働者でもオーバーステイの

外国人労働者でも、以上述べたような要件を満たす者はすべて
「労働者」であり、労基法の保護を受ける。

　　「労災の保険料払いたくないから、キミは労基法上の労働者じ
　　　ゃないことにするよ、その代わりちょっと月給上乗せするか
　　　らさ。それでいいかな？」
　　「わかりました、どうせ事務職だから労災なんて起きないです
　　　しね」

　たとえこんな合意がなされたとしても、もしこの労働者が客観
的にみて「使用され」ており、「賃金を支払われ」ていれば、労
基法上の「労働者」である。そう、「労働者」かどうかはあくま
でも客観的に決まるのである。当事者どうしで勝手に決めること
はできない。

(3)　労働組合法における「労働者」

　労組法上の「労働者」とは、「職業の種類を問わず、賃金、給
料その他これに準ずる収入によつて生活する者」である（労組3
条）。労基法9条や労契法2条1項の文言とは微妙に異なってい
る。一番の違いは「使用される」というフレーズが入っていない
ことだ。「指揮監督の下で労務の提供」をしていない人でも、つ
まり労働契約の下で働いていない人でも、労組法上は「労働者」
に該当しうるのである。言い換えれば、労基法・労契法上「労働
者」でない人でも労組法上は「労働者」たりうる、労組法上の労
働者の方がより広い概念だ、ということである。では具体的には
それはどういう人たちか。

　まず、現在仕事をしていない「失業者」がこれに該当すること
は争いがない。失業者は誰かの指揮監督を受けているわけではな
い（働いていないのだから、当たり前だ）ので、労基法・労契法上の
「労働者」にはなりえない。しかし労組法上は「労働者」に該当

すると考えられている。

　次に、一部の「自営業者」っぽい人も労組法上の「労働者」に該当しうる。判例は、業務委託契約によりその担当地域で製品の修理・補修に回るカスタマーエンジニアや、1年間の出演基本契約に基づいて公演に出演するオペラ歌手につき、これらの者が不可欠な労働力として使用者の事業組織に組み入れられていること、その契約内容が一方的に決定されていることなどを重視し、労組法上の労働者に当たると判断した（国・中労委（INAX メンテナンス）事件：最判平成23・4・12労判1026号27頁、国・中労委（新国立劇場運営財団）事件：最判平成23・4・12民集65巻3号943頁。ほぼ同様の枠組みを採用したものとして、国・中労委（ビクターサービスエンジニアリング）事件：最判平成24・2・21民集66巻3号955頁）。労基法や労契法の保護は必要ないかもしれないが、その団結や団体行動を法的に保護し、団体交渉をさせてあげるべき人たちではある、ということだろう。このほかプロ野球選手についても労組法上の労働者性が認められている（日本プロフェッショナル野球組織（団体交渉等仮処分抗告）事件：東京高決平成16・9・8労判879号90頁）。

● 「雇用類似」の働き方──どっちに寄せる？
　労働法は「労働者」なら手厚く保護するが「自営業者」は全く保護しない。だからこそ「労働者性」が重要な論点になっているわけだが、近年、たとえば Uber Eats の配達員（ギグワーカー、プラットフォームワーカーなどと言ったりする）のような新しい就労形態の増加を背景に、上記のような all or nothing のルールが妥当なのかという議論が盛んになってきている。法的には一応自営業者だとしても、労働者に類似した働き方をしているのであれば、労働者的な保護をすべきなのでは？　ということである。

常に拡大志向A教授「労働者概念を拡張してみんな労働者ってこ

とにしちゃいましょう」

海外出羽守B教授「イギリスみたいに、労働者と自営業者との間
　　に『やや労働者』的な中間カテゴリーを作ろう！」

穏健無難C教授「自営業者のうち一定の保護が必要な人に、保護
　　の内容ごとに必要な措置を講じるのがよいと思います」

面倒は御免D教授「下請法とか、自営業者を保護する法律もある
　　から何もしなくていいじゃん」

　今後どの教授（フィクションです。実在の人物とは関係ありませ
ん）の方向になっていくのかはわからない。ただ日本の場合、すで
に説明したように、現行法下でも労組法上は労働者だが労基法
上は労働者ではない、という人がすでに存在するわけで、これが
日本の「やや労働者」的なカテゴリーだと言えなくもない。また
適用対象は限定的だが、物品の製造・加工等に従事する自営業者
である家内労働者についても、家内労働法により一定の法的保護
が図られている。

2　使用者

　人を雇う側のことを、労働法では「使用者」と呼ぶ。巷では雇
われる人のことを「使用人」と言ったりもするので紛らわしいが、
ここでの使用者とは「労働者を使用する人」のことである。「労
働者」の場合と同様、やはり3つの場面に分けて考えてみよう。

(1)　契約当事者としての「使用者」

　労働者と労働契約を締結する相手方当事者としての「使用者」
である。法人（会社、公益法人、学校法人など）の場合も個人（個人事
業主）の場合もある。「事業主」という言葉が使われていること
もある（均等法など）。

(2)　労働基準法における「使用者」

　労基法にいう「使用者」は、同法の定める様々な法的義務と責
任の主体である。労働契約の一方当事者である事業主（→(1)）は

もちろんこの「使用者」に該当するが、それに加えて「事業の経営担当者その他その事業の労働者に関する事項について、事業主のために行為をするすべての者」も労基法上「使用者」である（労基10条）。要するに、人事に関して何らかの権限を有する個人、すなわち社長も、さらには部長や課長も、部下との関係では労基法上「使用者」なのである。部長や課長個人が、部下にサービス残業をさせたら労基法違反で罰せられるかもしれないのだ（同121条1項参照）。

　他方で、部長や課長は労基法9条の定義を満たすのでまぎれもなく労基法上の「労働者」である。そう、両方に該当するのだ。上司に対しては労働者、部下に対しては使用者。使用者に指揮監督される「労働者」として上司にペコペコ仕えつつ、労基法の責任主体である「使用者」として部下からの突き上げにあう。「板挟み」中間管理職の悲哀——新聞の見出しみたいだが、法的にもその下地がある話だったというわけだ。

(3)　労働組合法における「使用者」

　労組法のどこを探しても「使用者」の定義規定はない。だから法的な問題点もとくにありません。以上！　……だったらいいのだが、残念ながらそうではない。まず、労働契約の一方当事者、すなわち労働者と労働契約を結んでいる相手が労組法上「使用者」にあたることは言うまでもない。さらに、労働契約の直接の当事者でない者であっても、「労働者の基本的な労働条件等について、雇用主と部分的とはいえ同視できる程度に現実的かつ具体的に支配、決定することができる地位にある」者は労組法上「使用者」としての責任を負う可能性がある（朝日放送事件：最判平成7・2・28民集49巻2号559頁）。

　具体例で考えてみよう。たとえば下請会社の労働者は、その下請会社との間で労働契約を締結しているのであり、元請会社との間に直接の契約関係があるわけではない。しかし下請会社の労働

者の労働条件を実際に（＝「現実的かつ具体的に」）決定しているのが元請会社であり、下請会社にはなんの権限もない、という場合（おそらく偽装請負→第2部第6章V4(2)コラム）には、元請会社がこの労働者たちについて労組法上「使用者」としての責任を負うということになる。つまり、

　「労働組合を結成したので、団体交渉に応じて下さい！」
　「なに寝ぼけたこと言ってんだよ、オマエらを雇ってんのはウ
　　チじゃない、下請会社だ。文句はそっちに言えよ」

　というわけにはいかないということだ。元請会社は、場合によっては、下請会社の労働者が結成した労働組合との団体交渉（→第4部Ⅱ）のテーブルにつく義務を負うのである（労組7条2号参照）。また親子会社関係における親会社も、やはり場合によっては、子会社の労働者との関係で労組法上「使用者」の地位に立つとされる可能性がある。

3　労働組合

　最後に登場するのが労働組合である。登場人物紹介のトリを務めるということは、やはり労働組合は労働法の世界で一番重要なプレイヤーなのか?！　うーん、そこはビミョーなところである。最近はストライキもあまり実施されない（もっとガンガンやるべきだと言ってるわけじゃないです、念のため）し、労働組合に加入する労働者の数も減る一方。昔に比べれば労働組合の地位は低下したと言わざるを得ない。ただまあ、民法の世界には登場しない、労働法の世界固有の存在であることは確かだ。

(1)　「労働者の団体」

　ではその労働組合とはどういうものか。労組法はこれを「労働者が主体となつて自主的に労働条件の維持改善その他経済的地位の向上を図ることを主たる目的として組織する団体又はその連合

団体」と定義している（労組２条本文）。この定義を満たせば、労組法上の保護を受けられるということである。

　要するに労働者が集まって作った団体だ。その意味では社内の生け花サークルとか合唱クラブと同じだと言える。ではそういうサークルとは何が違うのか。それは労組法の定義から明らかだ。そう「労働条件の維持改善その他経済的地位の向上」を目的とする団体でなければいけないのである。もっともそれは「主たる目的」であれば足りる。これ「だけ」が目的である必要はない。「従業員相互の親睦を図る」ことがサブの目的であってもよいし、政治運動や社会運動「も」やる組合でも構わない（労組２条但書３号４号参照）。同様に、労働者が「主体」となっている団体であればよいのであり、労働者「のみ」で構成される団体である必要もない。たとえば大学生が組合員になっていても構わないのだ。

　なお日本の労働組合の大半は企業単位で組織された企業別組合である。そこでは、同じ企業の従業員は、現場の労働者でも事務系の労働者でも、職種に関係なく同じ組合に加入する。産業ごとに組織された労働組合も存在するが、その数は多くない。「自動車総連」とか「電機連合」などは産業別組合っぽい感じもするが、実は基本的には企業別組合が集まった連合体である。このほか企業・産業の枠を越え誰でも加入できる労働組合（ユニオン、合同労組）も存在し、企業別組合の加入資格のない労働者（管理職、非正社員）の「受け皿」として一定の役割を果たしている。

(2)　自主性

　労組法２条には但書がついている。「労働組合」の定義を考える上では、むしろ本文よりもこの但書の方が重要だ。まず、労働組合には、会社の役員や監督的地位にある労働者など、「使用者の利益を代表する者」（利益代表者）が参加していてはいけない（労組２条但書１号）。次に、団体の運営のための経費の支出につき使用者から「経理上の援助」を受けていてもいけない（同但書２号本

文）。使用者に対抗するために労働者が団結して作ったのが労働組合。使用者に対抗する存在である以上、「敵」である使用者の利益代表者が仲間にいるのはおかしいし、また「敵」から援助を受けているのもおかしい、そういう団体は労組法も保護しませんよ、ということだ。労働組合の「自主性」の要件である。

ただこの建前、企業別組合が主流の日本であんまり杓子定規に適用されても正直困る。確かに、会社内に組合事務所があり、しかも組合がそれをタダあるいは相場よりかなり安い家賃で借りている、というよくあるケースも厳密にいえば経費援助だ。そこで経費援助については労組法自身が多くの例外を認めている（労組2条但書2号但書）。

(3) 組合民主主義

後で詳しく説明する（→第4部I）が、労働組合は誰でも自由につくることができる。その組織と運営も、基本的には組合の自治にまかされる。しかし一方で、労働組合は様々な法的保護を受け、他の団体にない様々な権限を有する。その意味で純粋に私的な任意団体ではないため、その運営が民主的になされることが法的にも要求されている。これを組合民主主義と呼ぶ。

要するに、組合員が皆平等に権利を有することを前提に、多数決原理に基づいて組合運営をしなければならないということだ。性別や人種等で差別をしない、無記名投票による公正な選挙を行う、財政に関し情報開示をする……つまりは労組法5条2項3号以下で組合規約に書けとされている事項である。

● 労働法の「アンパイア」は？

労働法に関する争いが起きたとき、誰が裁くのか——そう、「プレイヤー」がいるんだから「審判」も必要だ。もちろん、自主的に当事者で解決できるならホントはそれが望ましいのだが。ということで、昔は野球の審判もセ・リーグとパ・リーグのどち

らかに属していた（今は統合された）が、それと同様に？労働法の審判も「司法」と「行政」のどちらかに属している。

「司法」はもちろん裁判所だ。かつては通常訴訟と仮処分しかなかったが、2006年4月に労働審判法が施行され労働審判手続が利用できるようになった。労働審判は、個々の労働者と事業主との間の民事紛争を、通常訴訟よりも迅速に（原則として期日3回以内）、かつ柔軟に（たとえば「解雇有効だがカネは払え」という審判も可）解決しようとするものである（労審1条・15条・20条2項など参照）。裁判官である労働審判官1名と、労働関係に関する専門的知見を有する者から任命される2名の労働審判員が合議で事件を処理する点（同7条以下）、審判手続が調停を「包み込んで」いる点（同1条）などもこの制度の特色である。

「行政」の代表は集団的な紛争を裁く労働委員会（→第4部V5）であるが、個別的な紛争についても「個別労働関係紛争の解決の促進に関する法律」に基づく都道府県労働局長の助言・指導、紛争調整委員会によるあっせんなどが行われている。

Ⅳ　労働法のルールはどこに定まっているか——法源

労働法とは、要するにいろんなルールの集まりだ。ではそのルールはどこに定まっているのか。難しくいうと労働法の「法源（sources of law）」だ。結論からいうと、労働法のルールはいろんなところに、あちこちに定まっている。「労働法」という法律があって、そこの1条から20条までにすべてのルールが書いてある、他のものは一切見る必要がない、ということであれば話は早いのだが、残念ながらそうではない。そして、あちこちに定まっているということは、こっちとあっちで違うことが書いてあったらどうするか、どっちに書いてあることが優先されるのか、という問題も考えなければいけないということである。

1 労働契約

労働「法」のルールなのだから、やっぱりその大半は労基「法」とか労組「法」とかに定まっているのだろう――と思ったら大きな間違いだ。労働法のルールは、基本的には労働契約、つまり労働者と使用者との間の合意によって決まっている。労働契約の定義はすでに述べた（→Ⅲ1(1)）。すなわちそれは、使用者の指揮監督の下で、労働者が労務を提供し、それに対して報酬が支払われるという内容の合意である。そう、「契約」というと堅苦しいが、要は合意、約束、取り決めだ。契約書はあってもいいが、なくても構わない。口約束でも労働契約は成立する。誰かの指揮監督の下で報酬をもらって働く人が現実に存在するなら、そこには労働契約関係が存在する（と、考えるのが法律学の思考方法だ、ということだ）。

何時から何時まで働くか。給料はいくらか。定期代はいくらまで出るのか。これら様々な「労働条件」が労働契約の内容、言い換えれば労働者と使用者の権利と義務である。その核をなすのはもちろん、労働者の働く義務（使用者が働かせる権利）と、使用者がそれに対して金を払う義務（労働者が金をもらう権利）である。しかしそれ以外の付随的な権利義務もいろいろある。たとえば、使用者が労働者に対して様々な指示・命令を行う権利（労務指揮権、業務命令権）。組織としての規律・秩序が脅かされた場合に制裁を行う権利（懲戒権）。あるいは、労働者が使用者の秘密を守る義務（秘密保持義務）、使用者が労働者の生命・身体の安全に配慮する義務（安全配慮義務（労契5条））などである。

● 試験のヤマは……

　労働法の試験問題のヤマを当てるのは実は簡単だ。95パーセントの確率で、労働契約に関連する問題が出るだろう（残り4パーセントの確率で、担当教授のフルネームを漢字で書け、1パーセン

トで顔写真を選べという問題が出る）。試験問題は、だらだらとつまらない事例を読まされたあと、結局最後はこんな文章で終わっているはずである。「この場合、使用者はこの命令をする権利があるといえるか。」「労働者はこの命令に従わなければならないか。」「労働者は……を請求することができるか。」いずれも、直接そうは言っていないが、紛れもなく労働契約の問題である。要するに、その事例で問題となっている労働契約が定める権利義務の具体的内容はいかなるものか、このケースでこの権利あるいは義務の及ぶ範囲はどこまでか、を問うているのだから。

　言い換えれば、この本が扱う様々な法的論点も、そのほとんどは要するに労働契約に関するものだということである。それじゃあヤマになってないって？　まあそのとおりだ、すいません……

2　労働法規

　労働法のルールの多くは労働契約で決まる。しかしもちろん、なんでも自由に決められるわけではない。労働契約の内容に影響を与えるもの（法規範）が存在するからだ。まず、労基法、労契法、労組法、均等法、最低賃金法……様々な労働法規の定めるルールは、労働契約に優先する。言い換えれば、労働契約は労働法規に反してはならない。

(1)　労働基準法

　上記のことを端的に表現しているのが労基法13条である。同条によれば、労基法が定める基準に達しない労働条件を定める労働契約は、その部分について無効となる。無効となった部分は、労基法が定める基準に取ってかわられる。

> 「6時間半労働ってそんなに長くもないですよねー、だったらなるべく早く帰りたいので、休憩なしにしてもらえませんでしょうか。それで構いませんので」

「そうか、キミがそこまで言うならそれでいいよ」

　6時間半労働で休憩なし、という合意、契約が確かに成立している。別に脅されて無理矢理……というわけではない。労働者から自発的に言い出したことだ。しかし残念ながら？この労働契約の「休憩なし」の部分は労基法34条1項違反である。したがってその部分は、労基法13条前段の効力、「強行的効力」によって無効となる。「その部分については」であるから、労働契約のほかの部分、たとえば6時間半労働するという部分などは無効とはならない。

　さてこれで、この労働契約のうち休憩に関する部分は無効になった。つまりなくなった。そうなるとこの契約は休憩に関してなにも定めがないものになってしまうのか。そうではない。今度は労基法13条の後段の効力、「直律的効力」の登場だ。無効になった休憩の部分に関しては、同34条1項が定める基準、すなわち「休憩45分」がそのまま契約の内容になる（まさに直接律するワケだ）。そうすると結局、あら不思議、「6時間半労働で休憩なし」という契約が「6時間半労働で間に休憩45分」という契約に変わってしまった——労働者が休憩なしでいいと言ったのにもかかわらず。この効力を「直律的効力」と呼ぶ。なお休憩はあくまで一例、労基法の他の規定もやはり13条によって強行的・直律的効力を持つ。

　13条が無効とするのは「この法律で定める基準に達しない労働条件」のみである。労基法の基準を上回る労働条件、たとえば「6時間半労働で間に休憩1時間」という契約はもちろん有効である。それが無効となって休憩45分になったりはしない。労基法が定めるのはあくまでも最低基準である（労基1条2項参照）。

(2)　労働契約法

　2007年に成立（2008年3月より施行）した労契法は、文字どおり

労働契約に関する法律である。労基法同様、そのほとんどは強行法規だ（ただし罰則はなし）。そこでは、安全配慮義務（労契5条）、就業規則の不利益変更（同10条）、懲戒（同15条）など、重要な判例法理を明文化した条文のほか、労働契約に関する基本的な原則も定められている（同3条）。もっとも後者は、労使は対等ですよ（同条1項）、契約はちゃんと守ってくださいよ（同条4項）、権利濫用はダメですよ（同条5項）など、基本的すぎて別にわざわざ定めなくてもよかったのでは……というものがほとんどだ（問題発言!?）。しかし中には、新時代の（虚ろなフレーズだなぁ）ルールといえるようなものもある——たとえば、労働契約は「就業の実態に応じて、均衡を考慮しつつ」（同条2項）、また「仕事と生活の調和に配慮しつつ」（同条3項）締結・変更しなさい、など。

● 草食系立法の時代？

　過労死等防止対策推進法、次世代法（次世代育成支援対策推進法）、女性活躍推進法（女性の職業生活における活躍の推進に関する法律）、同一労働同一賃金推進法（労働者の職務に応じた待遇の確保等のための施策の推進に関する法律）、若者雇用促進法（青少年の雇用の促進等に関する法律）——いずれも比較的最近に制定あるいは改正された法律だが、さて共通点は？

　そう、マイナーだから司法試験には出ない……ってそれもたぶん正解だが、もうちょっとマジメに答えるなら、いずれも強行法規ではないが、周知・啓発、情報公開、そして認定制度などを通じて企業に自発的な行動を促し、社会的に望ましい一定の方向へソフトに誘導することを目指した立法である、ということであろう。典型例が次世代法に基づく「くるみんマーク」だ（え、知らない？　ググれ○○）。同法に基づく行動計画を策定した企業が、計画に定めた目標を達成した場合には厚生労働大臣から「子育てサポート企業」の認定を受けることできる。その栄誉ある？証がくるみんマークなのだ。「従業員が子育てしやすい企業ですよ」

という国からのお墨付きだ。2015年にはさらに上位ランクの「プラチナくるみん」も登場した。プラチナはものすごく課金して死ぬほどガチャを回すとゲットできるのだが（嘘です）、入手難易度が上がり過ぎたため今度は初心者向け下位ランクキャラ「トライくるみん」が2022年に誕生した（これはほぼホント）。

2022年夏からは、女性活躍推進法の省令改正により、従業員301人以上の事業主は男女の賃金格差の公表が義務となった。同法は2019年にも改正がなされ事業主の義務が強化された（プラチナくるみんのライバル？としてプラチナえるぼし！が誕生）のだが、息つく暇もなくまた規制強化である。しかし男女の賃金格差を公表せよというのはなかなかのインパクトだ。もはや草食系立法などと言ってはいられない。ライバル企業に比べてあまりにショボい数字が出たりしたら、株価的にも人材リクルート的にも死活問題である。男性の育児休業取得率についての公表義務も課されることとなった（→第3部第5章Ⅱ2コラム）し、SDGs？ESG？の圧力恐るべしということだろうか。

3　判例法理

判例は法律と違って本来は個別の事件に関する判断である。しかし実際には、同じような判断がいくつも積み重なったり、あるいは最高裁が一般的なルールを示したりすることにより、「判例法理」と呼ばれる重要なルールがいくつもできあがっている。たとえば、業務上の必要性を欠く、あるいは著しい不利益をもたらす配転命令を権利濫用として無効とする、配転命令権濫用法理。性別を理由とする不合理な差別的取扱いを公序違反として無効とする、男女平等取扱い法理（現在はそのほとんどの部分が均等法に明文化）。現在は明文化されている解雇権濫用法理（労契16条）や懲戒権濫用法理（同15条）も元々は判例法理であった。

これらの判例法理に反する労働契約の内容は、権利濫用（民1

条3項、労契3条5項）や公序良俗違反（民90条）として無効となる。その意味で、判例法理もまた労働契約の内容に影響を与える法規範である。

4 就業規則

おそらく、日本のほとんどの労働者の労働条件は就業規則によって決定されている。

(1) 就業規則とは——作成と届出

学校には校則、職場には就業規則。そう理解しておけばまあだいたいどういうものかはわかるはずだ。多くの会社では賃金規則とか退職金規則とかが就業規則本体と別になっているが、それらもひっくるめて法的には就業規則である。

常時10人以上の労働者を使用する使用者は、この就業規則を作成し、行政官庁（労働基準監督署長）に届け出なければならない。中身に変更があった場合もその都度届出が必要である（労基89条）。

「常時」10人以上であるから、忙しいときだけ10人を超える職場では就業規則を作成しなくてもよいことになる。またこの「10人」は会社ごとにではなく「事業場」ごとに数える。つまり全社合計すれば従業員が100人いる会社でも、武蔵野支店には常時5人しか配置されていない、という場合には武蔵野支店では就業規則を作成しなくてもよい（もちろん作成してもよいし、だいたいは全社で同じ就業規則を使うものではあるが）。

(2) 意見聴取と周知

使用者は、就業規則の作成または変更にあたっては、その事業場の（正社員もパートもバイトもひっくるめた）全労働者の過半数で組織する労働組合（＝過半数組合）の意見を、あるいは、過半数組合が存在しない場合には、労働者の過半数を代表する者（＝過半数代表者）の意見を聴かなければならない（労基90条1項。なお短有労7条も参照）。行政官庁への届出（労基89条）の際にはこの意見を記し

た書面を添付することになっている（同90条2項）。意見を聴かなければ罰則がかかる（同120条1号）が、逆に言えば意見を聴きさえすればよいのであり、別に労働者側と協議したり、ましてや合意したりする義務はない。

　「この改正された新しい就業規則は、全くもってヒドイ、メチャクチャな内容です。全労働者が反対です！」
　「そうですか、わかりました。ではそちらのそういうご意見も新就業規則と一緒に労基署に届けておきますが、でも明日からこの就業規則でいきますので……」

　なんかヘンな感じだが、これでOKだということだ——少なくとも労基法のレベルでは。
　作成・変更した就業規則は、労働者に周知させなければならない（労基106条1項）。具体的な周知方法は、職場での掲示または備え付け、書面の交付、社内イントラネットへのアップロードなどである（労基則52条の2）。このような周知手続きの実施は、就業規則の最低基準としての効力や労働契約の内容となる効力（→(4)）が発生するための要件でもある（フジ興産事件：最判平成15・10・10労判861号5頁、労契7条・10条）。

(3)　記載事項

　さて、具体的に就業規則には何が書かれているのか、何を書かなければならないのか。まず、法律上どんな場合でも絶対に書かなければならない事項がある。すなわち、①始業・終業の時刻、休憩時間、休日、休暇、②賃金の決定・計算・支払方法、締切日・支払時期、及び昇給に関する事項、③解雇の事由を含めた退職に関する事項であり、これらは絶対的必要記載事項と呼ばれる（労基89条1号（「並びに」以下を除く）〜3号）。
　次に、常に書かなきゃいかんということではないが、しかしも

し会社でそれを制度として実施するならば必ず記載しなければならない、とされている事項がある（相対的必要記載事項、労基89条1号「並びに」以下・3号の2〜10号）。たとえば、日本の多くの会社には退職金制度があるが、別にそれは法的な義務というわけではない。退職金制度のない会社もある。退職金制度を実施していなければ就業規則にはなにも書きようがない。しかしもし退職金制度があるなら、それを誰にどのような基準でいくら支払うか、などを就業規則に記載しなければいけないのだ（同条3号の2参照）。

　もちろん、必要記載事項以外のことを就業規則に書いても構わない。別に書いてもいいよ、というわけで、任意記載事項と呼ばれる。

⑷　「法源」としての就業規則

　ではこの就業規則、どのような場合にどのような効力を持つのか。労働契約の内容にどのような影響を与えるのか。

最低基準としての効力

　就業規則で定める基準に達しない労働条件を定める労働契約は、その部分については無効となり、その無効となった部分は、就業規則で定める基準がそれに取ってかわる（労契12条）──どっかで見たようなフレーズだ。そう、労基法13条に似ている（→2）。たとえば、労働者と使用者が個別に「時給は1,100円」という労働契約を結んでいたとしても、就業規則に「時給は1,200円」と書いてあった場合には、就業規則の規定が優先し、後者の内容の労働契約が締結された状態となる。

　なお、労基法13条の場合と同様、就業規則が取ってかわるのは、その基準に「達しない」労働条件のみである。就業規則の基準を「上回る」内容の労働契約（たとえば「時給は1,300円」）を個別に締結することは妨げられない（労契7条ただし書参照）。

労働契約の内容となる効力

　詳細な契約書を交わしてから会社に入る、ということももちろんある。しかし大した説明も受けずになんとなく働き始めてしまった、というような場合もあるだろう——労基法違反が成立しそうだが（労基15条参照）。そのようなケースでは、労働者はどのような内容の労働契約の下で働いていることになるのだろう。

　そんな場合でも、職場に就業規則があれば大丈夫。入社時の就業規則の規定は、それが「合理的」なものでありかつ労働者に周知されていれば、労働契約の内容となる（労契7条、電電公社帯広局事件：最判昭和61・3・13労判470号6頁参照）。すでに述べたように、労働関係の基礎は労働契約。従業員1,000人の会社であれば労働契約も1,000個？　1,000本？　存在するということになる。しかし、プロ野球選手の契約更改ならいざ知らず、毎年毎年1,000人と年俸の交渉をしていられるほど会社はヒマではない。そこで就業規則の登場だ。これを使えば、1,000人分の労働条件を一挙に決められる。ちょっと難しく言うと、就業規則の労働条件統一機能だ。

　ところで、すでに述べたように、就業規則は使用者が一方的につくるものである（労基89条）。労働者サイドの意見は聴かなければならない（同90条1項）が、使用者がそれに従う必要はない。法令に反することはできないとはいえ（同92条1項、労契13条参照）、はたして使用者が一方的につくるもので労働条件が決まってしまっていいのか？　それはさすがによくないだろう、ということで一定の歯止めをかけた。それが「合理性」である。合理的な規定であるかぎりにおいて労働契約の内容になる。逆に、合理的でない規定は労働契約の内容にはならない。

● どのくらい「合理的」ならいいの？
　労契法7条の「合理性」として具体的にどのようなレベルが要求されるのか。そりゃまあ結局事案によるからさ、判例（日本郵

便（期間雇用社員ら・雇止め）事件：最判平成30・9・14労判1194号
5頁、電電公社帯広局事件：最判昭和61・3・13労判470号6頁（ただ
し労契法制定以前の事件）など）読んでなんとなく感じつかんでよ
——だけで済ますと顰蹙を買いそうだ。一般には、企業の人事管
理上の必要性があり、労働者の権利・利益を不相当に制限してい
なければよい、などと説明されているが……とにかく、少なくと
も労契法10条（→第2部第5章Ⅱ2）にいう合理性ほど高いレベ
ルのものでないことは確かであろう。

5 労働協約

　労働協約とは、労働組合と使用者（またはその団体）との間の、
当事者の署名または記名押印つきの書面で作成された取り決めで
ある（労組14条）。組合と会社が団体交渉でいろんなことを話し合
い、その結果を書面化したものだと思えばよい。大きく分けると
2種類の事項が定められている。1つは、組合事務所の賃料や、
団体交渉の手続きなど、「団体」としての組合と使用者との間の
約束ごと（債務的部分→第4部Ⅲ2）。そしてもう1つは、賃金や労
働時間など、組合員「個人」の労働条件である（規範的部分→第4
部Ⅲ2コラム）。

　前述のように、日本の労働組合の多くは企業別組合である。し
たがって労働協約においても、やはり企業ごとに、その実情に即
した具体的で細かい内容が規定されるのが通例である。

(1) 労働協約の規範的効力

　労働協約は労働組合と使用者との間の取り決めなのだから、労
働組合と使用者との間の約束事が定まっていて当たり前だ。しか
し労働条件についてはちょっとひっかかる。なぜ、組合員「個
人」の労働条件、つまり組合員たる労働者と使用者との間の労働
契約で決められるべきことが定まっているのか。それが定まって
いたらどういう法的効果が生じるのか。

ここで登場するのが労組法16条である。それによれば、労働協約中の労働条件その他に関する基準に違反する労働契約の部分は無効となり、無効となった部分はその協約が定める基準に取ってかわられる——再び、どっかで見たような文章。そう、労基法13条、労契法12条だ。労働協約はあくまでも労働組合という労働者の「団体」が締結したものであるが、しかしこの規定により、その「団体」が決めたことが、組合員「個人」の労働条件、すなわち個々の労働契約の内容になるのだ。この点では労働協約も就業規則同様に労働条件統一という機能を有することになる。

　労働協約のこのような効力を規範的効力と呼ぶ。前と同じ例で考えてみよう。労働者と使用者が個別に「時給は1,100円」という労働契約を結んでいたとしても、労働協約に「時給は1,200円」と書いてあった場合には、労働協約の規範的効力により時給1,200円の労働契約が締結された状態となる。

　なお規範的効力は、書面による作成、両当事者の署名または記名押印という法定の要件を満たす労働協約のみが持ちうる効力である。口頭での合意だけではダメだ（都南自動車教習所事件：最判平成13・3・13民集55巻2号395頁）。

(2) 労働契約との関係——「有利性原則」の有無

　では上記の例で、仮に、労働者と使用者が個別に「時給は1,300円」という労働契約を結んだが、労働協約には「時給は1,200円」と書いてあった場合にはどうなるだろうか。前述のように、就業規則の場合は、その定める基準に「達しない」労働条件を定める労働契約を無効とするだけであり（労契12条参照）、就業規則の基準を上回る内容の労働契約を個別に締結することは妨げられない（労契7条ただし書参照）。では労働協約の場合はどうか。規範的効力は労働者にとって不利になる場合にも働くのか。

　たとえばドイツ法では、労働協約は最低基準であり、個別の労働契約はそれを上回っていいですよ、と法律が明文で規定してい

る。このことを指して「有利性原則」がある、と言う。つまり規範的効力は片面的にしか生じない。ドイツは産業別組合の国なので、産業別の労働協約ではその産業における最低労働基準が決まるだけなのだ。ところが日本にはそれほど明確な規定がないため、この点実は学説上も議論がある。

　しかし結論的には、就業規則の場合と異なり、原則として、労働協約の定める基準は、それを下回る不利な労働条件を定める労働契約はもちろん、それを上回る有利な内容の労働契約をも無効とし、それに取ってかわると考えるべきである。すなわち規範的効力は両面的に生じる。冒頭の例で言えば、労働協約の「時給1,200円」という定めが、元の労働契約の「時給1,300円」に優先し、時給1,200円という契約内容になる。「有利性原則」は否定されるのだ。

　それはなぜか。ドイツ法とは異なり、労組法は有利性原則があるともないとも言っていない。ということは、そこは白紙で、労働協約を締結する当事者の意思に委ねられる。個々の協約の趣旨、つまりその協約がどういうものとして締結されたかによって有利性原則の有無が決まるのだ。ただし前述のように（→Ⅲ3(1)）、日本の多くの労働協約は企業別組合が締結したものであり、その企業での個々の労働者の具体的な労働条件を決めるという趣旨で締結されるのが普通だ。したがって、

　　「この労働協約より有利な労働契約締結しても構わないよ！」
　　「有利性原則否定しないよ！」

という趣旨が明確な協約であるという認定がされれば別だが（……普通はされない）、基本的には有利性原則なし、という結論になる。

(3) 「協約自治」の限界

このように、労働協約の定めは労組法16条を通じて個々の労働契約の内容となり、組合員の労働条件に影響を与える。しかし労働協約に書いてありさえすればなんでもかんでもすべて組合員の労働条件になってしまうのか。労働協約に書いてあることでも、場合によっては組合員を拘束しないことがあるのではないか。限界が——これを「協約自治の限界」と呼ぶ——あるとすれば、それはどのようなケースか。

公序良俗に反するとか、明らかに法律違反だとかいうような内容の労働協約が労働契約の内容にならないのはまあ当然だろう。そこまでではなくても、たとえば転籍（→第2部第2章Ⅲ）の対象者になることへの同意など、労働契約締結の相手方や契約の存否そのものを変動させる事項については、労働協約の規範的効力は及ばないと考えられている。また判例には、すでに具体的権利として発生している組合員個人の賃金や退職金請求権を、事後に締結された労働協約によって処分・変更することはできない、としたものもある（平尾事件：最判平成31・4・25労判1208号5頁，香港上海銀行事件：最判平成元・9・7労判546号6頁）。

(4) 労働協約の拡張適用—— 一般的拘束力

労働協約の効力は原則としてその協約を結んだ労働組合の組合員にしか及ばない。しかし労組法の規定により、一定の場合には非組合員にもその効力が及ぶ（労組17条・18条）。これについては後で詳しく説明する（→第4部Ⅲ3）。

(5) 就業規則との関係

さてとにかく、労働協約も就業規則と同じように労働者の労働条件に関する定めをしていることがわかった。そうすると今度はこの両者の関係が問題になる。どちらに書いてあることが優先するのか？　労働協約には「時給1,200円」、就業規則には「時給1,100円」と書いてあったら？

この場合は労働協約が勝つことになっている。つまり時給1,200円の労働契約となる。就業規則は、当該事業場について適用される労働協約に反してはならないのだ（労基92条１項、労契13条）。そして、就業規則が労働協約より有利な定めをしている場合でも、労働協約が優先される。すなわち、労働協約に「時給1,100円」、就業規則に「時給1,200円」とある場合には、労働協約の「時給1,100円」という定めの方が優先する。就業規則の定めは合理的ならば労働契約の内容となるわけだが、しかし労働協約の規範的効力はそれより有利な労働契約についても及ぶ（→(2)）のが原則である。したがって就業規則に関しても、原則として労働協約との関係で有利性原則はないと考えるべきであろう。

6 労使慣行

労働条件に関する事項、あるいは組合活動のやり方になどにつき、就業規則や労働協約に規定はないが、しかし長い間同じやり方が反復・継続して行われ、それが労働者（あるいは労働組合）と使用者との間の事実上のルールにまでなっている――このようなルールを一般に「労使慣行」と呼ぶ。

新人「主任、もう12時45分ですよ、昼休み終わりの時間だから帰らないと……」
主任「大丈夫大丈夫、就業規則にはそう書いてあるけどな、実際は１時から業務開始なんだよ、昔から。ほら、部長もあそこでまだ昼ドラみてるだろ」

これならトクした気分だからまあいいが、朝９時始業となってるのに実際は８時半に来ないと怒られる、なんていうのだったら問題だ。とにかく、職場に一定の暗黙のルールがある、ということはよくある。そしてこれは、場合によっては法的にも一定の効

力を持ちうる。つまり法源となりうる。ただ、労使慣行自体が法的拘束力を持つという法律の規定があるわけではない。その慣行が労使間の黙示の合意になっていた、つまり労働契約の内容になっていた、と言えなければいけないということになる（商大八戸ノ里ドライビングスクール事件：大阪高判平成5・6・25労判679号32頁参照。同事件：最判平成7・3・9労判679号30頁も高裁の結論を是認）。

なお、言うまでもないことではあるが、「結婚したら女性は辞める」などという明らかに違法な「慣行」には法的拘束力はない（民92条参照。→第3部第1章Ⅱ4(2)）。

7 労使協定

労使協定とは「当該事業場の労働者の過半数で組織する労働組合（＝過半数組合）があるときはその労働組合、労働者の過半数で組織する労働組合がないときは労働者の過半数を代表する者（＝過半数代表者）との書面による協定」のことである。「労働協約」とは一応別のものだ。ただし過半数組合の労働協約であれば労使協定を兼ねることもできる。

(1) 労使協定の効力──免罰的効果

労使協定は労基法のあちこちに登場する（労基18条2項・24条1項・32条の2第1項・32条の3第1項・32条の4第1項・32条の5第1項・34条2項・36条1項・37条3項・38条の2第2項・38条の3第1項・39条4項6項9項……ああ疲れた）。いや、実は労基法以外にもちょこちょこと出てくる（育介6条1項など）。しかしそのそれぞれの場面での役割は基本的には共通だ。たとえば労基法34条2項の労使協定を例として考えてみよう。休憩は「一斉に」与えるのが「原則」である（労基34条2項本文）。しかし使用者と過半数組合または過半数代表者との間で「一斉じゃなくてもいいことにしよう」という内容の協定が結ばれると「例外」が認められる。すなわち、「一斉に」与えなくてもよくなる（同項ただし書）。言い換えれば、

休憩を「一斉に」与えなくても労基法違反とならない。罰則（ここでは労基119条1号）が科されることもなくなる。これを「免罰的効果」と呼ぶ。

　他の場面でも基本的には同じだ。労基法上の「原則」について、一定の「例外」を認めてもらうために、一定の規制を適用除外してもらうのに必要なのが労使協定。労基法は強行規定であり、たとえ労働者の「個別的な」同意があったとしても適用除外は認めない（→2(1)）。考えてみればそりゃそうだ、労働法は民法と違って労働者と使用者とは対等じゃない、という前提に立っている。使用者が圧倒的に優越的な立場にいる状況での「個別的な」同意というのは、本当に「自由な意思」でなされたかどうか、そもそも疑わしいといえる。

　しかし他方で、職場の状況というのは実に様々。あんまり画一的な規制ばかりでも息苦しくなってしまう。規制の種類によっては、一定の要件の下で適用除外を認めてあげてもよいのではないか。たとえば休憩でいえば、「休憩なしでいこうぜ」という合意は認めるべきではないが、「休憩バラバラに取れるようにしようぜ」という程度のことであれば認めてよいかもしれない。しかし「個別的な」同意でそれを認めるというのは労働者と使用者が対等でない以上やはりまずい。では過半数組合または過半数代表者との労使協定という「集団的な」同意を要件にしよう——それが現在の労基法の考え方だ。

(2)　「法源」としての労使協定

　ここで注意しなければならないことが1つ。就業規則は労契法7条及び判例法理により、そして労働協約は労組法16条により、そこに書いてあることが労働契約の内容になる。しかし労使協定についてはそのような判例法理も明文の規定も存在しない。ということは、労使協定に書いてあることでも、それが当然に労働契約の内容になるわけではないということである。

たとえば、労基法36条１項のいわゆる三六協定（→第３部第４章Ⅱ）が締結されてい（て、かつその届出がなされてい）れば、使用者は労働者に法定労働時間（労基32条）を超える労働（時間外労働）をさせても刑罰を科されない。これが免罰的効果だ。しかし、使用者が労働者に時間外労働をさせる権利があるか、労働者が時間外労働をする義務があるか。これはまた別の問題である。労働契約上そのような法的権利、あるいは義務を発生させる何らかの根拠が必要だ。それは個別の合意でも、労働協約でも、就業規則でもいいだろう。いずれも労働契約上の根拠たりうるものだ。しかし労使協定は当然にはその根拠たりえない。なぜなら（繰り返しになるが）そのような判例法理も明文の規定も存在しないからである。その意味で労使協定は「法源」ではないともいえる。

● 「消極的な」法源？

　もっとも、仮に三六協定が締結されていない職場で「使用者は労働者に時間外労働をさせることができる」という内容の就業規則が定められたとしても、あるいは労働者と使用者が個別にそのような合意をしたとしても、それらは労基法32条違反で無効となる。つまり三六協定がなければ時間外労働をさせることはできない。その意味で労使協定は消極的な？（あるいはネガティブな？）「法源」ではある。しかし三六協定があれば労働者に当然に時間外労働義務が生じるかというとそうではないので、積極的な？（あるいはポジティブな？）「法源」とはいえないというところだろう。

(3)　労使協定の締結主体──過半数組合、過半数代表者

　労使協定があれば、労働者保護のための規制である労基法その他の法規における「原則」の適用除外が認められる。過半数組合あるいは過半数代表者の責任は重大だ。「組合」の方はまだしも、「代表者」の方は一労働者である。一個人がこの重大な権限を担

うのだ。そこは労基法自身も一応考えてはいて、労働者の投票や挙手で、使用者の意向によることなくちゃんと選ぶこと、使用者側の人間（管理監督者。労基41条2号）を選んだりしないこと、など一定の規制を行ってはいる（労基則6条の2）。裁判例でも、従業員の親睦団体の代表者が自動的に過半数代表となるようないい加減な仕組みではダメ、それでは「労働者の過半数を代表する者」とはいえない、としたものがある（トーコロ事件：東京高判平成9・11・17労判729号44頁、最判平成13・6・22労判808号11頁で原審維持）。

● 労使委員会・労働時間等設定改善委員会の決議

労使委員会とは「賃金、労働時間その他の当該事業場における労働条件に関する事項を調査審議し、事業主に対し当該事項について意見を述べることを目的とする委員会」であって、「使用者及び当該事業場の労働者を代表する者を構成員とするもの」である（労基38条の4第1項、41条の2第1項）。高度プロフェッショナル制度（→第3部第4章Ⅲ4）及び企画業務型裁量労働制（→第3部第4章Ⅵ2(2)）導入の際に設置が義務づけられる機関であるが、せっかく作ったんなら他の場面でも……ということで、労使委員会の委員の5分の4以上の多数による決議は、労働時間や休暇に関する労使協定の代わりをすることができるようになっている（同38条の4第5項、41条の2第3項）。

なお、労働時間等設定改善委員会という誰も存在を知らない（失礼）委員会の決議も労使協定を代替しうる（労働時間等の設定の改善に関する特別措置法7条1項）。

第2部

入社してから退職するまで——労働契約法

少し古い話から。すったもんだあって（……そのため「小学生で
もわかる労働契約法」みたいな本をサクッと出そうとしてたセンセイたちは
当時眠れない日々を過ごした）2007年に成立した労働契約法は、2008
年３月の施行である（その後2012年改正あり）。この本の第２部のタ
イトルはまさに「労働契約法」であり、この労契法について説明
してあるに違いない……と思って読み始めるとちょっと拍子抜け
かもしれない。労契法の条文も出てくるにはくるが、それ以外の
話も多いし、だいたい一部の条文についての説明はすでに第１部
で終わってしまっている。ややこしくて恐縮だが、これは決して
筆者の章立て能力の欠如のせいではない（いやそれもちょっとあるか
もだけど）。ひとえに、労契法がすったもんだのせいで（……そのた
め本をバシッと出そうとしていたセンセイたちは……以下略）「スカスカ」
の状態で、つまり労働契約に関わるすべての問題を網羅すること
なく、成立したからである。たとえば、労契法には出向について
の規定はあるのに配転はないのである。
　その意味では第２部のタイトルは、「労働契約（に関する）法」
と言葉を補って読んでもらった方がいいかもしれない。え、それ
じゃあ最初っからそうすればいいじゃないかって?!　いやいや、
これも法的思考の訓練ですよ、ほら「善意」しか書いてないのに
「善意無過失」と読めとかそういうややこしいの昔あったじゃ
ん！（2017年改正民法でなくなったけど）

第1章　採用・採用内定・試用

Ⅰ　採　　用

1　原則──採用の自由

(1)　「採用の自由」という「聖域」

　あんまり繰り返してると民法の先生に怒られそうだが……いやでも民法の先生は労働法の教科書なんか読んでないから大丈夫だろう、というわけでここでもう一度。労働法は、民法の「契約自由」という冷たくドライな原則を修正するものである！

　と大ミエを切ったが、こと採用、すなわち労働関係の入口のところに関するかぎり、実は民法の原則はあまり修正されていない。なんだ労働法、口ほどにもない、って感じだ。つまり採用は、民法の契約自由の原則が依然として妥当する「聖域」である。企業は、基本的には自分が雇いたい人を自由に雇える。募集の方法も自由。公募なし、コネ採用だけ、でも別に構わない。選考基準も自由。大学名で採ろうが、顔で選んで「イケメン」だけを採用しようが、自由だ──世間でどういわれるかはともかく。

　判例（三菱樹脂事件：最大判昭和48・12・12民集27巻11号1536頁）も次のように述べている。「企業者は……契約締結の自由を有し、自己の営業のために労働者を雇傭するにあたり、いかなる者を雇い入れるか、いかなる条件でこれを雇うかについて、法律その他による特別の制限がない限り、原則として自由にこれを決定することができる」。

　なぜ使用者の採用の自由はそんなに広いのか？　それは、企業が社会的に大きな存在であっても、法律上はあくまでも私企業、

私人、つまり一個人と変わらない私的な存在であるからだろう。人が誰と結婚しようと誰を好きになろうと、咎めることはできない。それと同じだということだ。

　あとはやはり、日本で一般的な長期雇用制、つまりみんなが定年まで勤めることを前提に人事管理を行う仕組みとの関係もあるだろう。一度雇ったら基本的には辞めない／辞めさせられない、その代わり雇うときには自由に選ばしてやろう、というバランスだ。

(2)　採用の自由＞思想・信条の自由

　前掲・三菱樹脂事件は、企業に採用の自由がある以上、「企業者が特定の思想、信条を有する者をそのゆえをもつて雇い入れることを拒んでも、それを当然に違法とすることはできない」とする。要するに、求職者の思想・信条を理由に採用を拒否できるということである。その根拠は、一言でいえば、それをダメという法令がどこにもないから、である。待てよ、憲法14条、あるいは19条は？　これは私人間効力を有しない、つまり「私人」のこのような行為を直接禁止するものではない、というのが判例である。では労基法３条は？　これは採用「後」の労働条件についての差別を禁止するものであり、採用の基準そのものを制約する規定ではない、というのがこれまた判例（前掲・三菱樹脂事件）である。

●思想・信条差別は本当にOKなのか?!
　学説の多くは、思想・信条を理由とした採用拒否は公序違反であるとして判例に反対する。下級審にもほぼ同様の考え方をとった裁判例がある。またそもそも「信条」とはなにを指すのかという根本的な問題もある。本当は政治的・社会的信条と宗教的信仰は別個に扱った方がよいのかもしれない。

(3)　調査の自由

思想・信条を採用拒否の理由とすることが許される以上、企業

としては、採用の可否を決するのに必要な情報、すなわち求職者の思想・信条を調査したいと考えるだろう。判例も、企業が求職者の採否決定にあたりその思想・信条を調査し、そのためその者からこれに関連する事項についての申告を求めても違法とはいえない、とする（前掲・三菱樹脂事件）。ただこれまた学説からの反対は強い。求職者のプライバシー保護との兼ね合いも問題になろう。

●お父様のお仕事

面接官「えー、お父様のお仕事は？　どこにお勤めですか？」
学生「ハァ?!　……意味わかんないし！　仕事すんのは私でしょ?!　なんで父親の仕事が関係あんの！」

　ドラマや映画ならこうやってキレて席を立つところだろうが、実際にこれをやると結局お父様のお仕事を一生手伝うハメになるかもしれないのでなかなかそうもできない。それはともかく、使用者は採用面接でなにを質問しても構わないのだろうか。明らかに仕事に関係のないようなことでも？
　残念ながら父親の仕事をたずねることの違法性が争われた裁判例は見あたらない。しかし、判例の立場を前提とするなら、質問の内容や態様自体がセクハラとか人権侵害とかに該当するようなあまりにヒドイものでないかぎり、それが違法とされる可能性は低そうだ。
　確かに、仕事に全然関係ないことを聞くのはどうか、という気もする。だが「仕事に関係する」か否かはどういう基準で決まるのか。もしかしたらその会社では従業員の父親の仕事が（あるいは血液型が？！）ビジネス上極めて重要な意味を持つのかもしれないのだ。結局それは、そのビジネスの経営上のリスクをすべて背負っている企業側の主観的な判断にならざるを得ない。

(4) 採用の自由＞労働基本権

　三菱樹脂事件ははるか昔の事件である。しかし最高裁はその後もなお使用者の採用の自由を幅広く尊重する立場を維持しているようだ。北海道旅客鉄道・日本貨物鉄道事件：最判平成15・12・22民集57巻11号2335頁は、三菱樹脂事件の判旨を引用した上で、「雇入れの拒否は……特段の事情がない限り、労働組合法7条1号本文にいう不利益な取扱いに当たらない」と述べ、労働組合員であることを理由とする採用拒否は原則として違法ではないという立場を示した。ちなみにこれは学説の多数説とは全く反対の立場である。

2　例外——「聖域」の終焉

　「聖域」などと呼ばれているものは、だいたいいずれそうではなくなる。それが世の常だ。使用者の採用の自由に関しても、徐々にではあるが法的規制が強まってきている。つまり企業は、自分の好きな人を好きな基準で雇えなくなってきている。それは要するに、企業が、法律的な意味でも、単なる私的な存在ではなく、社会的な、ある種公的な存在へと位置づけが変わってきたということなのだろう（SDGs的な？ESG的な？）。ではその「聖域」はどう狭められてきたのか？

(1) 性　　別

　募集・採用における性差別は、男女雇用機会均等法によって禁止されている（→第3部第1章Ⅱ3(1)）。ここではもはや企業に「採用の自由」はない。

(2) 年　　齢

　募集・採用時の年齢制限については、「聖域」徐々に侵食中、という感じである。「パート急募、35歳まで」などというありがちな求人広告、昔はなんの問題もなかったが、今は基本的に出せなくなっている。

まず、労働施策総合推進法こと、労働施策の総合的な推進並びに労働者の雇用の安定及び職業生活の充実等に関する法律（長っ！）９条が、事業主に対し、厚生労働省令で定める例外にあたる場合を除き、「労働者の募集及び採用について……その年齢にかかわりなく均等な機会を与えな」さい、と義務づけている。罰則はないが、原則として年齢制限を課すなと言っていることは確かだ。

　　「渋谷でJK向けの服売ってもらうワケだから、やっぱせいぜい25歳までじゃね？」
　　「結構力仕事なんで50歳以上は無理ですよ」

　これらの理由では年齢制限はつけられない。「例外」として認められているのは以下のような場合のみである（労施則１条の３第１項参照）。

① 「60歳未満の方募集（定年60歳の会社です）」
② 「18歳未満はやっちゃいけない仕事（労基62条参照）なんで18歳以上募集」
③ 「長期雇用前提、職務経験は不問ですが30歳未満のみ募集」
④ 「35歳～39歳のみ応募可！　営業に30代後半が全然いません」
⑤ 「大食い女子高生役の女優募集、20歳未満で」
⑥ 「60歳以上の方募集」

　①③④の背後には「定年までの長期雇用を前提とする日本の伝統的な雇用システムには手を触れない」という配慮がある。定年がある以上定年を超えた人までは雇えない（①）、長期雇用前提なので定年まである程度の期間が残ってないとマズイ（③）、長期にわたりずっと技術継承していくためにはその職種の年齢構成がある程度均一でないと困る（④）、ということである。

さらに、高年齢者雇用安定法により、事業主は、労働者の募集・採用時に年齢制限を課す場合にはその「やむを得ない」理由を示さなければいけないことになっている（高年20条1項）。

　　「パートに応募したいんですけど、なんで40歳じゃダメなんですか？」
　　「ハイ、では理由を説明します……実はウチの社長がハマってるアヤシイ占い師のお告げです」

　なにしろ社長（の占い師）が言うんだから社内的にはもちろん「やむを得ない」理由だが、法的にはちょっと通らなさそうだ。

(3)　障　　害

　2013年の障害者の雇用の促進等に関する法律（障害者雇用促進法）の改正（2016年4月施行）により、募集・採用時における障害者の差別が禁止された（障雇34条）。同改正では、差別禁止だけでなく、いわゆる合理的配慮の提供義務も定められた（同36条の2）。これに加え、事業主は法定雇用率以上の障害者を雇用する義務も負っている（同43条1項。詳細は→第3部第1章Ⅲ）。

3　最後の「聖域」──契約締結の自由

　求職者が女性であることを理由とする採用拒否は、均等法違反で明らかに違法である。ではその女性は裁判で勝てばその会社に雇ってもらうことができるのか？　結論からいうと、それはダメ。裁判所が「この人を雇いなさい」という判決を出すことはできない、というのが現行法の考え方である。これはある意味、徐々に狭まりつつある「採用の自由」における最後の砦だ。使用者は特定の労働者との労働契約の締結を強制されることはない。たとえ違法な差別がなされても、それは慰謝料、損害賠償で解決するしかない、ということだ。

なお不当労働行為救済手続（→第4部Ⅴ5）においては、労働委員会が採用（したものと扱えという）命令を発することもある。ただ前述のように最高裁は採用拒否はそもそも不当労働行為ではないという立場である（前掲・北海道旅客鉄道・日本貨物鉄道事件）。

4　労働契約締結時における規制

　使用者は、労働契約の締結に際し、労働者に対して賃金、労働時間その他の労働条件を明示しなければならない（労基15条1項）。「その他の労働条件」とは、契約期間、更新可能性のある有期契約の更新の基準、就業の場所及び従事すべき業務、退職事由などである（労基則5条1項）。これらのうち主要なものについては書面の交付も要求される（労基15条1項後段、労基則5条3項4項。労契4条2項も参照）。なお短時間（パートタイム）労働者及び有期雇用労働者については昇給や退職手当・賞与の有無等も書面で明示しなければならない（短有労6条1項、同則2条1項）。

●身元保証契約に関する規制

　労働者の採用にあたり、身元保証人が必要とされることがよくある。その労働者が会社に損害を与えたりした場合には身元保証人がその賠償責任を負うことになる。

怒れる若者「クッソー、こんな会社辞めてやる！　最後に尾崎豊（なつかしー！）ばりにオフィスの窓ガラス全部叩き壊してやる！」
天の声「待ちなさい、入社のときに稲田堤の叔父さんに身元保証人になってもらったことを忘れたのですか？」

　この場合は身元保証契約の存在が器物損壊罪という犯罪の発生を抑止し、そして稲田堤（ちなみに地名です。川崎市）の叔父さんも損害賠償責任を負わなくてよくなったわけだが、しかし身元保証人の責任があまりに重くなりすぎるのもよくない。ということ

で、「身元保証ニ関スル法律」という超古い法律が、身元保証契約について一定の規制を行っている。たとえば身元保証契約の有効期間は期間が定められなかった場合は原則3年となり、期間が定められた場合でも5年を超えることはできない（身元保1条・2条）。というわけで、入社後5年経っていればオフィスの窓ガラスを……（以下自粛）。

　なお身元保証契約は、2017年改正民法が新たに規定した個人根保証契約（民465条の2第1項）に該当すると考えられるので、今後は保証の上限額も定めておく必要がある（同条第2項）。

II　採用内定

1　採用内定とは
(1)　内定？　内々定？

薄毛が気になる人事部長「内定です。4月から一緒に働きましょう（本音：遊び過ぎて留年すんなよ、このバカ野郎）」

最近まで茶髪だった学生「ありがとうございます！　頑張ります（やったー、とりあえずキープだ！　でも他も受けちゃおーっと）……で、あのー、内定通知とか頂けるのでしょうか？（ちゃんと証拠もらっとかないとな）」

人事部長「いやいや、それは内定式の日に誓約書出してもらってからお渡しします（なんか小うるさいこと言うヤツだなー、まさかゼミで労働法とか勉強してやがったんじゃねえだろうな？）」

学生「内定式の日に内定通知……そうすると今日はまだ内定ではないということでしょうか？」

これはたぶん学生が正しい。内定と言っているが、実質は内々定だろう。企業の採用プロセスは多種多様。「十把一からげ」にはできないが、一般的な新卒採用の場合、「内定」というのは相当にフォーマルな手続きと考えて間違いない。4月入社であればその前年の秋くらいに、内定式というセレモニーが実施され（昭和だとだいたいそこで飲みつぶれて部長にからむヤツが出て同期の有名人となる）、誓約書の提出と引き換えに内定通知が交付される。

これに対し内々定はだいたい口頭、あるいは電話で伝えられ、書面も交付されないことが多い。もちろん、口頭だって電話だって、採用を約束すればそこに一定の法的効果は生じるだろうが、やはり内定に比べれば相対的に弱いものになるだろう。また実際

問題として口約束だからそもそも立証も困難だ。ってことはやっぱり、「内定」と言われても油断しない方がいいってことだろう——なんかそれなりの紙（内定通知書）をもらうまでは。

(2) 採用内定の法的性質

採用内定とは法的には何なのか。判例は、大卒者の一般的な新卒採用プロセスにおける採用内定について、大学卒業直後を「就労の始期」とし、それまでの間は一定の内定取消事由に基づく「解約権を留保した労働契約」が成立したもの（「始期付解約権留保付労働契約」）であるとした（大日本印刷事件：最判昭和54・7・20民集33巻5号582頁）。最高裁によれば、企業が行う募集が契約申込みの誘引（＝お誘い）、これに対して学生が応募するのが契約の申込み、そして試験や面接を経て企業が出す内定通知が契約申込みに対する承諾である。「申込み」とそれに対する「承諾」で意思が合致し、契約が成立したということだ。

始期とか解約権留保とか、ごちゃごちゃと余計なものがついてはいるが、とにかく採用内定によって労働契約が成立した、と考える、そこが重要だ。契約が成立している以上、一定の範囲で契約としての法的拘束力が働く。内定取消は労働契約の解約、つまり法的には解雇と同じ性格のものとなる。内定取消がもし違法なら、それは違法な解雇（→第4章I5(1)）と同じで、法的には無効。つまり、内定取消がなかったことになる、すなわちその会社の従業員としての身分が確保されるわけだ。内定でもまだ契約が成立していない、と考えても予約不履行とか契約締結過程における信義則違反などで損害賠償は取れるかもしれないが、その会社の従業員にはなれない。そこが大きな違いだ。しかし前述のように、内定は実際にはかなりフォーマルな手続きであり、また当事者の意識としても、学生は「これであとは卒業だけだ」と他社を断り、企業も新たな募集をかけることはもうしない。そう考えれば、労働契約が成立しているとみるのは極めて自然だ。

およそ「内定」と呼ばれるものがすべて始期付解約権留保付労働契約であるというわけではない。前掲・大日本印刷事件も、「その実態は多様であるため、採用内定の法的性質について一義的に論断することは困難」である、とした上で、でもこの場合は「始期付解約権留保付労働契約」ですね、と述べたのである。その「内定」の実態によっては、労働契約はまだ成立していない、という判断がなされる可能性もあるだろう。

2 採用内定取消の可否

採用内定により、条件つきではあるが、とにかく労働契約が成立する。ではその「条件」はなにを意味するのか。就労の始期、はまあわかる。契約は成立したが実際に就労するのはもっと先、4月からだ、という意味だ。問題は「解約権留保」の方である。要するに、内定で労働契約は成立しているが、でもそれを絶対取り消せないというわけではない。一定の事由が生じたら解約できる、ということである。

ではどういう事由なら内定を取り消せるのか。判例は、「採用内定当時知ることができず、また知ることが期待できないような事実であつて、これを理由として採用内定を取消すことが解約権留保の趣旨、目的に照らして客観的に合理的と認められ社会通念上相当として是認することができるもの」がある場合にのみ内定を取り消しうるとする（前掲・大日本印刷事件）。この要件が満たされなければ内定は取り消せない。

一般論はわかるが、具体的にはどういう場合に取消がありうるのか。多くの場合、内定ゲットと「引き換え」に提出する誓約書に、これこれの場合は内定取り消されても異存はありません、とか書いてある。よくあるのは、履歴書に経歴詐称等があったとき、健康状態が悪化したとき、そして3月に学校を卒業できなかった

とき、などだ。ただし、もし履歴書にちょっと事実と違うことが書いてあったとしても、それだけで当然に内定取消となるわけではない。それくらいのことで取り消すなんて「客観的に合理的」でもないし「社会通念上相当」でもない、というのであれば取消はできない。

●内定取消事由あれこれ

　「大卒採用」である以上、大学を卒業できなかった場合は素直にあきらめよう。大学生をもう１年やれるなんてある意味幸せじゃないか。健康状態悪化、は程度によるだろう。仕事に支障がないのであれば取消はかわいそうだ。では（おちゃらけ学生ばっかりの）「森戸ゼミ」だったのに（優秀な学生ばかりの）「森田ゼミ」と履歴書に書いたら？　フツーは「ゼミ詐称」くらいのことで内定取消が有効と認められることはないはずだが、いい加減なゼミにいたことを隠そうというあくどい意図が感じられたりすると話が変わってくるかもしれない……

●内々定とその取消

　多くの場合その後に「内定」というフォーマルな手続きが予定されており、当事者の認識もまだユルめ（＝学生は複数の内々定をこっそりキープし、企業も「アイツ結局他行くんじゃねえの？」と疑っている）なので、「内々定」の時点ではまだ労働契約は成立していないと解すべきことが多いであろう。ただしその場合でも内々定の取消が期待権侵害等の不法行為と評価される可能性はある（コーセーアールイー（第2）事件：福岡高判平成23・3・10労判1020号82頁）。

Ⅲ　試　用

1　試用期間の意義

内定の次の段階が試用だ。新卒採用の場合だいたい４月１日付

で採用となるわけだが、そこから何か月間かは試用期間、要するに「見習い」の身分となる（ない会社もある）。なんだまだ正式採用じゃないのかよ、それじゃあ内定と同じじゃんか。と思うかもしれないが、やはり内定とはちょっと違う。内定期間と違い、試用期間は実際に仕事をさせられる。まあまだ入ったばっかりだから研修に毛の生えた程度（あるいは全然毛の生えてない研修そのもの）かもしれないが、とにかくその企業の、組織の一員として働くわけだ。

　試用は内定の後に来るわけで、当然労働契約は成立しているとみることになる。ただしもう4月になっているので「就労の始期」は関係がない。というわけで、一般に試用期間は「解約権留保付労働契約」が成立している状態といえる。ただもちろん、内定と同様に、これもその試用制度の実態による。判例は、試用期間終了後に本採用拒否した例はこれまでなかった、本採用時の手続は辞令交付のみであり改めて契約書等が作成されることはなかった、という事情の下で解約権留保付労働（雇用）契約の成立を認めている（三菱樹脂事件：最大判昭和48·12·12民集27巻11号1536頁）。

2　本採用拒否の可否
　内定の場合の取消に相当するのが、本採用拒否である。

　イイヅカ人事部長「キミは思ってたより使えないので、本採用
　　しないことにします」
　内定者マオさん「えー、そんなあ……今さらそんなこと言われ
　　たって困ります。だいたいですね、そんなに使えるヤツだっ
　　たらこんな会社に来てないと思います」
　ストンと腑に落ちたイイヅカ「……（一理あるな）」

　内定取消だって打撃だが、本採用拒否はいったん入社した後だ

けにさらにショックはデカい。では使用者はどのような場合に本採用拒否を有効になしうるのか。前掲・三菱樹脂事件は、本採用拒否の場合は通常の解雇よりも「広い範囲における解雇の自由」が認められる、つまり見習いでない正社員を解雇する場合よりも基準は緩くなる、としつつ、本採用拒否は「解約権留保の趣旨、目的に照らして、客観的に合理的な理由が存し社会通念上相当として是認されうる場合にのみ許される」とする。

●元祖はこっち

解約権留保の趣旨、目的に照らして、客観的に合理的な理由が存し社会通念上相当として……どっかで聞いたような表現だ。そう、内定取消に関する大日本印刷事件（→Ⅱ2）とほぼ同じだ。などというと、三菱樹脂事件が怒るかもしれない、まるで、妹にそっくりだと言われてしまった姉みたいに（擬人法）。判決年月日をみればわかるが、三菱樹脂事件の方が大日本印刷事件よりも先に出ているのである。そして大日本印刷事件は判決文中で三菱樹脂事件を参照判例として引用している。教える順番どおりに判決が出るわけではないのだ。当たり前のことだが……

では具体的にはどのような事情が出てくればこの要件を満たすのか。前掲・三菱樹脂事件によれば、それは「採用決定後における調査の結果により、または試用中の勤務状態等により、当初知ることができず、また知ることが期待できないような事実」である。採用決定後の調査というのは具体的になにを指すのかはっきりしないが（今さら身上調査でもないはずだ、それなりの長さの内定期間があったなら）、「試用中の勤務状態……」の方はまあわかる。要するに、実際に組織の中で働かせてみてわかったこと、であろう。たとえば絶望的に仕事ができないとか、協調性ゼロであるとか。さらにその事実は、内定期間中にはわからなかった、把握のしようがなかったものでなければならない。冒頭の例でいえば、「思ってたより」能力がなかったことが本採用拒否の理由とされてい

るが、では会社側はそのことを内定期間中に把握できなかったのか。そこが問題とされるということである。

●期間の定め？　それとも試用期間？

「じゃあとりあえず6か月様子みて、でウチでやっていけそうならその後も働いてもらうよ」
「ありがとうございます！　頑張ります！」

なんだか感動的なシーンだが、さてこの6か月というのは試用期間なのか、それとも期間6か月の契約なのか。試用期間であれば今勉強したように簡単に本採用拒否はできないが、6か月契約なら6か月経てば終わりにできそうな気もする（ただし雇止め法理による保護はありうる→第4章Ⅱ）。

判例は、期間の定めのある労働契約という形式がとられていても、職務内容が正社員と同一で、労働者の適格性判断のために契約期間が設定されている場合には、特段の事情のないかぎり、その期間の定めは（契約の存続期間ではなく）期間の定めのない労働契約における試用期間とみるべきだとする（神戸弘陵学園事件：最判平成2・6・5民集44巻4号668頁）。要するに、契約期間の定めという「形式」ではなく、試用期間としての「実質」をみろということだろうが、それにしても「特段の事情」を要求するのは厳し過ぎだ。そもそも有期契約か無期契約かはっきりしないケースはともかく、当事者の認識などからも有期労働契約であることが明らかな場合には、適格性判断のために契約期間が設定されていたとしても、試用期間とみるべきではない。最近の最高裁判例も（こっそり？）神戸弘陵学園事件の判断枠組みを「緩和」している（福原学園事件：最判平成28・12・1労判1156号5頁）。

第2章　人　　事

　使用者は、労働者をあちこちに動かしたり（配転、出向）、評価したり（人事考課）、そして偉くしたりヒラに格下げしたり（昇進、昇格、降格）する権限を持っている。この権限、つまり人事権は、労働契約によって与えられている権限である。

　もちろんこの人事権は無限定のものではない。では具体的にどのような場合にどこまでの権限があるのか、それは突き詰めればその労働契約がどのような契約であるかによって変わってくる。ケース・バイ・ケースというヤツだ。しかし裁判例の蓄積により、ある程度の目安はできあがっている。以下では配転・出向・転籍という人事異動の局面におけるルールを中心に、近年紛争が増加している休職についても説明する。

I　配　　転

1　配転はなぜ行われるか

　配転とは、職務内容または勤務場所が、あるいはその両方がある程度長期間にわたって変わることである。勤務場所が変わる「転勤」もこれに含まれる。ちなみに長期間でない場合は「出張」とか「応援」だ。

　日本の会社では非常に頻繁に配転が行われる。ただしいわゆる総合職の正社員のみの話であるが。福岡支店で人が足りなくなったから至急東京本社から誰か……というようなパターン（前向き欠員補充型）、あるいは大阪で人が余ったからなんとか東京で引き受けてよというパターン（後ろ向き剰員吸収型）ももちろんあるが、そうではなく、人事の通常の流れとしてなされる配転（ローテー

ション型──英語として正しいのかどうかは不明）も少なくない。たとえば原則入社5年目で必ず転居をともなう転勤をさせるとか、3年経ったらこれまでと全く違う部署に出すとかである。日本企業は、こうやって定期的に社内で人を動かすことで、1つの分野のプロである「スペシャリスト」ではなく、会社内のあらゆる部署と人脈に通じた「ジェネラリスト」（これまた欧米で通じるのかどうか不明）を作ってきた。つまり配転は日本的な雇用慣行の重要な一部をなすのである。

> **●解雇の代替措置としての配転**
> 　「大阪で人が余ったからなんとか東京で引き受けてよパターン」の目的は、一言でいえば解雇を避けることである。つまりこのパターンの配転もまた、ある意味雇用保障を重視する日本的な雇用慣行の中で生まれたものなのである。

2　労働契約上の根拠

　勤務場所や仕事内容というのは、労働契約の重要な要素の1つである。したがって、使用者がそれを変更しようとする場合、すなわち労働者に配転を命じる場合には、それについて何らかの労働契約上の根拠が必要である。これが1つめのチェックポイントだ。

　配転に際し労働者の個別的同意があればもちろん問題はない。では就業規則上の「業務上の都合により配転を命じることがある」というような規定だけでも労働契約上の根拠たりうるか。入社時の就業規則上の規定は「合理性」（＋周知）があれば労働契約の内容となる（労契7条→第1部Ⅳ4(4)）が、この規定は合理的といえるか。

　前述のように、日本企業において配転は日常茶飯事。正社員であれば配転がありうることは当然の前提となっている。入社のときにも、

面接官「地方はもちろん海外勤務もありうるわけなんだけど、
　　大丈夫ですか？」
　学生「ハイ、総合職である以上、たとえ地球の果てまででも行
　　く覚悟です！」
　面接官「仕事内容もね、理系出身と言っても営業をやらせるか
　　もしれないよ」
　学生「ハイ、それもすべておまかせします！」

　などという会話が交わされていたりもする。このような場合に
は、前述のような一般的な規定にも合理性ありといってよいだろ
う。結局、長期雇用を前提に採用されたいわゆる総合職社員の労
働契約においては、使用者側に一般的な配転権限が与えられてお
り、通常職種や勤務地の限定もないので、配転を命じるたびに労
働者の個別の同意を取る必要はない、ということになる。判例も
同様の立場である（東亜ペイント事件：最判昭和61・7・14労判477号6頁、
ケンウッド事件：最判平成12・1・28労判774号7頁）。

　同様に、労働協約上の規定も配転命令権の根拠たりうる（労組
16条参照）。

(1) 職種の限定

　しかしもちろん、労働契約上職務内容が明確に特定されること
もある。就業規則に配転の一般的な根拠規定があるが、それとは
別に職種の限定の合意があるというパターンだ（労契7条ただし書
参照）。その場合は使用者が労働者にこの職務内容の変更をとも
なう配転を命ずることはできない。労働者の個別的同意が必要で
ある。

　「今度営業部へ異動してもらいます。とにかく営業部隊が人手
　　不足でね、4月からは外回りに出てもらうことになります。
　　頑張って下さい」

「えー?!　でも私、社内診療所に看護師として雇われたんで
　すけど……」

　おそらくこの配転命令は拒否しても大丈夫だ。診療所の看護師
として雇うけど営業にも出てもらうかもしれません、という労働
契約というのはあまり考えられない。そもそも契約書や就業規則
などで職務内容を明確に特定している可能性も高そうだ。医師や
看護師など特殊な技能や資格を持った労働者の場合は、職種の限
定があると考える方が自然だ。
　職種限定の契約です、と明確に契約書に書いてあれば争いも起
きない。「書いてはいないがそういう約束だった」「いやそんなこ
とはない」というような微妙なケースは裁判で争われることにな
る。たとえばアナウンサー（なぜか女子アナの事件ばかり）。九州朝
日放送事件：福岡高判平成 8・7・30労判757号21頁（最判平成10・
9・10労判757号20頁により維持）は、20年以上アナウンサーとして勤
務した女性労働者の労働契約について、「アナウンサーとしての
業務が特殊技能を要するからといって……（それ）以外の職種に
は一切就かせないという趣旨の職種限定の合意が成立したものと
認めることはでき」ない、とした。しかしこれと逆に、アナウン
サー採用試験が別建てになっていることなどを理由に職種の限定
ありとした裁判例もある（アール・エフ・ラジオ日本事件：東京高判昭
和58・5・25労判411号36頁など）。
　また、日産自動車村山工場事件：最判平成元・12・7労判554号
6頁では、自動車メーカーにおいて製造工程の車軸製造部門で10
数年から20数年もの間熟練の機械工として勤務してきた労働者に
対する、より単純作業に近い組み立てラインへの配転命令の効力
が争われた。原告側は労働契約上職種の限定があったと主張した
が、最高裁は「機械工以外の職種には一切就かせないという趣旨
の職種限定の合意が明示又は黙示に成立したものとまでは認める

ことができ」ない、「業務運営上必要がある場合には、その必要に応じ、個別的同意なしに職種の変更等を命令する権限」が会社に留保されていた、と判示してその主張を退けた。

●職種の限定が認められると……
　職種の限定が認められるというのは非常に大きなことだ。配転を拒否できるから？　もちろんそうだが、じゃあ配転命令に応じないならしょうがない、解雇だ、と使用者が言えるかというと、おそらく現在の解雇権濫用法理（→第4章I 3）の下ではそう簡単にはいかない。使用者はその労働者を配転も解雇もできなくなる可能性がある。逆に、だからこそ裁判所は職種の限定を簡単に認めないのかもしれない。

(2)　勤務場所の限定

　いわゆる現地採用の場合は勤務場所の限定があると考えられる。最近では「地域限定型採用」みたいに自ら宣言してくれている場合もある。他方でいわゆる総合職の場合、基本的には「どこでも行きます」だろうが、じゃあそれは海外を含むのか、南極とか北極にも赴任しないといけないのか、そのあたりはケース・バイ・ケースだと言うほかない。

3　権利濫用法理による制限

　職種や勤務場所の限定はない、この労働契約においては使用者に配転命令権がある。そう判断されたとしても、そこで終わりではない。2つめのチェックポイントもクリアしなければ、法的に有効な配転命令とはいえない。すなわちそれは、その配転命令が権利濫用にあたらないこと、である（労契3条5項参照）。

(1)　業務上の必要性

　判例（前掲・東亜ペイント事件）によれば、配転命令が権利濫用となるのは、第1に、その命令に「業務上の必要性」がない場合。ただこれは「高度の必要性」でなくてもよい。労働力の適正配置

とか業務運営の円滑化とか、「企業の合理的運営に寄与する」といえる、その程度の必要性でよい。

　「えー、また転勤ですか……せっかく久々に本社に戻ってきたのに……」
　「それは重々承知してるんだが……例の福岡の超スーパーメガトン級のお得意さんがね、他の営業マンじゃダメ、キミ以外とは取引しないって宣言してるんだよー。だからキミが行かないと確実に会社がつぶれる、それくらいの状況なんだ」

　前掲・東亜ペイント事件の表現を拝借するなら、まさに「余人をもっては容易に替え難い」ほどの高度の必要性だ。しかしこんな劇画チックな状況までは必要ない。通常の人事のローテーションの下での配転、それくらいで十分だということだろう。

(2)　特段の事情

　第2に、業務上の必要性はあるが、「特段の事情」がある場合にも配転命令権の濫用が成立する。そして前掲・東亜ペイント事件によれば、「特段の事情」とは、その命令が「不当な動機・目的」による場合、あるいはその労働者に「通常甘受すべき程度を著しく超える不利益」を負わせるものである場合などである。うるさ方の組合幹部を配転して労働組合活動の弱体化を狙う、嫌がらせとしてあるいは退職に追い込むために配転する、などというのが「不当な動機・目的」の典型例といえよう。

　「この転勤には応じられません。通常甘受すべき程度を著しく超える不利益が生じます」
　「そんなすごい不利益が……でそれはなにかね？」
　「ハイ、熱烈な阪神ファンの私が甲子園に通えなくなります」
　「アホか！　ほなデーゲームも毎日通えるようにしたるわ！」

実際に問題になるのは、共働き家庭で転勤に応じると子どもの保育園送迎に支障が出るケース（前掲・ケンウッド事件）、そして病気や障害を抱える家族がいるようなケースである。後者はたとえば、寝たきりの老父母をきょうだいが交代で介護しており、転勤に応じるとその体制が維持できない、というような状況だ。なお育児介護休業法も、転勤命令に際しては、その対象労働者の育児や介護の状況に配慮せよとしている（育介26条。ネスレ日本（配転本訴）事件：大阪高判平成18・4・14労判915号60頁、NTT東日本（北海道・配転）事件：札幌高判平成21・3・26労判982号44頁参照）。

●単身赴任の不利益

　転勤によって単身赴任になってしまう、愛しい妻あるいは夫と別居、愛する家族と離ればなれ。それは日本企業では「通常甘受すべき」不利益か、それとも重大な不利益か。「博多や札幌で一人暮らしができるなんて、まさに天国！」という社員ばっかりなら会社もラクなのだが……使用者には、「家庭生活と職業生活の調和」という観点（労契3条3項参照）から、配転の対象者選定にあたって単身赴任が生じないよう配慮する義務があるのだろうか（帝国臓器製薬（単身赴任）事件：東京高判平成8・5・29労判694号29頁（最判平成11・9・17労判768号16頁も高裁の判断を是認）を参照）。その配慮は逆に独身者に対する差別といえないだろうか。

Ⅱ　出　　向

1　出向とは

　配転同様、日本の会社ではもうすっかりおなじみの仕組みだ。自分の企業に在籍したまま、他の企業で働く。ただしちょっと応援に行くというのとは違って、出向期間はある程度長期に及ぶし、勤務時間等の労働条件は出向先の就業規則で決まる。法的には

（諸説あるが）、出向元会社との労働契約上の地位が出向先会社に部分的に譲渡されることである（つまり、部分的に二重の労働契約関係が成立する）。どの程度譲渡されるかは出向元・出向先両社間の合意で決まる。解雇権など労働契約の存否に関わる権限は出向元がキープ、始業・終業時刻や休暇など就労に関する事項は出向先の権限、というパターンが多い。賃金の支払いについては、出向元が全額払う場合もあるし、出向先の賃金額との差額を出向元が補填する場合もある。

　出向の場合も、配転同様（→Ⅰ1）前向き欠員補充型、後ろ向き剰員吸収型、ローテーション型などのパターンがある。ローテーション型の場合は、配転先のセクションがたまたま分社化で別子会社になっていた、というようなイメージだ。何年か経ったら必ず本体の会社に復帰することが約束されており、労働条件においても今後のキャリアにおいても出向が不利に扱われることはない。他方で後ろ向き剰員吸収型の場合はいわゆるリストラの一環として行われ、一方通行でもはや復帰の可能性がなかったりもする。

2　労働者の「同意」

　出向元会社と労働者との間で締結された労働契約上の権利義務が、一部とはいえ出向先会社との間の権利義務に変わってしまう。そう考えると、出向っていうのは結構スゴイことだ。使用者が自由に出向命令を出せるというのもなんかちょっとおかしな感じだ。ではなにか法的な歯止めはあるのだろうか。配転のように「就業規則に一般的な規定あり→合理的→命令権あり」（→Ⅰ2、労契7条参照）とはいかないだろう。

　あるといえばある。民法625条1項により、出向には労働者の「同意」（条文では「承諾」）が必要と考えられる。ただこの同意は個別の同意でなくてもよいと考えられている（もちろん、個別の同

意でもよい）。そうすると結局、就業規則や労働協約上の出向に関する規定の解釈により、さらには採用時の会話内容なども考慮して、この「同意」があったかどうかを判断することになる。判例（新日本製鐵（日鐵運輸第2）事件：最判平成15・4・18労判847号14頁）は、就業規則上に出向に関する一般的な規定があり、また労働協約にも出向期間や出向中の処遇等に関して出向労働者の利益に配慮した詳細な規定があったというケースにおいて、使用者は労働者の個別的同意なしに出向命令を発することができると判断した。

●配転と出向──結局同じ判断基準？

そうすると、結局のところ配転も出向もその有効性は同じ基準で判断されるということになるのだろうか？　確かに、一言でまとめるなら配転命令にも出向命令にも「何らかの労働契約上の根拠」が必要である。その意味では同じだ。また、ローテーション型の、配転に限りなく近い出向の場合であれば配転と同じ基準で判断しても問題はないだろう。

しかし後ろ向き剰員吸収型出向のような場合は、たとえ就業規則や労働協約に一般的な出向の根拠規定があっても、それが本当にリストラ含みの出向のようなケースまで想定した内容であったのか、という点がさらに精査されることになる。

3　権利濫用法理による制限

配転の場合と同様に、第1のステップとして使用者の出向命令権が肯定されたとしても、その命令が権利の濫用に該当しない、という第2のステップもクリアする必要がある（労契14条）。労契法14条はその判断基準を「（出向命令の）必要性、対象労働者の選定に係る事情その他の事情」と定式化しているが、基本的には配転に関する前掲・東亜ペイント事件の枠組み（→I 3(1)(2)）が用いられると考えてよいだろう。すなわち、業務上の必要性があるのか、不利益の程度が通常甘受すべきレベルを超えていないか、

などである。出向の場合は単に生活上の不利益だけでなく、出向により給料が下がる、出向期限が定められておらず元の会社に復帰できるかどうかもはっきりしない、など労働条件そのものに関わる不利益がともなうことも多い。それらも当然考慮の対象となる。

●出向先からの復帰命令
　A社は、自社からB社に出向となっている労働者に対し、その個別的同意を得ることなくA社への復帰命令を出すことができるか。判例（古河電気工業・原子燃料工業事件：最判昭和60・4・5民集39巻3号675頁）は、「労働者が出向元の指揮監督の下に労務を提供するということは、もともと出向元との当初の雇用契約において合意されていた事柄」なので、出向元へ復帰させないことが合意されているなど特段の事由がないかぎり個別的同意は不要であるとした。

III　転　　籍

　転籍とは、文字どおり、こっちの会社を完全にやめてあっちの会社の労働者となることである。ということは「人事」とは言い難い性格のもののようにも思える。じゃあなぜこの章で扱うんだ？　――はい、すいません、私が間違ってました、とここで認めたら世界初の「章立ての間違いをその間違った本の中で謝罪する本」が完成することになるが、残念ながらその理由は一応あったりする。「転籍」はやっぱり単なる「転職」や「再就職」と同じではない。現実の職場では、配転や出向と同様に、人事ローテーションあるいはリストラの一環として、使用者の人事権の行使の一形態として行われているのだ――それが本当に法的に有効と評価できるかどうかは別として。

1 転籍命令の有効性

モリタ社悪徳人事部長「キミにはモリト社に転籍してもらうか
　　らそのつもりで」
かわいそうな労働者「でもそんな話は全く聞いてないんですけ
　　ど……」
部長「まあ似たような名前の会社だからいいじゃないか。『ど
　　ちらにお勤めですか?』って聞かれたらさ、『ハイ、モリto
　　[tə] 社です』って言っとけばイイんだよ!」

　転籍命令とは、要するに「モリタ社」との間で締結された労働
契約を「モリト社」との契約に変えることである。モリタ社のた
めに働き、モリタ社から給料をもらう、というのがこの労働契約
の核となる部分であったことは言うまでもない。それを使用者の
一存で勝手に変えるなんてことができていいはずがない。つまり、
転籍には原則として労働者の同意が必要である。またその同意も、
出向の場合とは異なり個別の同意であることが原則だろう。

労働者「この転籍命令には応じられません」
引き続き悪徳人事部長「そうか、それならしょうがない、ここ
　　にはもうキミの仕事はないからね、残念ながら解雇するしか
　　ないね……」

　こう言われてしかたなく転籍に応じるということもあるだろう。
労働者が「それなら転籍するか」と判断するのはもちろん自由だ
が、大事なことは、仮に転籍を拒否したとしてもそれを理由に当
然に解雇できるわけではないということである。解雇が有効かど
うかという判断は、解雇権濫用法理(→第4章13)の下で厳格に
なされることになる——たとえば、「キミの仕事はない」と言っ

ているが本当にないのか、どっかに配転すればあるのではないか、などなど（いわゆる「変更解約告知」的な状況となる→第4章Ⅰ4(2)コラム参照）。

2 企業組織再編との関係

転籍「命令」のケースではないが、企業の合併や会社分割など、いわゆる企業組織再編の局面では、労働者の同意がなくても転籍が行われうる。

(1) 合 併

A社とB社が合併してC社ができた、あるいはA社がB社を吸収して新しいA′社となった。いずれの場合も、A社及びB社の労働者は、合併によって当然にC社あるいはA′社の労働者となる。

(2) 会社分割

労働契約承継法が以下のような重要なルールを定めている。A社がその一部門（事業）を会社分割しB社が設立された、あるいは分割されたその事業をB社が吸収した。これらの場合、その事業に「主として従事する」労働者であって、分割契約等（分割契約または分割計画）に氏名が記載された者は、分割によりB社の労働者となる（労承継2条1項1号・3条）。分割契約等に名前がない場合でも、一定期間内に異議を申し出ればB社の労働者となることができる（同4条1項4項）。

これに対し、承継される事業に「主として従事する」労働者ではないにもかかわらず（言い換えれば、その事業にちょっとだけ従事する労働者、あるいは全く従事していない労働者であるにもかかわらず）、分割契約等にその氏名が記載された者は、一定期間内に異議を申し出ればB社の労働者とならずに済む（労承継5条1項3項）。

以上のルールをまとめると**次頁表**のようになる。要するに、会社分割に際し労働者はその「主として従事する」事業とセットで動くのが原則ということである。原則と違う扱いをされたら異議

を言えるが、原則どおりだと文句は言えないのだ。

　なお会社分割に際し使用者（分割会社）は事前に労働者との協議を行うことを義務づけられる（商法等改正法附則（平12法90）5条1項）。この協議が全く行われなかったり不十分であったりした場合、労働者は労働契約承継法3条による契約承継の効力を争うことができる（日本アイ・ビー・エム事件：最判平成22・7・12民集64巻5号1333頁）。上記「原則どおり」の扱いの例外が認められる可能性も一応あるということだ。

会社分割時における労働契約承継の枠組み

承継事業に…		分割契約・分割計画		異議申出		労働契約
主として従事	→	記載あり	→	（不可）	→	承継
	→	記載なし	→	あり	→	承継
			→	なし	→	非承継
それ以外	→	記載なし	→	（不可）	→	非承継
	→	記載あり	→	あり	→	非承継
			→	なし	→	承継

●同意してなくても転籍です

　具体例で考えてみよう。たとえば、アサヒカク出版が不採算部門である月刊誌「メイド喫茶で学ぶ労働法」の編集部門を分割し、コーフン堂出版が（何を血迷ったか）それを吸収することになったとする。この雑誌の編集部員は承継事業に「主として従事する労働者」であることは明らかなので、分割契約に名前が記載されれば、有無を言わさずコーフン堂に転籍である。

　同意していないのに、あっちの会社には行きたくないと明確に拒否しているのに、転籍させられてしまう。同意が、しかも原則として個別の同意がなければ転籍させられることはない、という基本的なルールがここでは適用されないということだ。まあそれが法律の定めだからしょうがないのだが、実際の当事者の立場になってみると、合併はともかく会社分割の場合はちょっと話が違うよなー、というのが正直なところだろう。

●事業譲渡と転籍

　なお事業の再編は会社分割でなく事業譲渡という形で実施されることもある。この場合には労働契約承継法の適用はないため、労働契約関係の移転も通常の転籍のルールに沿って処理される（ただし事業譲渡又は合併を行うに当たって会社等が留意すべき事項に関する指針（平28厚労告318）参照）。すなわち、労働者の同意なく労働契約が事業譲渡先会社に承継されることはない（民625条1項）。

●労働条件も変更しちゃいたい？

　労働契約の「承継」は、労働契約の相手方は変わるが、賃金その他労働者の労働条件は変わらないことを意味する。しかし会社分割や事業譲渡に際しては、労働契約の承継ではなく、労働者から個別同意を取って承継会社・設立会社に転籍させるという手法も用いられる（いわゆる転籍合意）。事業譲渡はともかく、会社分割では承継事業に「主として従事する」労働者なら個別同意なしに転籍させられるのに、なんでわざわざそんなことを？　それは、転籍とともに労働条件の変更（切り下げ？）もまとめてできちゃうからである──もちろん労働者の真の同意があることが前提だが。なお転籍合意の場合でも、会社分割に際しては労働契約承継の場合に準じ通知や労働者との個別協議などが必要である（労承継2条1項、分割会社及び承継会社等が講ずべき当該分割会社が締結している労働契約及び労働協約の承継に関する措置の適切な実施を図るための指針（平12労告127、最終改正令3厚労告83）参照）。

IV　休　　職

　休職とは、お堅く言うと、労働者を就労させることが適切でない一定の事由（休職事由）がある場合に、労働契約を存続させつつ労働義務を一時的に消滅させることである。法律上の義務では

ないが、多くの企業が就業規則等で休職を制度化しているので、なんとなくイメージは湧くのではないだろうか。「一定の事由」とは、「子会社に出向することになった」（出向休職）、「労災じゃないけどケガしちゃった、病気になっちゃった」（傷病休職）、「ヤバっ逮捕されて起訴された！」（起訴休職）、「組合の仕事だけやればいいんだって」（組合専従休職→第4部Ⅰ3(1)）などである。休職期間中の賃金がどうなるかは各企業、各制度ごとに異なる。なお傷病休職の場合は健康保険から傷病手当金（健保99条）の支給がある。

　最近紛争が多いのは、傷病休職期間満了を理由とする解雇あるいは自動退職の可否である（メンタル系疾病の事件が多い、気がする）。就業規則では、たとえば傷病休職期間は最長1年6か月、この期間が満了しても休職事由が消滅していない場合、すなわち傷病が「治癒」していないため復職不可能な場合には解雇あるいは退職、などという規定になっていることが多い。この「治癒」の要件が充足しているかどうかがしばしば争いとなる。

　　ワダさん（大学教授）「1年半休職させてもらったおかげで元気になりました、ようやくまた教壇に立てます！」
　　ホリ学部長「うーん、でも先生、まだ声がかすれてて聞きづらいですし、あと体力も戻ってないみたいですから90分の講義は厳しそうですよね。残念ながら教授として職務をこなすのは無理なのでは‥‥」
　　ワダ先生「大丈夫です、元々誰も聞いてない講義なんで！」

　「治癒」＝元の仕事に完璧に戻れること、と解釈するのであればワダ先生は解雇されてしまうかもだが（いや元からしょうもない講義なんだから復帰可能と判断すべきなのか？　‥‥ややこしい事例にしちゃってすいません）、裁判例はもう少し柔軟な立場をとっている。す

なわち、休職期間満了時に完璧に「復活」できていなくても、労働契約上職種限定がなく、他の軽易な業務への配転可能性が現実的にある場合、あるいはしばらく軽い業務に就かせればそのうち従前の職務に復帰できる見込みがある場合などは、「治癒」の要件は充足しているとして復職が認められる（独立行政法人N事件：東京地判平成16・3・26労判876号56頁）。

　職種限定のない労働契約で、健康なときは基本配転命令に従うんだから、その代わり体の調子が悪いときは他にできる仕事が社内にないか探してもらう権利くらいあるよね、そういう労働契約だよね、ということだろう。賃金請求権絡みでの労働契約の「債務の本旨」に関する最高裁の判断（片山組事件：最判平成10・4・9労判736号15頁→第3部第3章I(3)コラム）も同じ発想である。

第3章 懲 戒

Ⅰ 「企業秩序」と懲戒処分

　野球チームでも集団スリグループでも振り込め詐欺のヤミ組織でも、とにかく集団で何かをするときは何らかの「しきたり」が必要だ。ちょっと言い方を換えれば集団としての「秩序」である。そして、企業もまた労働者が集団で働く（「協働」する）ところである。やはりそこでは組織としての「秩序」、いわゆる「企業秩序」が保たれる必要がある。ずいぶんカタイ言葉だが、実はここだけの話、そんなに内容はない枕詞である。「たらちねの」ときたら「母」、「青丹よし」とくれば「奈良」、そして「企業秩序」とくれば「懲戒」だ。職場の秩序、規律だと思っておけばよいだろう。

●企業秩序とは

　ちなみに判例によれば、企業秩序とは、企業が「その存立を維持し目的たる事業の円滑な運営を図るため、それを構成する人的要素及びその所有し管理する物的施設の両者を総合し合理的・合目的的に配備組織して」定立するもの（国鉄札幌運転区事件：最判昭和54・10・30民集33巻6号647頁）である。なるほどという感じもするが、それって要するに職場の秩序だろ、という気もする。

　この企業秩序を維持するための手段が懲戒処分である。労働者が企業秩序を乱す行為をした場合に、それに対し制裁として行われる不利益な措置、それが懲戒処分だ。では使用者は、どのような要件の下で、どのような懲戒処分を労働者に課すことができる

のか。それが本章のテーマである。

II 懲戒処分の有効要件

1 就業規則への記載

使用者が労働者を懲戒するには，あらかじめ就業規則に懲戒の「種別」と「事由」を定め（た上で事業場の労働者に周知し）ておく必要がある（フジ興産事件：最判平成15・10・10労判861号５頁）。この就業規則への記載が第１のチェックポイントだ（なお労基89条９号参照）。要するに、どんなことをしたらどんな処分がなされうるのか、具体的にちゃんと書いておけということだ。書いてない処分はできないし、書いてないことを処分の理由とすることもできない。罪刑法定主義（＝法律に書いてない刑罰は科せないよ！）的な要請によるものだ。

また、書いてあることがあったかなかったか（懲戒事由該当性）の判断も厳格になされる（→Ⅳ）。ここまでクリアすれば、労契法15条にいう「使用者が労働者を懲戒することができる場合」だと言えることになる。

> ●懲戒権の根拠──固有権説と契約説
>
> 　考えてみれば「制裁」ってけっこう物騒な言葉だ。たとえすっごく悪いヤツでも、一般人がそいつに勝手に制裁を加えたらそれはリンチだ。法治国家では許されない（こっそり闇の必殺仕事人とかに頼むしかない）。そんなすごいことを、使用者はなぜ労働者にできるのか。要するに、使用者の懲戒権の根拠をどこに求めるか、である。
>
> 　この点については、学説上大きく分けると固有権説と契約説との対立がある。使用者は「そもそも」「本質的に」懲戒権を有すると考えるのが固有権説。企業である以上、労働関係である以上、およそ経営者には当然そういう権利がある。これに対し、使用者

が懲戒処分をできるのは、それが労働契約の内容になっているから、労働者がそれに同意を与えているから、と考えるのが契約説である。

　判例の立場ははっきりしない。就業規則に懲戒の種別と事由を書かなければいけない（前掲・フジ興産事件）のは、それを労働契約の内容とするためである、と理解すれば契約説だ。しかしそれならそう明言すればいいのにあえてしていないところをみると固有権説っぽくもある。実際それっぽい書きぶりの別の判例もある（関西電力事件：最判昭和58・9・8労判415号29頁）。またそもそも、単に契約内容にするなら就業規則じゃなくて労働協約でもあるいは個別の労働契約でもいいはずだ。

2　懲戒権の濫用

　使用者の懲戒権の行使は、対象となる労働者の行為の性質・態様その他の事情に照らして、それが客観的に合理的理由を欠き、社会通念上相当であると認められない場合には、権利の濫用として無効となる（労契15条。同旨、ダイハツ工業事件：最判昭和58・9・16労判415号16頁）。その懲戒処分が権利の濫用にあたるようなものでないこと、これが第2のチェックポイントである。ではその判断にあたってはどのような事情が考慮されるのか。

(1)　平等取扱い

　裁判所は、同じ立場の労働者間での公平という観点を重視する傾向がある。前に同じことをやったヤツがいて、そいつは軽い懲戒処分だった、あるいは全然お咎めなしだったのに、自分が同じことをやったらなぜか重い処分をくらった。そういうのは懲戒権の濫用と評価されうる。

　これは実務上結構重要な視点だ。使用者としては、懲戒処分を発動する際に、過去の先例を洗い出し、かつその処分がもたらす未来への影響をも考慮しなければならない。下手に甘い処分を下

してしまうと、将来もそれに拘束されてしまうかもしれない。

(2) 処分の相当性

「悪さ」の度合いと、それに対する制裁の重さがつりあっているるか。

> 「会社の備品の鉛筆、持って帰ったね！　……懲戒解雇だ」
> 「でも課長もよく会社のトイレットペーパーをカバンに入れてませんか？」
> 「!?　いや、あ、あれはトイレットペーパーじゃないよ……えっと、そうそう、仕事用の資料だ。巻紙式の」
> 「はーそうですか、ずいぶん斬新なデザインで。使いにくそうですが。でも業務用の資料持ち出すのも一応懲戒事由に該当しませんか？」
> 「まあそらそうだけどね、さすがにそれくらいで懲戒解雇なんて、重すぎるよ！　……アッ、しまった」

　確かに懲戒事由に該当する行為はあったが、それに対してさすがにこの処分は重すぎる、という場合は懲戒権の濫用となりうる。とくに、最も重い処分である懲戒解雇については、相当にひどい行為がないとダメだろう。この労働者を制裁という名目で解雇しなければ、もはや企業秩序が回復しない。そこまで言えるかどうかである。より軽い処分の場合でもそれに見合った悪質さの存在が要求される（出勤停止処分は重すぎるとした原審を破棄し処分の相当性を肯定したものとして、海遊館事件：最判平27・2・26労判1109号5頁）。

　同様に、もはや企業秩序回復の必要性もないのにずっと昔の行為を持ち出して懲戒処分の対象とすることは、懲戒権の濫用と評価されうる（ネスレ日本（懲戒解雇）事件：最判平成18・10・6労判925号11頁）。

(3) **適正手続**

多くの企業では、懲戒にあたるような行為があった場合、懲戒委員会や労使協議会などでの討議を行う、当事者に弁明の機会を与える、などの手続きを経た上で処分を決定することにしている。これをちゃんと守らないと懲戒権濫用となりうる。

Ⅲ　懲戒処分の種類

では懲戒処分にはどんな種類のものがあるのか。代表的なものを紹介しよう。

1　けん責・戒告

言葉はものものしいが、要は「フォーマルな注意」だ。処分としては比較的軽め。始末書を出させた上で将来を戒める、というパターンも多い。しかし何度もこの処分を受けているとそのうちもっと重い処分に……ということはもちろんある。

2　減　　給

　「ヤバ！　朝10時からバイトなのに起きたらもう12時だ……しょうがねえから午後から行くか」

このときに「でもせっかくなので2時間分の時給は下さい」なんて言ったら大変だ、昔の高校野球強豪校の上級生並みの鉄拳が飛んでくるに違いない（犯罪です）。無断欠勤したらその分の賃金は出なくて当たり前。ただ、これは懲戒処分としての減給とは違う。法律的にいえば、いわゆるノーワーク・ノーペイ（no work, no pay／働かなければ報酬なし）という契約解釈の原則に沿って、労務請求権の反対給付である賃金請求権が発生しなかっただけだ。

減給はあくまでも懲戒処分、つまり無断欠勤などの職場規律違反に対する制裁として、本来ならその労働者が働いて受け取るべき賃金額から一定額を差し引くことである。要するに「タダ働き」処分であり、「罰金」と呼ばれることもある。

　懲戒に関してはあまり法令上の規制はないが、減給については労基法に規定がある。就業規則上に減給による制裁の規定を置く場合、その減給は「1回の額が平均賃金の1日分の半額を超え、総額が一賃金支払期における賃金の総額の10分の1を超えてはならない」（労基91条）。1日の平均賃金（労基12条→第3部第3章I(3)）が1万円なら、減給は1回につき最高でも5,000円まで。そして仮に月給が25万円なら、たとえ減給処分を10回受けた（＝本来なら5万円引かれる）としても、その月内には最高で2万5,000円までしか引けないということである――個人的には、減給処分を10回もくらうようなヤツはさっさとクビにした方がいい気もするが。なお、引けなかった分を翌月以降に繰り越して差し引くことは構わないと解釈されている。

3　出勤停止

　一定期間就労を禁止する処分である。「自宅謹慎」とか「懲戒休職」などと呼ばれることもある。賃金は原則として支給されない。法律上期間に制限はないが、35歳の労働者に「定年まで出勤停止」なんて処分を出したらさすがに公序違反で無効だろう。通常はせいぜい1週間とか10日、ギリ30日（前掲・海遊館事件参照）まで、という感じである。

4　懲戒解雇

　懲戒処分における「極刑」だ。要するにクビでしょ、と思うかもしれないが、単なる解雇とは違う。企業秩序を乱す行為に対する「制裁」として、もはや企業内に置いておけない、外に放り出

すしかない、オマエはそれくらいすっごく悪いことをしたんだぞ、という理由での解雇である。しばしば懲戒解雇は予告なしの即時解雇（予告手当も払いたくない場合は労働基準監督署の除外認定が必要である。労基20条1項但書・3項）として行われ、退職金の一部あるいは全部が不支給となる（→第4章Ⅳ1）。

　　面接官「なるほど、申し分のない経歴ですね……ところで前の
　　　　　会社はなんでお辞めになったんですか？」
　　求職者「ハイ、懲戒解雇されました」

　こんなことを素直に言ったり履歴書に書いたりしたら、現実問題としてなかなか再就職は難しいだろう。リストラで解雇されたのならともかく、懲戒解雇ということは、企業秩序を乱した、しかももはや企業内部には置いておけないというレベルで、という意味なのだから。

●諭旨解雇・諭旨退職
　就業規則上に、懲戒解雇よりワンランク軽い処分として「諭旨解雇」が規定されている場合がある。懲戒解雇だと退職金が全額不支給となるのに対し諭旨解雇では全額または一部支給、などの違いがあったりする。ちなみにユニオン・ショップ協定による解雇（→第4部Ⅰ1(2)）も「ユ・シ解雇」と略されることがあるのでややこしい。
　「諭旨退職」は、懲戒解雇事由またはそれに準ずる事由がある場合に、従業員に自発的に退職届を出すように促し、出さない場合には懲戒解雇とするものである。就業規則に懲戒処分の1つとして定められていることもある。要は、

　　「君はこのままだと懲戒解雇だ」
　　「えー！　それだけは勘弁してください……なんとかなりませ

んか？」

「うーん、まあ自分で退職届を出すなら、認めてあげなくもないけどね」

　ということだ。もちろん実際に懲戒解雇事由が存在することが前提である。存在しないのに存在するかのように偽ってうまいこと退職届を出させても、その退職の意思表示については錯誤（民95条1項）あるいは詐欺（同96条1項）による取消の主張が可能となるだろう。

Ⅳ　懲戒事由

　懲戒処分の対象となるのはどのような行為か。前述のように、懲戒の事由はあらかじめ就業規則に記載しておく必要がある。書いてないことを懲戒の対象とすることはできない。と言っても、そんなに詳細で具体的な規定がなされていることは少ない（というか、無理だ）。だいたいは一般的かつ包括的な文言の規定が多いようである。たとえば「服務規律に反し、又は勤務態度が著しく不良のとき」とか、「故意又は重大な過失により、会社に損害を与えたとき」などのように。したがって、これらの規定をどう解釈するかが重要な問題となる。一般に裁判所は、懲戒規定の文言をできるだけ限定的に解釈しようとする——たとえば、週2回遅刻したら、勤務態度「不良」かもしれないが、「著しく不良」ではない、などのように。

　以下典型的な懲戒事由を概観してみよう。

1　経歴詐称

面接官「で、学生時代なにか部活動とかはやってましたか？

サークルとか（本音：フン、どうせちゃらちゃらしたお遊びサークルだろ？）」

学生「ハイ、自分は（普段「自分」なんて一人称使ったことないわ）、体育会の野球部に入っていました（が、しんどくて1週間でやめました）」

面接官「ほー、それはすごいねー、いや体育会出身だと体力あるし、礼儀正しいし、期待できるよねー（脳みそも筋肉でできてんじゃねえだろうな?!）……で、ポジションは？」

学生「ハイ、外野……（のさらにもっと後ろ、自由席で彼女とイチャイチャしてました）です」

これも経歴詐称といえば詐称だが、実際にこれまでの裁判例で問題となったのは最終学歴、職歴、犯罪歴などの詐称である。もちろんクラブ活動だって採用の重要なファクターになるわけだが。もっとも今の時代、多くの会社が入社時に卒業証明書などを提出させる（させない会社は文字どおり学歴不問ということだろう）ので、最終学歴を（芸能人や政治家みたいに？）高く偽るというのはなかなか難しそうだ。しかし逆に学歴を低く？偽ったという事件が実際にあった（炭研精工事件：最判平成3・9・19労判615号16頁）。この労働者は、大学を除籍中退していたにもかかわらず履歴書に「高卒」と記載し、中卒または高卒者対象の職種に応募し採用されていた。これが後に発覚、懲戒解雇の理由の1つとされた。能力が高い（と思われる）労働者を安い給料で雇えたんだからむしろトクになってよかったじゃないか、という気もするが、最高裁はこのような学歴詐称も懲戒事由になりうるという前提で判断を下している。

●経歴詐称は企業秩序を乱すか

前掲・炭研精工事件の高裁判決（東京高判平成3・2・20労判592号77頁）は、最終学歴は単なる労働力評価の問題にとどまらず、

「企業秩序の維持にも関係する事項である」とした。つまり、学歴詐称でその労働者の能力評価を誤らせることがいけないだけでなく、学歴についてウソをついたこと自体が企業秩序を乱すのだ、という立場である。このスタンスだと、学歴を実際より低く偽ることも懲戒処分の対象となりうることになる。やはり労使間の信頼関係こそが企業秩序維持の基盤ということだろうか。

なお炭研精工事件では、本当は入社当時公務執行妨害罪で公判中であったのに履歴書に「賞罰なし」と記載したことも問題とされた。しかし東京高裁は、履歴書の賞罰欄の「罰」とは「確定した有罪判決」のことであるとして、公判継続中であったことを告げなかったことは懲戒事由に該当しないと判断した。

2 職場規律違反

これまでの裁判例でしばしば問題となったのは、会社内での政治活動、集会、ビラ配布などである。就業規則は通常これらの行為を禁止しあるいは許可制としており、これに違反してビラ配布などを行えば懲戒処分の対象となりうる。ただし判例は、ビラ配布等の許可制を定めた規定がある場合でも、ビラ配布の態様や内容などから職場の「秩序を乱すおそれのない特別の事情」があるといえる場合には、就業規則違反は成立しないとしている（目黒電報電話局事件：最判昭和52・12・13民集31巻７号974頁〔特別の事情なし〕、明治乳業事件：最判昭和58・11・１労判417号21頁〔特別の事情あり〕）。要するに、就業規則の文言解釈の場面でも、企業秩序への影響の有無という観点を踏まえた限定的な解釈がなされるということであろう。

このほか、先ほども登場した（が決して筆者が昔これで捕まったことがあるわけではない）「会社のトイレットペーパーを持って帰る」など会社物品の窃盗、横領、背任、同僚への暴行、セクシャル・ハラスメントなど、犯罪に該当しうる会社内での非違行為も職場

規律違反の懲戒事由である。電子メールやインターネットの私的
利用が問題とされた事例もある。

3 勤務状況不良

無断欠勤や遅刻過多などだ。

「君、今日遅刻したね？」
「ハイ、すいません……でもたった2分ですけど……」
「2分でも遅刻は遅刻！　労働契約上の義務違反、債務不履行
　だよ！　ということで懲戒解雇だから」

これはさすがにおかしい。欠勤や遅刻それ自体は労働契約上の
義務違反、債務不履行に過ぎない。「過ぎない」と簡単に片づけ
てはいけないのだろうが、まあ誰にでもたまにはあることである。
1回でも1分でも遅刻したら懲戒、ということではないだろう。
やはりここでもビラ配布などと同様、就業規則の文言解釈におい
て、企業秩序への影響の有無と程度が考慮されるべきである。判
例も、精神的な不調から有給休暇消化後も欠勤を続けた労働者に
対し、健康診断の実施や休職処分の検討などの対応を採らずに諭
旨退職（→Ⅲ4）の懲戒処分がなされたケースについて、懲戒事
由である「無断欠勤」には該当しないという判断をしている（日
本ヒューレット・パッカード事件：最判平成24・4・27労判1055号5頁）。

4 業務命令違反

業務命令に正当な理由なく従わなかった場合には懲戒処分が発
動されうる。これまでの判例には、所持品検査における脱靴（靴
を脱げ！）命令拒否（西日本鉄道事件：最判昭和43・8・2民集22巻8号
1603頁）、配転命令拒否（東亜ペイント事件：最判昭和61・7・14労判477号
6頁）、残業命令拒否（日立製作所武蔵工場事件：最判平成3・11・28民集
45巻8号1270頁）などのケースがみられる。もちろんその業務命令

は労働契約上の根拠を有する適法なものでなければならない。

5　私生活上の行為

　使用者は労働者の私生活まで管理する権限はない。就業時間外になにをしようと基本的には自由のはずだ。しかし就業時間外でも従業員としての身分が維持されている以上、たとえ就業時間外の私的な行為でも企業秩序を乱す可能性はある。その場合は懲戒事由となりうることになる。判例（関西電力事件：最判昭和58・9・8労判415号29頁）も、一般論として「職場外でされた職務遂行に関係のない労働者の行為であっても、企業の円滑な運営に支障を来すおそれがあるなど企業秩序に関係を有するものもあるのであるから、使用者は、企業秩序の維持確保のために、そのような行為をも規制の対象とし、これを理由として労働者に懲戒を課すことも許される」と述べている。

(1)　犯罪・非違行為

　多くの企業が犯罪行為を懲戒事由としている。しかし考えてみると、犯罪に対しては国家が刑事罰による制裁を用意しているわけで、企業がそれを当然に制裁の対象にできるとはいえないだろう。結局はここでも、その犯罪行為等の態様や目的などに照らして、企業秩序がどの程度乱されたのかが重要となる。

　判例（横浜ゴム事件：最判昭和45・7・28民集24巻7号1220頁）は、酔っぱらって他人の家に侵入、住居侵入罪で罰金刑を受けた労働者の懲戒解雇を無効と判断した。最高裁は、この労働者が就業規則にいう「会社の体面を著しく汚した者」に該当しないという結論を導く上で、比較的軽微な犯罪であったこと、会社での地位は一般の工員（＝ヒラ）であり指導的な立場にはなかったこと、そして「会社の組織、業務等に関係のないいわば私生活の範囲内で行なわれた」行為であったことを考慮した。

(2) 兼職・兼業

　昔は副業なんて本業では食っていけない人が仕方なくこっそりやるものというイメージだったが、最近ではむしろデキるヤツほどネットでサイドビジネス！　週末起業！　みたいな風潮さえある（政府も2018年に「モデル就業規則」を改訂し、兼業・副業は原則自由であると定めた）。その結果勘違いした大学教授が弁護士登録してしまい、予想外に高い弁護士会費にアップアップしていたりするのだが——それはともかく、現実には依然として多くの企業の就業規則が兼職や兼業を禁止あるいは許可制にしており、それに違反する行為を懲戒事由としている。

　会社「ウチは兼職・兼業一切禁止です。体力的な面で本来の職務の遂行に支障が出ては困りますし、企業秘密の漏洩を防ぐという意味もあります」
　労働者「決められた労働時間外に何をしようと勝手だろ!?　だいたいさー、そっちが満足な給料払ってくれないから悪いんだよ！」

　ある裁判例（小川建設事件：東京地決昭和57・11・19労判397号30頁）は、「就業時間外は本来労働者の自由であることからして、就業規則で兼業を全面的に禁止することは、特別な場合を除き、合理性を欠く」としつつ、しかし「労働者がその自由なる時間を精神的肉

体的疲労回復のため適度な休養に用いることは次の労働日における誠実な労働提供のための基礎的条件をなすものであるから、使用者としても労働者の自由な時間の利用について関心を持たざるをえず、また、兼業の内容によつては企業の経営秩序を害し、または企業の対外的信用、体面が傷つけられる場合もありうる」とも述べ、結論的には兼業の許可制を定めた就業規則規定を合理的であるとした。

(3) 誠実義務違反

労働者は、たとえ就業時間外でも、使用者に対し労働契約上の付随的義務（→第1部Ⅳ1）として「誠実義務」を負っていると考えられる。この義務に違反するような行為、たとえば会社の社会的評価を貶める言動、秘密漏洩、ライバル会社への従業員大量引き抜きの画策などは懲戒処分の対象となりうる。判例（前掲・関西電力事件）では、就業時間外に行われた職場外の従業員社宅でのビラ配布が問題とされた。最高裁は、ビラの内容が大部分事実に基づかずまたは事実を誇張歪曲して会社を中傷誹謗するものであることなどを指摘し、ビラ配布を理由とするけん責処分を有効と判断した。

(4) 内部告発

会社の秘密を外部に漏らすというのは秘密保持義務違反、誠実義務違反として懲戒処分の対象となりうる。しかしその「秘密漏洩」が、「サービス残業が恒常化してます」「労災隠しが横行してます」「ウチは闇カルテル結んでます」「社長は実はカツラです」など、「公益」や「正義」のためのものであれば話は別だ（ヅラの件は違いました。すいません）。告発内容が真実であるか、または真実と信じるに十分な理由があること、情報収集手段が違法ではないこと、告発目的に公益性があること、告発の手段が妥当であること、などの要件を満たす内部告発は懲戒処分の対象にできない（大阪いずみ市民生協（内部告発）事件：大阪地堺支判平成15・6・18労判

855号22頁など)。

　なお公益通報者保護法は、労働者が公益通報をしたことを理由とする解雇その他の不利益取扱いを禁止している（公通3条・5条）。したがって、同法が保護の対象とする「公益通報」にあたる内部告発は、懲戒処分の対象にできないということになる。

第4章　労働契約の終了

　Man is mortal. 人間はモルタルでできている、ではなくて（それはmortar）、「人は皆いずれ死ぬ」である。確か中学、いや高校の英語の時間にこのフレーズを習ったとき、「そらそうだけど改めて言われるとなんか切ないなー」と思った覚えがある。まあでもそのとおりなんだからしょうがない、だから今を楽しく生きないと。別に労働法なんか勉強しなくても……ってそんな自分で自分の首を絞めるような結論に持っていってどうする！　ただ筆者はこう言いたかっただけである。人は皆いずれ死ぬ、そして労働契約もいずれは終わる、と。というわけでこの章では、労働契約の終了局面に関わる法的ルールを概観しよう。

Ⅰ　解　　雇

　解雇とは、使用者による労働契約の解約である。労働者がイヤだと言ってもとにかく使用者は契約を終わらせたい、それが解雇だ。

1　民法上の原則

(1)　期間の定めのある労働契約（有期労働契約）の場合

　当事者は原則としてその期間の定めに拘束されるので、使用者は契約期間中に簡単に労働者を解雇することはできない。どうしてもしたい場合は「やむを得ない事由」が必要である（民628条）。なお労契法にもこれとほぼ同趣旨の規定が置かれている（労契17条1項）。

(2) 期間の定めのない労働契約（無期労働契約）の場合

民法上の原則では、解雇、つまり労働契約の解約は、期間の定めがない以上、自由である（民627条1項）。ただ2週間前に言えばいいのだ。しかし労働者と使用者は実際には対等な契約当事者とはいえないので、労働者保護の観点から、労働法はこのルールを修正している。ではどんな修正がなされているのか？

2　法令上の解雇規制

(1) 労基法・労契法以外の法令による解雇制限

一定の理由に基づく解雇は各法令により明文で禁止あるいは無効とされている。たとえば、労基署への通報（労基104条2項）、労働者派遣法違反の事実の申告（労派49条の3第2項）、公益通報（公通3条）、性別（雇均6条4号）、育児・介護休業の取得（育介10条・16条）、正当な労働組合活動（労組7条1号）などである。

(2) 業務災害・産前産後の場合の解雇制限

使用者は、労働者が業務上の負傷・疾病の療養のため休業する期間及びその後30日間、ならびに産前産後休業期間（労基65条）及びその後30日間は、その労働者を解雇できない（同19条1項。例外は同項但書。実際に解雇が無効とされた例として、東芝事件：東京高判平成23・2・23労判1022号5頁など）。

(3) 解雇予告

使用者は、労働者を解雇しようとする場合には、原則として30日前に予告するか、あるいは30日分以上の平均賃金（予告手当）を支払わなければならない（労基20条1項）。民法では「2週間前に予告せよ」であったが、いやいやまだ足りん！　ということでそれを30日に延長したということだ。ただし、「天災事変その他やむを得ない事由のために事業の継続が不可能となつた場合」、または「労働者の責に帰すべき事由に基いて解雇する場合」には、予告も予告手当もなしに即時解雇ができる（同条1項但書。ただし

この場合行政官庁の除外認定が必要となる。同条3項)。

●労基法20条違反の解雇

除外事由(労基20条1項但書)がないのに30日の予告も30日分の予告手当の支払いもなくなされた解雇の意思表示の私法上の効力はどうなるか。判例は、使用者が「即時解雇を固執する趣旨でない限り」、解雇通知後30日が経過したとき、あるいは通知後に解雇予告手当の支払いをしたとき、そのいずれかの時点から解雇の効力が生ずる、とする(細谷服装事件:最判昭和35・3・11民集14巻3号403頁)。「即時解雇を固執する」とは、たとえばこういうことだ。

使用者「絶対に即時解雇だ!　即時解雇じゃないとダメだ、オマエの顔を見るのはもう今日で最後だ!　……あ、でもそれ以外では解雇する気はないのでもし即時解雇が無理なら解雇自体しません」

普通こんなことはあり得ない気もするが……なお学説上は、予告も予告手当の支払いもなしに解雇の意思表示がなされた場合、労働者は、解雇無効を主張するか、あるいは解雇の効力はもう争わず、代わりに予告手当を請求するか、そのいずれかを選択できる、という選択権説が有力である。本来なら使用者がどちらかちゃんと選んで解雇しなければならないのに、それを放棄した。じゃあその選択権は労働者側に移るべきだ、という考え方である。なかなかイケてる学説じゃないか!

(4)　解雇権濫用法理の明文化——労契法16条

解雇は、客観的に合理的な理由を欠き、社会通念上相当であると認められない場合は、その権利を濫用したものとして、無効となる(労契16条)。

　「権利を濫用したら無効」ということは、本来は使用者に解雇権があるということである。そこで当初政府の法案には、現在の労契法16条の文章の前に「使用者は、この法律又は他の法律の規定によりその使用する労働者の解雇に関する権利が制限されている場合を除き、労働者を解雇することができる。」という部分があった。しかし「解雇できる」とわざわざ書いてあるのはよくない、ということで削除された。あくどい使用者がその「……解雇できる」の部分だけを労働者に示して「ほら、法律にも書いてあるだろ、オレはオマエを解雇できるんだよ」なんて丸め込むようなことが起きたら困る、という反対意見もあったらしい。

　この条文は、これまでの裁判例の積み重ねによる「解雇権濫用法理」をそのまま明文化したものであり、従来より解雇をし易くするものでもないし、といって厳しくするものでもない、というのが立法時（当時は労基法18条の2→第1部II 2参照）の政府の説明である。じゃあ別にわざわざ新しく作らなくてもよかったじゃないかという気もするが……まあいわゆる確認的規定というヤツなのだろう。では次にその解雇権濫用法理について検討しよう。

3　解雇権濫用法理

　かつては「解雇には正当事由が必要である」という説（正当事由説）も主張された。ただそういう明文はない。しかし解雇が全く自由でいいというのもおかしいだろう……というわけで、民法上の解雇の自由（627条1項にいう「いつでも……できる」）を前提としつつ、解雇を実質的に制限する手法として用いられるようになったのが、民法1条3項の権利濫用法理であった。その後の裁判例の蓄積により、解雇権濫用法理は現行法上の確立したルールとなった。内容的にはまあ、言ってしまえば正当事由説である。

　この法理は2つの著名な判例によって定式化されている。日本

食塩製造事件：最判昭和50・4・25民集29巻4号456頁は、「使用者の解雇権の行使も、それが客観的に合理的な理由を欠き社会通念上相当として是認することができない場合には、権利の濫用として無効になる」とする――そう、労契法16条はこの判例の文章をほぼそのまま拝借したわけだ。また高知放送事件：最判昭和52・1・31労判268号17頁は、「当該具体的な事情のもとにおいて、解雇に処することが著しく不合理であり、社会通念上相当なものとして是認することができないときには、当該解雇の意思表示は、解雇権の濫用として無効になる」と述べている。

　では解雇権の濫用にあたるかどうかは具体的にはどのように判断されるのか。多くの裁判例は、就業規則の解雇事由に該当するかどうか（客観的・合理的理由の有無）と、解雇が真にやむを得ないか、それ以外の選択肢はなかったのか（社会的相当性の有無）という2つのチェックをしている。ただ実際上ここでクリアすべきハードルの高さは事案によって上下するようだ。なかなか一言でまとめるのは難しいのだが――しかしあえて一言でいうと、長期雇用を前提として雇われた正社員の解雇に関しては、裁判所は非常に慎重である。あらゆる事情を総合考慮し、これは解雇以外での対処はあり得なかった、という場合にのみ解雇を有効と認めている感じである。他方で、たとえば営業バリバリでスカウトされ中途入社、年俸も相当もらってます、とか、あるいは、特殊な技術を持っていたので即戦力として引き抜かれてきました、みたいに長期雇用制にはまらないタイプの労働者の解雇については比較的基準が緩めという印象である。

　たとえ能力不足や素行が悪いなどの「問題社員」でも、なんの指導も注意もせずいきなり解雇！　というのでは解雇権濫用と評価される可能性が高い（ブルームバーグ・エル・ピー事件：東京高判平成25・4・24労判1074号75頁参照）。もっとも判例は、労働者の勤務態度が著しく悪く改善の見込みもないような場合には、懲戒処分を

経ずにいきなり解雇したとしても違法ではないとしている（小野リース事件：最判平成22・5・25労判1018号5頁）。

4 整理解雇

　人員整理のための、リストラとしての解雇である。別に労働者側に落ち度があるわけではないが、業績悪化や経営不振など、会社の都合で人を減らさないといけない、という状況での解雇だ。昭和40年代後半のオイルショック期、企業はリストラを余儀なくされたが、すぐに整理解雇を行うのではなく、残業削減、配転・出向、パートタイマーの雇止め（→Ⅱ）、新卒採用中止、一時休業、希望退職募集など、別の手段での対処に努めた。解雇はできるだけ避ける、最後の手段とする、という日本の雇用慣行の基本ルール（信仰？）はここで完成したといわれる。

　裁判所もこの基本ルールに乗っかる形で整理解雇の法理を作り上げてきた（代表的な裁判例とされるものとして、東洋酸素事件：東京高判昭和54・10・29労判330号71頁）。それらによれば、整理解雇の有効性を判断するチェックポイントは4つである。整理解雇が使用者側の一方的な都合で行われるものであることに鑑み、解雇権濫用にあたるかどうかの判断はこの4つのポイントに沿って厳格になされることとなる。

● 「要件」か「要素」か

　かつてこの「チェックポイント」はなんとなく整理解雇の「要件」であると考えられてきた。しかし、これらは法的な意味での「要件」ではなく、判断の考慮「要素」の類型化に過ぎない、と明言する裁判例が登場し、注目を集めた（ナショナル・ウエストミンスター銀行（3次仮処分）事件：東京地決平成12・1・21労判782号23頁）。

　この決定は、人員整理の必要性の要件については使用者側の判断を尊重し、さらに解雇回避努力義務の要件（いや、要素か）に

ついてそれほど厳しく審査をせず、代わりに退職金の上乗せや再就職斡旋サービスの約束などの配慮があったことを重視し、解雇は権利濫用にあたらないとした。解雇基準を不当に緩和するものだとしてこの決定を批判する声も強いが、他方で従来どおり「四要件」的な判断も数多くなされている。整理解雇法理も元をたどれば解雇権濫用法理なので、厳密な意味では法定「要件」ではなく判断「要素」と言わざるを得ないだろうが、しかしまあ「要件」でも「要素」でも、4つの「チェックポイント」が重要な判断基準であることは疑いのないところではある。

(1) 人員削減の必要性

人員削減をしなければならないような事情、たとえば経営危機が本当にあるのか。企業経営上人員削減は本当に必要な措置なのか。ただしこれは、企業がもう倒産寸前でなければだめ、という意味ではない。ある程度の必要性で足りると考えるべきだろう。裁判所も多くの場合企業の判断を尊重し、人員削減の必要性を認めている。認めなかったのは、整理解雇だといって解雇しておきながら裏で新卒者を大量に採用していたりとか、高い株式配当を継続していたりとか、要するに誰がどうみても経営は傾いてないだろ、というような場合のみである。

●倒産寸前要件？

裁判官「この人員削減をしなくてもお宅の会社はつぶれません。
　よって解雇無効」
社長「じゃもしこれでつぶれたら責任取ってくれるんだな！」

　いくら裁判官が意外に給料をもらっているとは言え、責任を取れるわけがない。やはり「会社が倒産寸前」を整理解雇の有効要件として要求するのはやめた方がよさそうだ。

(2) 解雇回避努力義務

第2のチェックポイントは、解雇回避努力義務を尽くしたかどうかという観点である。使用者は、いきなり解雇に訴えるのではなく、その前に残業削減、配転・出向、新卒採用中止、パートタイマーや契約社員の雇止め（→Ⅱ4）、一時休業、希望退職募集……などの措置を講じて解雇をできるだけ回避する義務を信義則上負っていると解される。判例にも、「希望退職者募集の措置を採ることもなく」行った整理解雇を無効と判断したものがある（あさひ保育園事件：最判昭和58・10・27労判427号63頁）。ただし、残業削減、配転・出向、新卒採用中止……のすべての措置を順番に講じてからでなければ解雇できない、ということではない。そこは事案に応じて柔軟に判断してもよいだろう。

●リストラショック軽減義務？　雇用維持努力義務？

「解雇回避努力」とは、文字どおり解雇を避けるための、つまり現在の労働契約関係をそのまま維持できるように努力することだ。ということは、たとえば整理解雇に際して退職金の上乗せを提示したとか、再就職支援サービスの利用料負担を約束したというような事情があったとしても、これらは解雇回避努力とはみなされないことになる。確かに解雇「回避」の努力ではなく、解雇がなされることを前提にその影響を緩和しようとする努力なわけだが、これらの事情も整理解雇の有効性判断において考慮されるべきであるという主張もある。その場合は「リストラショック軽減義務」とでも呼ぶのだろうか。

では、使用者が、正社員の労働者にパートタイマーや契約社員への身分変更を持ちかけ、「これに応じないのであれば整理解雇する」と通告するのはどうか。俗に？「変更解約告知」と呼ばれるパターンである（参考裁判例として、スカンジナビア航空事件：東京地決平成7・4・13労判675号13頁、大阪労働衛生センター第一病院事件：大阪地判平成10・8・31労判751号38頁）。「現在の労働契約

関係」を維持しようという努力とはいえないが、広い意味でその企業での雇用を維持しようという努力、「雇用維持努力」とはいえるかもしれない。

(3) 被解雇者選定の妥当性

第1、第2のチェックポイントをクリアし、「確かにこの会社では今どうしても100人解雇しなければならない」ということになっても、今度は第3のポイントとして、その100人を具体的にどう選ぶかもチェックされる。解雇の対象者をどう選ぶか、その選定の仕方が妥当でなければならない。客観的で合理的な基準をたて、それに沿って誰を解雇するかを決めなければならない。合理的でない基準が用いられればその解雇は無効となる。

●合理的な基準とは

何が合理的な基準かは実は判断が難しい。「共働きの女性」は均等法違反だろう。「遅刻・欠勤の多い者」など成績や労働能力を基準とするのは一応合理的といえそうだ。解雇による打撃の少なさから「単身者」という解雇基準を合理的と判断した古い裁判例もあるが、ちょっと差別的な感じもする。

会社「整理解雇の対象者ですが、まだやり直しがきくだろうということで、『30歳未満の者』とします」
30歳未満の労働者「そんな、こんな中途半端な年齢で解雇されても行く先なんかないです、困ります。それより、年金まであともう少しなんだから、ちょっと退職金を上乗せでもした上で、『58歳以上の者』にしたらいいと思います」
58歳以上の労働者「なにをバカなこと……だいたい年齢を基準とするなんて、年齢差別じゃないか！」

こうなるともう収拾がつかない。いっそくじ引きとかジャンケ

ンで決めたらどうだろう、その方がよっぽど公平だ——などと言うと暴言・妄言扱いされそうだが、実は筆者は結構本気でそう思っていたりもする……客観的で合理的で公平な基準、そんなカッコいいもの、ホントに見つけられるのかな？

(4) 手続の妥当性

　労働協約上、整理解雇などリストラ実施に際して労働組合との協議を行うことが使用者の義務とされていることも多い。また労働協約上にそのような規定がない場合でも、使用者は、信義則上の義務として、労働組合あるいは労働者に対して整理解雇に関する十分な説明を行い、誠意をもった協議を行うことが要求される。前掲・あさひ保育園事件は、「人員整理がやむをえない事情などを説明して協力を求める努力を一切せず」「解雇日の6日前になって突如通告した」解雇を信義則違反、解雇権の濫用として無効と判断した。

● 「ジョブ型」雇用と解雇法理

　最近ジョブ型雇用という言葉をよく耳にする。法律上の用語ではないが、一般には、人事異動で職務内容が変更されることが前提の、典型的な大企業正社員の雇い方（メンバーシップ型雇用などと言われる）とは異なり、遂行すべき職務内容（＝ジョブ）が労働契約上明確に規定されている雇い方のことを指す（と思われる——適当に使ってるヤツも多いけど）。「ジョブ型導入で職場の問題はすべて解決！」みたいな言説も一部にみられるが、配転法理（→第2章Ⅰ2(1)）との関係では、おそらく職種限定が明確な労働契約ということになるので、本人の同意がなければ配転はできない、（使用者側からみれば）非常に硬直的な雇い方である。

　その代わり会社にその仕事がなくなれば解雇回避努力（→(2)）などを尽くさずともサクッと解雇できる、というのが会社側のメリットということになるのだろうが、さてそううまく？いくのだ

ろうか。法律の本なのにこんなことを言うのもなんだが、結局は法律どうこうより社会が「そういう解雇ならまあしょうがないよね」と納得できるかという問題のように思われる（根拠はない）。

5　違法な解雇＝無効

(1)　労働契約関係の存続

　権利濫用にあたる解雇は、私法上無効となる（労契16条）。条文に書いてあるんだから当たり前だが、この条文ができる前から一般的にそう考えられていた。つまり、客観的・合理的理由のない、社会通念上相当でない解雇は、最初からなかったものとなり、従前の労働契約関係がそのまま存続する。

●違法解雇もカネで解決？

　「違法」な解雇も当然に「無効」ではない、私法上は有効、あとは損害賠償で解決する（ただしその金額が懲罰的な意味を込めて多くなったりする）、という立法の仕方もありうる（実際に諸外国にはある）わけだが、日本法はそれを選択しなかった。違法な解雇は無効（だから会社に戻れますよ）、というルールを選んだのだ。これもやはり雇用保障、雇用継続を重視するという日本的な雇用慣行の一部なのかもしれない。

　しかしこのルールに関しては疑問の声もあがっている。違法解雇が無効ということは、要するにこういうことが起きるということだ。

労働者「（法廷にて）この解雇は違法です。ホントにここはヒドイ、いい加減な会社なんです……（以下延々と会社の悪口）」
使用者「（法廷にて）こいつは解雇されて当然のヒドイヤツだったんです……（以下延々と労働者の悪口）」
裁判長「判決を言い渡します──解雇無効です。労働契約関係は

存続してます」

労働者「……（勝ったのは嬉しいけど、あれだけ悪口言った会社に今さらどんな顔して戻ればいいんだよ！）」

　これは両者にとって不幸な、最悪の解決方法かもしれない（実際には、判決後に解決金と引き換えに退職、という和解がなされることも多い）。だからいっそ違法解雇＝無効というルールはやめて、違法な解雇も有効にして、でもカネで解決する、という方法も認めたらいいのではないか──こういう見解も主張されている。

(2)　未払い賃金

　解雇無効であるから、違法に解雇されてしかし裁判で勝って解雇無効の判決を得れば、労働契約関係はずっと存続していたことになり、労働者はその間の未払い賃金の請求権を有することになる。なぜなら、違法な解雇をした使用者には、通常「責めに帰すべき事由」（民536条2項）があるといえるからである。違法な解雇をされていた期間中はもちろん仕事はしていなかったわけだが、その就労不能（＝労働債務の不履行）は使用者の責任だから、使用者は労働債務の反対給付である賃金支払い債務の履行を拒むことはできない、ということになる。

(3)　解雇期間中の「中間収入」

民法のルールでは……

解雇された労働者ナオコ「あの解雇は絶対オカシイから会社相手に裁判やることにはしたけど、でもとりあえず生活費どうしよ？　安月給とはいえ月25万入らなくなったらやっぱイタイわ……」

親友というほどでもないが友人のエリカ「じゃあちょうどいいバイトあるから紹介する。大変だけど結構時給イイ」

ナオコ「やば！　気がついたらなんと今月バイトで25万稼いじ
　　　ゃった。前の会社と同じだわ」

　(2)で述べたように、使用者は違法な解雇期間に対応する賃金支
払いを原則拒めない。ではその違法な解雇期間中に労働者が他で
就労して収入（「中間収入」と呼ばれる）を得ていたらどうなるか。
なぜこれが法的問題になるかというと、民法536条２項後段に、
「自己の債務を免れたことによって利益を得たときは、これを債
権者に償還しなければならない」とあるからである。これをその
ままあてはめると、「解雇されて働けなくなりヒマになったので
他でバイトをして稼いだ」場合は、「その稼いだ分は（解雇した）
使用者に返せ」ということになる。前掲の例でいえば、ナオコは
裁判に勝てば違法解雇期間中の未払い賃金として会社から25万円
をもらえるはずだが、しかし他で25万円稼いでいるので、その分
を「返す」と結局差し引きゼロ、未払い賃金はもらえないという
ことになる。その代わりバイトで稼いだ25万があるんだからいい
だろ、ということだ。
　民法のルールに沿って判断するとこうなる。ただそれだと実は
ナオコはバイトしないで家で寝てた方がよかったいうことになる。
それでも未払い賃金としての25万円は入ってくるのだから。しか
し違法とはいえ解雇された以上当面の生活のためには働かざるを
得なかった。そして頑張って25万円稼いだ……でもそしたら結局
未払い賃金はもらえなくなった。これはちょっとかわいそうで
は？　また、違法な解雇をしたのに未払い賃金を払わなくていい
なんて、使用者もちょっとトクし過ぎでは？

労働法による修正
　そこで判例は民法のルールをちょっと修正することにした。使
用者の責めに帰すべき事由によって解雇された労働者が解雇期間

中に他の職に就いて中間収入を得た場合、使用者はこの期間中の未払い賃金額を支払うにあたり、その賃金の支払い対象期間と「時期的に対応する」期間についての中間収入相当額を控除することができる（＝相殺してもよい）が、未払い賃金額のうち平均賃金（労基12条1項）の6割に達するまでの部分についてはこの利益控除の対象とすることができない（あけぼのタクシー（民事・解雇）事件：最判昭和62・4・2労判506号20頁）。

つまりナオコのケース（その月の平均賃金額の合計が25万円であったと仮定）では、未払い賃金額25万円の6割、15万円は絶対に控除されない。つまり使用者からもらえる。残りの10万円については、バイトでこの10万円を超える25万円を稼いでいるので、控除の対象となる、すなわちもらえない。というわけで結局ナオコが会社からもらえるのは15万円である。民法のルールでいくと全額もらえない可能性もあるわけで、それだとさすがにかわいそうだが、と言ってバイトの25万円と未払い賃金分の25万円両方丸々もらえるのもおかしいだろ、というわけで間を取ったということだ。ちなみに最高裁によればこの「6割」の根拠は労基法26条である（米軍山田部隊事件：最判昭和37・7・20民集16巻8号1656頁）。

●ホントはもっとややこしい「6割ルール」
　賞与など平均賃金算定の基礎に算入されない賃金がある場合には、その「全額」が中間収入との調整対象となる（前掲・あけぼのタクシー事件）。つまりボーナスについては「6割残せ」とか「4割まで」という制限はかからないのだ。ああややこしい。

II　有期労働契約の期間満了——雇止め法理

労働契約に期間の定めがあり、その期間が来たので契約が終わる。それ以上なにを説明する必要があるんだ？　という気もする

が、実は大いにあるのだ。

　２か月とか３か月とかの期間の定めのある労働契約が、何回も何年も更新された。いやそもそも更新の手続きさえなくそのまま働き続けている。もう５年になるから、このままなにもなければずっとここで働けるんだろうな……と思っていたら、ある日突然、契約期間満了だからここで終わりです、もうこれ以上契約更新しません、と告げられる。これを労働契約に期間の定めがある労働者（有期雇用労働者）の「雇止め」と呼ぶ。

　民法の契約理論からいえば、何回更新されていようと、それはただ有期労働契約の積み重ねでしかない（ただし民629条１項参照）。期間が満了し、そこでどちらかが「もうやめよう」といえば、新しい合意が成立せず、原則としてはそれですべて終わり、のはず。しかし労働法ではそれはよくないのではないか。有期契約の更新という「形式」ではなく、それが何回もしかも大した手続きもなく反復・更新され正社員同様に働いているという「実質」を、あるいはその有期雇用労働者が有する雇用継続への（極めて真っ当な）「期待」を保護してあげてもいいのではないか。

　このような観点から、２つの最高裁判例（東芝柳町工場事件：最判昭和49・7・22民集28巻５号927頁、日立メディコ事件：最判昭和61・12・4労判486号６頁）により雇止めを制限する法理が形成され、2012年の労契法改正でそれが明文化された（労契19条）。

1　無期契約における解雇と同視できる場合

　過去に反復更新され、その契約期間満了時における雇止めが無期契約における解雇と「社会通念上同視できる」ようになっている有期労働契約につき、労働者がその契約期間内に契約の更新を申し込むか、あるいは契約期間終了後遅滞なく新しい有期契約締結の申込みをした場合には、客観的に合理的で社会的に相当な理由がないかぎり、使用者はそれらの申込みを拒絶できない（労契

19条1号)。形式的には期間の定めがあるが、契約が何度も更新された結果、もはや期間の定めはないのと同じになっている。その場合の雇止めはもはや実質的には解雇だ。だとすれば解雇と同様に、「それなりの理由がないと辞めさせられない」という保護があってしかるべき、ということになる。

　　「一応期間2か月の短期契約ってことだったけど、めったなことでは切らないって言われて、で実際気がつけば次でもう20回目の更新かあ……よく頑張ったぞ、ワ・タ・シ！　そうだ、自分へのご褒美！　何にしようかな。やっぱ映えスポひとり旅……あ、社長！」
　　「いやあユウキくん、ホントよく頑張ったね！　次でもう更新20回目とはね」
　　「ハイ、ありがとうございます！　社長のおかげです」
　　「それでね、20回目っていうのは数字としてもなかなかキリがいいんでね、この期間満了で辞めてくれたまえ」

　こんなことは簡単にはできない。客観的・合理的で社会的に相当な理由が必要である。なおこのルールは、前掲・東芝柳町工場事件の判例が元になっている。この事件で最高裁は、期間2か月の短期契約が最高で23回更新された労働者らの雇止めにつき、採用時に長期継続雇用や本工（正社員）への登用を期待させるような言動がなされたこと、契約更新の手続きもいい加減であったことなどを指摘した上で、以下のように判示した。①「本件各労働契約は、期間の満了毎に当然更新を重ねてあたかも期間の定めのない契約と実質的に異ならない状態で存在していた」、②したがって雇止めの意思表示は「実質において解雇の意思表示にあた」り、その効力の判断に際しては「解雇に関する法理を類推すべきである」。

2 契約更新につき合理的期待がある場合

　労働者が、期間満了時に有期労働契約が「更新されるものと期待することについて合理的理由がある」場合にも、客観的に合理的で社会的に相当な理由がないかぎり、使用者は労働者による契約更新あるいは新しい契約締結の申込みを拒絶できない（労契19条2号）。

　キシ副社長（採用面接にて）「あくまでこれは1年契約だからね」
　新入社員アオイさん「ハイ、わかってます」
　キシ（新人歓迎飲み会にて）「いやあ、実際は希望すればほぼみんな契約更新されてるからね、アオイくんもじっくり腰据えて5年くらいは頑張ってよ！」

　期間の定めがないのと同じだ！　とまでは言えなくても、フツーの人なら「よっぽどじゃないかぎり切られないよね！」と考えてしまう（＝合理的期待あり）ような事情があれば、やはり解雇と同様の保護が与えられるということである。このルールの「ネタ元」は、前掲・日立メディコ事件である。

3 雇止め法理の効果

　上記1、2の場合、使用者は、それまでの有期労働契約と同一の労働条件で労働者からの申込みを承諾したものとみなされる（労契19条）。要するに、労働者が希望すれば有期契約が更新されたことになるということだ。

　なお、2012年の労契法改正により、更新された有期契約が一定の条件の下で無期契約に転換される可能性が生じることとなった。これについては章を改めて説明する（→第6章I1）。

4　正社員の解雇との差異

　というわけで、有期雇用労働者の雇止めはそんなに自由にはできない。しかし最高裁は、雇止め法理の限界も同時に明らかにしている。すなわち、①有期雇用労働者の「雇止めの効力を判断すべき基準は、いわゆる終身雇用の期待の下に期間の定めのない労働契約を締結しているいわゆる本工を解雇する場合とはおのずから合理的な差異がある」、②人員削減の必要性がある以上「（正社員の）希望退職者の募集に先立ち臨時員の雇止めが行われてもやむを得ない」（前掲・日立メディコ事件）。要するに、いくら労契法19条により解雇と同様の保護がなされると言っても，やはり有期雇用労働者の雇用は正社員ほどは保護されないし、さらに言えば正社員の雇用を守るために有期雇用労働者を雇止めすることも違法ではない、ということである。

●雇止めに関する基準
　厚生労働大臣は、有期労働契約の満了時等における紛争の未然防止のため、雇止めの通知に関する事項等についての基準を定めることができる（労基14条2項）。これを受けて定められたのが「有期労働契約の締結、更新及び雇止めに関する基準」（平15厚労告357、平24厚労告551）であり、そこでは使用者が一定の場合には雇止めの予告や雇止め理由の明示を行うべきことなどが規定されている。

Ⅲ　その他の契約終了事由

1　合意解約

　合意解約とは、文字どおり合意によって労働契約を将来に向けて終了させるもの。「依願退職」と呼ばれるものはこの合意解約だろう。つまりは円満退社である。労働者が会社を辞めると言い

出した場合、会社側としては「そら困るよー！」と思うか、あるいは「やっとやめたー！」と密かにガッツポーズか、どっちかだろう。しかしどちらであっても、多くの場合最終的には依願退職という形式、すなわち合意解約にすることが多いようだ。つまり、お互い合意の上で、円満にやめました、と。

　労働者が退職願を出すというのは通常合意解約の申込みの意思表示と考えられる。では一度出した退職願を撤回することは可能か。できるとすればいつまでなのか。一般には、合意解約の申込みは使用者がそれを承諾し解約の合意が成立するまでは撤回可能とされている。ではその「合意」はいつ成立するのか。法令上の規制はないので最終的にはケース・バイ・ケースで決まるというほかないが、判例には、人事部長による退職願の受理は労働者の合意解約の申込みに対する使用者の承諾の意思表示となりうるとしたものがある（大隈鐵工所事件：最判昭和62・9・18労判504号6頁）。

2　辞　　職

　「辞職」は世間一般では様々な意味で用いられるが、労働法上の概念としては、労働者側からの労働契約の一方的解約を指す。使用者はこの労働者に辞めて欲しくないと思っている、しかし労働者はなにがなんでも辞めたい。つまりそこに契約解約の「合意」は成立していない。要するに解雇（＝使用者による労働契約の一方的解約）の反対概念だと思えばよい。ただ解雇と違って労基法による修正はほとんどなされていない。

(1)　有期労働契約の場合

　労働者も原則としては期間の定めに拘束されるので、契約期間中に簡単に辞職することはできない。どうしてもしたい場合は「やむを得ない事由」が必要である（民628条）。ただし、1年を超える期間の定めがある有期労働契約（一定の事業の完了に必要な期間を定めるもの、及び労基法14条1項各号に規定するものは除く）を締結

した労働者は、民法628条の規定にかかわらず、その労働契約の期間の初日から1年を経過した日以後においては、自由に辞職することができる（労基附則137条）。

(2) 無期労働契約の場合

労働者は、2週間前に予告すれば「いつでも」自由に辞職できる（民627条1項）。この規定は強行規定であるというのが学説上は通説である（反対説もある）。つまり、たとえば就業規則で労働者の辞職の場合に30日前の予告を義務づけていたとしても、その規定に拘束力はない。

3 定年制

(1) 定年制の法的性格と合理性

定年制は日本の長期（終身）雇用制の軸をなす仕組みである。そしておそらく日本のほとんどの会社がこれを実施している。法的には、「一定年齢への到達」を労働契約の終了事由の1つとして定めたもの、そういう合意、約定だ、と解することができよう（すべて定年制は解雇であると考える説もある）。

判例（秋北バス事件：最大判昭和43・12・25民集22巻13号3459頁）は定年制について「人事の刷新・経営の改善等、企業の組織および運営の適正化のために行なわれるものであつて、一般的にいつて、不合理な制度ということはでき」ない、としている。下級審裁判例も同様の前提に立っているし、また後で述べるように政府の雇用政策も定年制の存在を前提としたものとなっている。しかし学説には、定年制は労働者の能力を考慮せず一定年齢到達のみを理由に労働契約を一方的に終了させるものであり、雇用保障の理念にも反し、合理性がない、公序違反の違法・無効な制度である、と主張するものもある。このような見解は、アメリカの「雇用における年齢差別禁止法（Age Discrimination in Employment Act）」の影響も受けていると思われる。

●定年制と年齢差別

定年制は個々の労働者の能力を考慮しない制度といえば確かにそうだが、しかし極めて平等な制度でもある。年齢という誰にでもやってくる基準で機械的にやめさせるのだから。能力を査定して辞めさせるというのは、要するに「オマエは能力がないからダメ」と告げて解雇するということである。相当な摩擦が起きそうだ。その点定年制は、「決してアナタに能力がないわけじゃないんです、まだまだやれるってわかってます、でも60歳になられましたよね、そうすると、残念ながら決まりですので……」とウソがつける非常に便利な制度だ。

アメリカでは確かに定年制は原則違法だが、その代わり使用者の解雇権は日本ほど制限されてはいない。日本の政府も「年齢に関わりなく働ける社会」（生涯現役社会）を将来に向けての政策目標の1つに位置づけているが、それは突き詰めれば「年齢に関わりなく解雇される社会」でもあることを忘れてはいけない。

(2) 定年制と65歳までの「雇用」確保に関する法的規制

企業が定年を定める場合には、原則として60歳以上でなければならない（高年8条）。また、65歳未満の定年制を実施している企業は、①65歳以上（経過措置あり）への定年引上げ、②希望者全員を対象とする少なくとも65歳まで（経過措置あり）の継続雇用制度（再雇用、勤務延長）の導入、③定年制の廃止、のいずれかの措置（高年齢者雇用確保措置）を講じなければならない（同9条1項）。いずれも高年齢者雇用安定法による規制である。

この65歳までの継続雇用制度については、かつては労使協定で選定基準を定めその基準を満たした者のみを再雇用することもできた。しかし2012年改正によりこの措置は廃止され、希望者全員を継続雇用制度の対象とすることが義務づけられた（子会社や関連会社などでの再雇用でもよい。同9条2項参照）。2013年度から始まった、厚生年金（報酬比例部分）の支給開始年齢の段階的引き上げにあわ

せた措置である。

> なんとか定年まで会社にしがみついたアンドウさん「よっしゃ60歳！　年金ｷﾀ-\(ﾟoﾟ)/」
>
> 財政ひっ迫のお上「年金もらえる年齢引き上げました。あなたは64歳からです」
>
> アンドウ「なんだよ、んじゃいいよ、会社で再雇用してもらうよ！」
>
> もうしがみつかれたくないヒラツカ商事「再雇用の対象は空気読める人のみです。アンドウさんはダメですね」

　もはやこういうことは許されない。現在もなおこのような再雇用時の選抜を実施している場合には、解雇権濫用法理あるいは雇止め法理の類推適用により、労働者は再雇用契約の成立を主張できることになるであろう（津田電気計器事件：最判平成24・11・29労判1064号13頁を参照）。

(3)　70歳までの「就業」確保に関する法的規制

　さらに2020年改正により、2021年4月から、事業主は「65歳と言わず、70歳までなんとか従業員の面倒みてよ」というプレッシャーの下に置かれることとなった。事業主は、その従業員につき「高年齢者就業確保措置」、すなわち①70歳までの定年引上げ、②希望者全員を対象とする70歳までの継続雇用制度（再雇用、勤務延長）の導入、③定年制の廃止、④70歳まで継続的に業務委託契約を締結する制度の導入、⑤事業主が自ら実施あるいは委託・出資等をする団体が行う社会貢献事業に70歳まで継続的に従事できる制度の導入、のいずれかの措置を講ずるよう努力しなければならない（高年10条の2第1項）。④⑤の措置（創業支援等措置）については過半数組合または過半数代表者の同意を得る必要がある（同条第2項）。また②の継続雇用制度は65歳までの雇用主とは別の事

業主によるものでもよい（同条3項）。

　「雇用」ではなく「就業」であることからもわかるように、高年齢者就業確保措置は、65歳以上の高齢者が自営業者として事業を行ったりNPOで活動したりすることについてのサポートも含む。要するに「直接雇用じゃなくてもいい、他社での再雇用でもいい、いや何ならもう雇用じゃなくたっていい、とにかく70歳までなんかやる機会与えてあげてよ」ということである。確かに今や70歳と言ってもまだまだ若い（参考：某都知事）ので65歳で引退というのは（本人的にも社会的にも）もったいない話なのだが、とは言えいつまで企業に面倒みさせんだよ、という気もしてしまう。

　なお今はまだ「努力」義務で強制力もないが、とりあえず努力義務で様子をみて善きところで義務規定に昇格というのは「労働政策あるある」なので、企業としても全く無視はできない。

Ⅳ　退職をめぐるその他の法的問題

1　退職金の減額・不支給

　退職金は法律で支払い義務があるわけではないが、労働協約や就業規則で制度化されれば労働契約の内容となり、労働者は退職金の請求権を有することになる。退職金の支払時期等は就業規則の（相対的）必要記載事項である（労基89条3号の2→第1部Ⅳ **4**(3)）。また退職金債権の時効は5年である（同115条、附則143条3項）。

　ところで、多くの企業の就業規則では、労働者が懲戒解雇された場合には退職金を減額あるいは不支給とすると定められている。退職後の同業他社就職が減額・不支給事由とされている場合もある。このような規定は法的に有効だろうか？

　「キミは懲戒解雇だからね。規定により退職金は出ません」
　「わかりました、でもまだ住宅ローンもありますし、ニートの

息子の生活費も必要です。せめて退職金くらいは出してもらうわけにはいかないでしょうか？　ずっとマジメに働いてきたつもりです……こないだ社長と副社長と専務と常務と部長を殴るまでは」

　退職金の「賃金の後払い」としての性格を強調すると、このような規定の有効性を認めるべきではないという考え方に行き着く。これまで働いてきたことに対する対価をただ後からもらっているだけ、それが退職金。だとすればたとえ懲戒解雇されようがライバル会社に転職しようが、すでになされた労働に対する対価を奪うことはできないことになる。

　しかし判例はそう考えていないようである。最高裁は、退職後同業他社へ転職したら退職金が通常の自己都合退職の場合の半分になるという内容の退職金規則について、「本件退職金が功労報償的な性格を併せ有することにかんがみれば、合理性のない措置であるとすることはできない」と判断している（三晃社事件：最判昭和52・8・9労経速958号25頁）。要するに、その退職金制度が「最後まで義理を尽くした者のみがもらえるごほうび」という位置づけであるなら、それがダメだとは言わない、ということだ。

　他の裁判例も基本的には同様の立場である。しかし退職金の減額・不支給を無限定に認めるわけではない。当該退職金制度の性格づけや減額・不支給の理由など諸般の事情を斟酌した上で、個別の事案ごとに「全額不支給でもやむなし」「4割だけは払え」「全額払われるべき」などの結論を下している。たとえばある裁判例は、痴漢行為を理由とする懲戒解雇を有効と判断しつつ、退職金を全額不支給にするには「当該労働者の永年の勤続の功を抹消してしまうほどの重大な不信行為」が必要であるとして、退職金を全額不支給にせず3割だけは支給するよう命じた（小田急電鉄（退職金請求）事件：東京高判平成15・12・11労判867号5頁）。

2　退職後の競業

　労働者には転職の自由、職業選択の自由がある。２週間前に言えば使用者が引き留めても会社を辞めることができる（民627条１項）。稼ぎ頭の労働者がいなくなればいろいろと会社も困るが、まあそれはしょうがない。しかし場合によっては、労働者の退職が何らかの違法性を帯びることがある。

(1)　競業避止義務違反

　突然会社をクビになることで労働者が受ける打撃と、突然労働者が辞めることで会社が受ける打撃。普通は前者の方がデカイ。だからこそ労働法が民法を修正する必要がある。しかしたまにはそうじゃないこともある。主力の労働者が引き抜かれたりしたら相当な痛手だろう。企業としてはそういう労働者が転職したり引き抜かれたりしないようにしたい。あるいは、法的に保護される「営業秘密」（不競２条６項）とまではいえないが、しかしその企業独自のノウハウであるものが外部に流出しないようにしたい。

　そこで使用者は、就業規則で、あるいは個別の特約で、労働者に退職後の競業避止義務を課そうとする。たとえば「退職後２年間は同種の事業に従事しません」などのように。しかし労働者には職業選択の自由がある。せっかくこれまでの仕事で得たノウハウがあるのに、それを使って仕事するなと言われるのもかわいそうだ。ではどの範囲までなら競業避止義務を課せるのか。

　たとえばある代表的な裁判例（フォセコ・ジャパン・リミティッド事件：奈良地判昭和45・10・23判時624号78頁）は、競業の「制限の期間、場所的範囲、制限の対象となる職種の範囲、代償の有無」などにより、その競業制限が「合理的範囲」を超えていないかどうかを判断するという枠組を用いた。他の多くの裁判例もこれと同様の基準を用いている。

コンプライアンスのしっかりした会社「今後半年間、武蔵野市内

では同じ商売をしないと約束するなら、退職金を100万円上乗せしよう」

　これならおそらく裁判所も有効な合意と認めてくれるだろう。しかし、

辞めるヤツにとことん意地悪な会社「今後オマエが死ぬまで、日本国内で絶対おんなし商売はしない、と血判つきで約束するなら辞めてもいいぞ」

　これはどう考えても違法・無効とされそうだ。
　なお、明文の競業禁止規定や特約がない場合には、社会通念上自由競争の範囲を逸脱するような競業行為でないかぎり損害賠償請求の対象となることはない（三佳テック事件：最判平成22・3・25民集64巻2号562頁）。

(2) 引き抜き

　「ウチの会社にくればもっと払うよ」という引き抜き行為自体は別に違法ではない。しかし、在職中の労働者をも巻き込んで密かに大量引き抜きを画策し、ある日突然一斉に退職させ、その混乱に乗じて顧客を全部奪う……などという悪意に満ちたやり方をすれば不法行為が成立するだろう。ある裁判例（ラクソン等事件：東京地判平成3・2・25労判588号74頁）では、一斉引き抜きが「社会的相当性を逸脱した」ものであったとして、引き抜きをした会社及び在職中から一斉引き抜きのために暗躍していた元社員に対する損害賠償請求が認容されている。

3　退職勧奨と退職強要

　使用者が合意解約（→Ⅲ1）の成立を目指して労働者の退職を促すこと（退職勧奨）自体は違法ではない。もっとも、使用者が

強要して労働者の「自発的」退職意思を無理やり形成させること、すなわち退職強要は不法行為となる。では適法な退職勧奨と違法な退職強要のボーダーラインはどこにあるのか。

　「退職強要だなんてとんでもない！　こんなに感じよく、笑顔
　　で丁寧にお話させて頂いてるじゃないですか」
　「はあ……でもいくら笑顔でも、5センチの至近距離に2時間
　　突きつけられるとちょっとキツイというか……」

　結局は「社会通念上相当と認められる範囲内かどうか」で判断するしかないが、暴力的行為や侮蔑的言動を用いない、長時間・長期間にわたらない、拒絶の意思を明確に表明された場合には面談を中断する、などの配慮をするのが基本となろう（日本アイ・ビー・エム（退職勧奨）事件：東京高判平成24・10・31労経速2172号3頁。また退職勧奨を違法とした代表的な裁判例として、下関商業高校事件：広島高判昭和52・1・24労判345号22頁〔最判昭和55・7・10労判345号20頁で維持〕）。

4　退職時等の証明

　労働者が、退職に際して使用期間、業務の種類、その事業における地位、賃金または退職の事由（解雇の場合は、その理由を含む）について証明書を請求した場合、使用者は遅滞なくこれを交付しなければならない（労基22条1項）。解雇理由の証明書については解雇予告期間中にも請求できる（同条2項）。

　このうち実務上とくに重要と思われるのが解雇理由の証明書である。この規制により、使用者は解雇時点での解雇理由を明確にしなければならない。仕事を抱え込みすぎている弁護士が法廷でする言い訳みたいに「追って通知する」なんて言い逃れはもちろんできない。そんなことをして証明書を出し渋れば、解雇の有効性自体が疑われることになるだろう。

第5章　労働条件の変更

　企業は生き物だ——いや生物学的には生き物ではないのだが
（当たり前だ）、とにかく企業をとりまく環境変化は激しい（だった
らそう言えばいいのか）。そして企業は常にそれに対応していかなけ
ればならない。経営のあり方はもちろん、人事管理のやり方もし
かりだ。10年も20年も同じ仕組みでいいはずがない。ということ
は要するに、労働者の労働条件は常に変更される可能性があり、
また実際に変わっていく、そういうものだということだ。使用者
は常に労働条件変更の必要性に迫られているのである。

　とはいえ、労働者側からみれば、労働条件変更は「入社時には
そんなこと言ってなかったはずだ」「約束と違うぞ」ということ
でもある。では現行法はこの問題に関してどのようなルールを作
っているのか。使用者はどのような場合にどのような要件の下で
労働条件の変更をなしうるのか。労働者が自分の望まない労働条
件変更を受け入れなければならないのはどのような場合か。これ
がこの章のテーマである。

I　労働条件変更の方法
——就業規則か、労働協約か、それとも両方か

　労働条件の変更とは、法的には要するに労働契約の中身、内容
の変更である。個々の労働者から同意を取った上で行う、という
パターンを除けば、労働条件の変更は以下の2つの方法のいずれ
かによってなされる。すなわち、就業規則の変更（あるいは新規作
成）か、あるいは労働協約の改訂（あるいは新規締結）である。職
場に労働組合が一切存在しなければ前者のみ、また職場の全員が
ある1つの労働組合の組合員であれば後者のみで話が終わる。し

かし、組合はあるけど、全員は入っていない、というありがちな
ケースの場合は、就業規則の変更と労働協約の変更、双方が実施
されることになるだろう。

　以下では就業規則変更の問題を先に扱うが、たとえばある会社
で労働条件を変更しようということになった場合、職場に従業員
の多くが加入する労働組合があればまずそこと交渉の上労働協約
を改訂することを目指すはずだ（もちろん労働協約が労働条件を定め
ている場合のみ）。そしてそれがうまくいったら、協約の改訂とと
もに就業規則を変更するだろう。つまり順番としては労使交渉と
労働協約の改訂の方が先ということだ。就業規則変更の問題は、
労働組合のある職場で労働条件が労働協約に定められている場合
には、基本的には管理職も含めた非組合員にとっての問題という
ことになる。

Ⅱ　就業規則の変更

1　入る前か、入った後か──それが問題だ

　入社時の就業規則に書かれていることは、それが合理的でかつ
周知されていれば労働契約の内容になる（労契7条→第1部Ⅳ4(4)）。

　　新人「さてと、お昼も食べたし、トイレでこっそり一服もした
　　　　し、午後の仕事の前に昼ドラ見ないと。実は毎日これ見ない
　　　　と生きていけないんだ」
　　課長「オイ、なにぼやぼやしてるんだ、仕事だぞ！」
　　新人「えっ？　でもまだあと15分あるんじゃあ……」
　　課長「ウチは12時45分から始まるんだよ、就業規則にもちゃん
　　　　と書いてあるだろ」
　　新人「そんな……知らなかった……（あとで転職エージェントに電
　　　　話！）」

この労働者には、12時45分から働くという労働契約を結んだという意識はなかったようだ。しかし入社時の就業規則には実はちゃんとそう書いてあった。そしておそらくこの規定は「合理的」だ——労基法の定める基準（34条参照）以上の休憩が与えられているかぎりは。したがってこの労働者と会社との間の労働契約は、午後始業12時45分という内容のものとなる。これが労契法7条及び判例の言っていることだ。

●就業規則は約款みたいなもの

　実は職場以外でも同じようなことは起こる。たとえば（都会の庶民なら）毎日乗っている電車。これに（意図的に）代金を払わずに乗り、しかしあえなく見つかったらどうなるか？　刑事事件性はとりあえず忘れよう。実はJR東日本（そしてたぶん他の会社も）は、その無賃乗車（キセル）した区間の運賃の3倍を請求できる。なぜなら、JR東日本の定めた約款（旅客営業規則）に、そのような場合は「当該旅客の乗車駅からの区間に対する普通旅客運賃と、その2倍に相当する額の増運賃とをあわせ収受する」と書いてあるからだ（264条1項）。

　そんなの知らないぞ、オレは確かにキセルしたけど、3倍も払わされるなんて知らなかった、と言ってもダメ。電車に乗った以上、キセルしたら原則3倍払うという内容の運送契約に合意したことになっているのだ（いわゆる附合契約）。旅客営業規則はインターネット上でも見られるし、駅にも備え付けてある（今度地元の駅で確認してみよう）。このようにちゃんと開示がなされ、内容が合理的である（国土交通省のチェックがかかっている）以上、たとえ見たことがなくても、存在自体知らなくても、電車に乗った以上は旅客営業規則に拘束される。多数の旅客といちいち契約交渉をすることができない以上、このようなやり方でやるしかないのだ。なお2017年改正民法では「定型約款」に関する規定が新設され、上記のようなルールが（解釈上ではなく）法律上正式なものとなった。

就業規則の場合も状況はほぼ同様だ。多数の労働者と契約交渉するのは大変だから、就業規則に契約条件を書いておいて、それをちゃんと入社時に開示する。でその内容が「合理的」なら、労働契約の内容になると考える。まさに約款と同じパターンだ。

　では入社後に就業規則の変更がなされた場合はどうか。ボーナス倍にします！　なんていう変更なら誰も文句は言わない。しかし労働者側にとって不利な就業規則の変更も当然ありうる。

　　3年目社員「さてと、お昼も食べたし、トイレでこっそり一服
　　　もしたし、午後の仕事の前に昼ドラ見ないと。実は毎日これ
　　　見ないと生きていけないんだ」
　　課長「オイ、なにぼやぼやしてるんだ、仕事だぞ！」
　　3年目「えっ？　でもまだあと15分あるんじゃあ……」
　　課長「なんだよ、こないだ就業規則変わっただろ！　昼休み15
　　　分前にずれたんだよ！」
　　3年目「そんな……知らなかった……（やっぱり○○エージェント
　　　に電話！）」

　すでに説明したように、入社時から12時45分始まりであったのであれば文句は言えない。しかし入社後となると話は別だ。入社時の規定である「午後は1時始業」が労働契約の内容になっている。これが15分前倒しになる。ある労働者が、この変更には同意できない、と反対の意思表示をしたらどうなるか。明らかに「イヤだ」と言っているのに「契約内容になっている」とか「合意したものとみなす」というのはちょっと無理がある。ではこの労働者については新しい就業規則の適用がないことになるのか？　しかしそれもちょっとおかしい気がする。

2 ここでもまた「合理性」

労契法及び判例は、この問題もまた「合理性」の有無で解決することとした。

「使用者は、労働者と合意することなく、就業規則を変更することにより、労働者の不利益に労働契約の内容である労働条件を変更することはできない（労契9条本文）」

のが原則だが、その変更が、

「合理的なものであるときは、労働契約の内容である労働条件は、当該変更後の就業規則に定めるところによるものとする（労契10条）」

要するに、「合理的な」変更であれば、それに反対する労働者もそれに拘束されるということである。これらの条文は、それまでの判例のルール（秋北バス事件：最大判昭和43・12・25民集22巻13号3459頁など）をほぼそのまま明文化したものである。労働契約においては、合理的な範囲内で一種の労働条件変更権限のようなものが使用者に留保されているという説明が可能だろう。

●なぜ「合理的な」変更ならよいのか？
　第1に、労働契約関係は一般に継続的かつ集団的性格を有する。これから先なにがあるかわからない、どんな状況変化があるかわからない、それくらい長期的な関係なのに、契約締結時にすべてを決めておくのは無理だ。また、たくさんの労働者が契約の相手方なのに、常に全員の個別同意を取らないとなにもできないというのではあまりにめんどうだ。したがって、合理的な範囲内でなら契約内容の変更をしてもよい、そういう前提で締結されるのが労働契約なのだ。

第2に、労働契約関係においては、解雇権濫用法理（労契16条）により、使用者側の解約の自由がかなり制限されている。つまり、使用者の方からは簡単に労働契約関係を解消することはできない。

社員「昼休みは1時からと決まっていたんですから、今さら15
　　分早くなったって言われても困ります」
会社「そうか、じゃクビだね」

　こう言えるのであれば話は簡単だ。他のタイプの契約であれば言えないこともない。毎日乗っていた吉祥寺から渋谷までの運賃、200円だったのが急に300円に値上げされた（国交省もなぜかそれを認可した）。それは高いよー、その値段じゃ乗りたくないよー、と文句を言ったらどうなるか。それなら乗って頂かなくて結構ですよ、井の頭通りをテクテク歩いたらどうですか？　というわけでもう運送契約は締結されない。あるいは、とある商品をずっと1個1,000円で仕入れていたが、ある日突然仕入れ先が1個1,200円にしてくれ、と契約内容の変更を申し入れてきた。ここで値上げを拒否したら、相手は「じゃあもうこの取引はやめます」というだろう。要するに、契約の内容、契約条件について一方が変更を申し入れ、相手方がそれに応じない場合は、契約そのものをやめればいいだけの話だ。それが契約自由の原則である。
　ところが労働契約関係においては、この自由は労働者側にはあるが、使用者の側にはあまりない。解雇権濫用法理があるからだ。つまり、労働契約における契約内容の変更、すなわち就業規則の変更による労働条件の変更を使用者が労働者側に申し入れた場合、ある労働者がこれに反対したというだけでは、使用者はその労働者を当然に解雇できないと考えられる。
　では使用者は、労働条件を変更することもできないし、変更に反対する労働者にやめてもらうこともできないのか。結局、労働者全員が同意してくれないかぎり、労働条件の変更は不可能なのか。それはあまりに硬直的だ。それなら、解雇権濫用法理があっ

て契約内容の変更に反対する労働者を解雇できないのだから、その代わりに、使用者に対してある程度労働条件を変更する権限を与えよう——というのが労契法と最高裁の考え方なのだ。つまり、使用者の解約権を制限する代わりに、「合理的な」範囲内での契約内容変更権を与えたのである。

　ただし、変更後の就業規則が労働契約の内容となるためには、それが労働者に適切に周知されている必要がある（労契10条）。また「たとえ就業規則が変更されてもこの部分については変えられません」という個別の合意があればそちらが優先する（同条ただし書）。

　5年目社員「さてと、お昼も食べたし……」
　課長「オイ、まさか昼ドラ見ようとしてんじゃないだろうな、こないだ就業規則変わって昼休み短くなったの忘れたのか!?」
　5年目「え、でも社長がこないだ『キミの昼ドラタイムは、今後なにがあっても絶対に確保するよ』って約束してくれたんですけど!?　ほらここに血判状が！」
　課長「……（なんだこの会社……オレの方こそ転職エージェントに電話！）」

　この社長の（血判状での?!）約束が、労契法10条ただし書にいう「就業規則の変更によっては変更されない労働条件として合意」されたものといえるかどうかがカギだ。

3　「合理性」の判断基準

　では「合理的な」変更かどうかはどのように判断されるのか。言い換えれば、どこまでなら使用者は労働条件を一方的に変えられるのか。これについては判例の蓄積によってだいたいの基準が

確立している（大曲市農協事件：最判昭和63・2・16民集42巻2号60頁、第四銀行事件：最判平成9・2・28民集51巻2号705頁、みちのく銀行事件：最判平成12・9・7民集54巻7号2075頁など）。

- 当該就業規則変更の「必要性」と「内容」の両面からみて、その変更によって労働者が被ることになる「不利益の程度」を考慮しても、「なお当該労使関係における当該条項の法的規範性を是認することができるだけの合理性」が必要である
- とくに、賃金、退職金など労働者にとって重要な労働条件に関する不利益変更の場合には、「高度の必要性」が要求される
- より具体的には、「合理性」の有無は、①不利益の程度、②変更の必要性の内容・程度、③変更後の就業規則の内容自体の相当性、④代償措置その他関連する他の労働条件の改善状況、⑤労働組合等との交渉の経緯、⑥他の労働組合又は他の従業員の対応、⑦同種事項に関する我が国社会における一般的状況等を総合考慮して判断される

要するに、①と②の比較衡量を軸として、①～⑦のファクターを総合的に判断するということである。変更でどのくらいの不利益が出たのか、なぜその変更が必要だったのか、引き換えに他の労働条件が改善されていないか（たとえば、賃金は減ったが休みは増えた、など）、労働組合や他の労働者はどのような態度だったか（多数組合も含め大多数が合意した上での変更なのか、それともみんながこぞって反対しているのか）、同業他社あるいは世間一般ではどうなっているか。これらを総合考慮して合理性の有無が判断される。

労契法も、上記の判例法理をほぼそのまま明文化している。それによれば、就業規則の変更に「合理性」があるかどうかは、「労働者の受ける不利益の程度、労働条件の変更の必要性、変更後の就業規則の内容の相当性、労働組合等との交渉の状況その他の就業規則の変更に係る事情に照らして」判断される（労契10条）。「代償措置（④）」や「世間一般での状況（⑦）」などは、労契法の

施行通達（平24基発0810-2、最終改正平30基発1228-17）によれば「変更後の就業規則の内容の相当性」に含まれる（「その他の……事情」に含めた方が素直な気もするが）。

4　合意による変更

前述のように、労契法9条は、労働者との合意なく就業規則を不利益に変更することはできないとする。これを素直に反対解釈すれば、就業規則の不利益変更は労働者との合意に基づいて実施することも可能であることになる。判例もこの立場をとっている（山梨県民信用組合事件：最判平成28・2・19民集70巻2号123頁）。この場合労契法10条の要件（合理性及び周知）の充足は要求されない。ただしこの合意の認定は厳格になされる必要がある。

> **立て板に水だが心がこもってない人事部員**「退職金制度を変更します。詳細は配布した資料のとおりです。何か質問ありますか？」
>
> **いたいけな労働者**「（……えーっと、なんかやたら難しい言葉ばっか書いてあ……）」
>
> **心のない人事**「ないですね、ハイ、では同意書にサインしてください」
>
> **いたいけ**「（早っ！　までもなんかよくわかんないけど大丈夫だろ、サインしとくか）」

前掲・山梨県民信用組合事件は、書面へのサインなど不利益変更を受け入れる旨の行為があったというだけでこの合意を認定すべきではなく、変更による不利益の内容及び程度、労働者が上記行為に至った経緯とその態様、上記行為に先立つ情報提供・説明の内容等に照らして、「当該行為が労働者の自由な意思に基づいてされたものと認めるに足りる合理的な理由が客観的に存在する

か否か」も併せて検討せよとした。上記のいたいけ君のケースで合意の存在を認定するのは難しそうだ。書面にサインしても合意なしなの?! という意見もありそうだが、一般に労働者は使用者に対して弱い立場にあり、どのくらい不利益な、将来どういう意味を持つ労働条件の変更なのかを判断するための情報収集も困難なことが多い。そのような状況に配慮したルールといえよう。

●権利紛争だけど利益紛争

契約の内容は、本来その当事者どうしで決めるものである。世間ではどうなっているか、同じ契約を結んでいる他の人達の態度はどうか、なんてことは本来契約の効力を考える上では関係のない話のはずである。しかし判例の「合理性」ルールの下では、前掲⑤⑥⑦のような「直接関係なさそうな」ファクターが考慮の対象となる。これは、就業規則の変更をめぐる紛争が、形式的には個別的権利紛争だが、実質的には集団的利益紛争であることを反映したものといえるだろう。要するに「この就業規則の変更は、この労働者に対して拘束力を有するか」という紛争形態をとってはいるが、実際には「この職場における新たな労働条件はどのようなものになるべきか」について集団的な交渉が行われているという状況に近いのだ。

とはいえ裁判所としては、和解にもっていかないかぎり、「あなたはこの就業規則の変更に拘束されます」あるいは「されません」のどちらか、all or nothing の判決しか出せない。本当はちょうど間くらいのところに落としどころがあるかもしれないのだが……。

Ⅲ　労働協約の改訂

1　組合員の場合

労働協約が改訂され、そこに従来よりも不利益な労働条件が定

められていた場合、組合員は常にそれに拘束されるのか。言い換えれば、労働協約の規範的効力（労組16条）はそのような場合でも妨げられないのか。

　就業規則は使用者が一方的に作成・変更する。使用者が自分の好きなようにどんどん不利益変更しまくっても困るので、判例は「合理性」という歯止めを課した。これに対し、労働協約は使用者と労働組合との「合意」によって締結されるものである。労働者「個人」ではないが、労働者の「団体」がイエスと言わなければ締結されない。そう考えると、就業規則の場合より「歯止め」は緩くてよいだろう。実際判例もそう考えているようだ。すなわち、新たな労働協約の締結によって従前の労働条件が不利益に変更される場合であっても、それが「特定の又は一部の組合員を殊更不利益に取り扱うことを目的として締結されたなど労働組合の目的を逸脱して締結されたもの」でないかぎり、個々の組合員に対する規範的効力は否定されない（朝日火災海上保険（石堂・本訴）事件：最判平成9・3・27労判713号27頁）。

　組合「昼の休憩はやはり1時間ないと困ります」
　会社「いや、昼休憩はなんとか50分にしてくれないですかね。
　　　その代わりそうですね、じゃあ休暇を1日増やしましょう」
　組合「そうですか、それなら50分でもいいです」

　現行の憲法や労組法は、労働組合に対し、このような相互譲歩の交渉、駆け引きを行った上で、その成果として労働協約を締結する権限を与えていると考えられる。個々の内容でみるとお互い不満は残る（組合は休憩1時間欲しかったが50分になってしまった、会社は休暇を増やしたくなかったが増えてしまった）が、全体の「パッケージ」としてはとにかく合意した。その中に規定されている事項を個別に取り出して、休憩が10分短くなったから不利益だ、とか言

い出すと元の「パッケージ」自体が成り立たなくなる。したがって、労働組合が団体交渉を経て合意したことは、労働者にとって不利に変更された部分も全部ひっくるめて、原則として労働者を拘束すると考える。それが現行法のスタンスだ。

●労使の駆け引きとは

　本文中で例として挙げたのは同じ労働協約の中での駆け引きだが、時系列を超えた駆け引きだってありうる。たとえば、景気がいいときにはしっかりもらったから、不況のときは会社に妥協して少々不利な条件でも我慢しよう、などのように。

2　非組合員の場合

　非組合員であっても、拡張適用（一般的拘束力）によって労働協約の適用を受ける場合がありうる（労組17条）。ではこの拡張適用によって非組合員の労働条件が従前よりも不利益に変更されることがあってもよいか？　──この点については後で説明する（→第4部Ⅲ3）。

第6章　非正社員の労働契約

　正社員だろうが非正社員だろうが、労働契約の下で働く労働者であり、労働法の保護を受けることに変わりはない。しかし非正社員の労働契約は、実際上やっぱり正社員のそれとはちょっと違う。そしてそこで適用される法もちょっと違う。どう違うのか、以下で概観してみよう。もっとも、すでにお気づきのように、実はもう一部は概観しちゃってたりする（有期労働契約の途中解約について→第4章Ⅰ1(1)、有期雇用労働者の雇止めについて→第4章Ⅱ）し、また別の一部はもうちょい先で扱ったりする（契約期間に関する規制について→第3部第2章Ⅱ1）──ゴメンね、あちこちたらい回しして！　教科書の項目立ててってホント難しいよね！（明るく開き直ってみました）

　というわけでこの章では、非正社員に関わる上記以外の法的ルール、より具体的には、「働き方改革」によって誕生した、パートタイム・有期雇用労働法（短時間労働者及び有期雇用労働者の雇用管理の改善等に関する法律。パート・有期法、通称「パー有法」）の規制を中心に説明していく。

Ⅰ　パートタイム・有期雇用労働法

1　そもそも「非正社員」とは？

　パート、バイト、派遣、契約社員、嘱託……非正社員にもいろいろあり、その呼称（会社での呼ばれ方）もいろいろだが、法律上の定義があるわけではない。要は「会社から正社員じゃないと言われれば非正社員」なのだ。ただ、非正社員の労働契約は、（100パーセントではないが）多くの場合期間の定めのある労働契約（有期

労働契約、有期雇用）である。非正社員≒有期雇用労働者だ。これにパートタイム（短時間）労働者と派遣労働者を加えた3つのカテゴリーのいずれかに属する労働者が、巷で非正社員とか非正規とか呼ばれているということになる。

　これら3つのカテゴリーは重なり合うことも多い。パートタイム労働者はだいたい有期雇用だ。有期雇用で短時間勤務の派遣労働者というフルコンプの労働者もいる。とは言え無期雇用のパートもいるし、逆に労働時間の短くない（フルタイムの）契約社員も結構いる。

2　「パー有法」までの道のり

　非正社員は昔からいたし、その雇用は昔から不安定だった。しかしぶっちゃけて言えば、昔は「まあそれでもいいんじゃね？」と考えられていたのだ。なぜいいのか？　法的には、契約自由の原則、つまりは正社員より待遇悪いとわかって契約してるんだからしょうがないだろ、ということであるが、さらにそれに加え、待遇差を許容する社会環境もあった。

　　㈱ドライコーポレーション「会社が苦しくなったのでもう契約
　　　更新しません」
　　主婦パートともかさん「えー！　まあでも、とりあえずダンナ
　　　の稼ぎがあるからいいか……」

　かつての非正社員の典型的なイメージは、主婦パート。要するに、一家を支える大黒柱ではない人たちであった。一家の大黒柱である正社員（＝ダンナ）が職を失っては大変だ。奥さんも子どもも食えなくなってしまう。だから解雇は簡単にできないようにしておく（→第4章13）。しかし家計補助者に過ぎない非正社員（＝奥さん）はそんなに保護する必要もない。いやむしろ、正社

員の雇用を守るために犠牲になってもらおう（→第4章Ⅰ4(2)・Ⅱ4）——これまではそんな前提でルールができていた。

しかし時代が変わり、この前提は徐々に崩れていく。非正社員の割合が増加し、世帯の稼ぎ頭が非正社員、あるいは夫婦とも非正社員ということも珍しくなくなった。もはや、非正社員だから、有期だからパートだから雇用が不安定でもまあいいでしょ、では済まなくなった。

このような社会環境の変化を背景に、2000年代後半から非正社員の待遇改善を目指した施策が相次いで講じられるようになった。短時間労働者の雇用管理の改善等に関する法律（パート労働法。1993年制定）は、2007年と2014年の改正でパートタイム労働者の待遇改善のための規制を強化した。有期雇用についても、2012年の労働契約法改正により、雇止め法理の明文化（19条→第4章Ⅱ）、無期転換ルールの導入（18条→Ⅳ）、そして無期雇用・有期雇用間での不合理な労働条件格差の禁止（旧20条）がなされた。また派遣労働者についても、労働者派遣法の2012年改正により、賃金決定に際し派遣先の労働者の賃金水準に配慮する義務などが定められた。

そしてついに？「働き方改革」の御旗の下、2018年の法改正により、パート労働法が労契法旧20条を吸収し、非正社員の待遇改善を図るためのいわば「基本法」として、「パー有法」ことパートタイム・有期雇用労働法が誕生した（2020年4月施行、ただし中小企業については1年遅れ）。

パー有法は基本的には「旧パート労働法＋労契法旧20条」なので、パートタイム労働者については適用される法的ルールにそれほど大きな変化はないが、有期雇用労働者についてはかなり規制強化となっている。

3　適用対象

　パー有法の適用対象は，短時間労働者及び有期雇用労働者である。法律上は両者をまとめて「短時間・有期雇用労働者」と呼んでいる（短有労2条3項）。「短時間でかつ有期」の労働者だけを指すわけではない。短時間労働者とは，1週間の所定労働時間が同一の事業主に雇用される通常の労働者のそれに比べて短い労働者のことである（同条1項）。要は一般に言うところの「パートタイマー」「パート」であり、その名のとおり時間（＝time）の一部（＝part）だけ、すなわち1日5時間とか週3日とかだけ働く、正社員よりも短い勤務の労働者である。学生アルバイトもその意味ではここでいう短時間労働者だ。

　「有期雇用労働者」とは，事業主と期間の定めのある労働契約を締結している労働者である（同条2項）。たとえば「契約社員」がこれに当たる。

●「パート」と「バイト」の違いとは？

学生A「あ、ユカ！　ねえねえ、ちょっとお茶してかない？」
学生B「ゴメーン！　今日これからバイトなんだよねー」

　全くなんの変哲もない、大学のキャンパスでフツーにかわされていそうな会話だ。ではこれはどうだろう。

学生A「あ、ユカ！　ねえねえ、ちょっとお茶してかない？」
学生B「ゴメーン！　今日これからパートなんだよねー」
学生A「ぱぱ、パート！？　アンタいつの間に家庭持ったワケ？！」

　バイト＝学生、パート＝主婦、ということになっているので、学生が「パート」なんて言うとびっくりされてしまうわけだ。し

かし実際には「パート」の主婦と「バイト」の学生は同じ職場で
同じ仕事を同じ時間だけやっていたりもする。パー有法的にはど
ちらも「短時間労働者」だ。でおそらく有期雇用労働者でもある
だろう。

Ⅱ　均等・均衡待遇

課長「キミらはバイトなんだからさ、正社員との違いがあって
　当然だろ？」
バイト「ハイ……でも、ボーナスがないとかならともかく、バ
　イトだから休憩なしってのはおかしくないですか？」
課長「安心しなさい、その代わり正社員は残業しても手当なし
　だから」

もちろんバイトにも休憩の権利はある（労基34条参照）のでこれ
はいずれにしても違法だ。しかしパー有法の下では、仮に労基法
違反などがなくても、正社員と非正社員の待遇差自体が一定の範
囲で違法となる。いわゆる均等・均衡待遇のルールである。

1　同じ仕事なら同じ処遇を──均等待遇（差別的取扱いの禁止）

「働き方改革ってさ、やっぱヨーロッパを参考にしてるんだよ
　ね？」
「うん？　まあそうだね、アメリカよりはヨーロッパかなあ。
　でもなんで？」
「ドイツ、ドイツってやたら連呼してるから」
「……それ同一・同一な！」

「同一・同一」こと「同一労働同一賃金（equal work, equal pay）」

は、「働き方改革」でやたら叫ばれたスローガンであったが、気がつけばそれほど使われなくなり（レガシー的に「同一労働同一賃金ガイドライン」（平30・12・28厚労令430）はまだあります）、「均等・均衡待遇」に取ってかわられた。その本来の意味は、「同じ（価値の）仕事なら同じ給料のはずだよね！」ということである。そしてこれから説明する均等待遇のルールは、まさにこの「同一労働同一賃金」的な規制である。

　事業主は「通常の労働者と同視すべき短時間・有期雇用労働者」については、短時間・有期雇用労働者であることを理由として、基本給、賞与その他の待遇につき、差別的取扱いをしてはならない（短有労9条）。これが均等待遇ルールであり、本条違反の労働条件の定めは無効となる。従来は短時間労働者についてのみの規制であったが、「働き方改革」により有期雇用労働者にも拡大された。

　「通常の労働者と同視すべき短時間・有期雇用労働者」とは、パートタイムあるいは有期雇用なのに、通常の労働者と職務の内容（業務の内容及び責任の程度）も一緒、人事異動の有無もその範囲も雇用関係終了までずっと通常の労働者と一緒、という労働者である（同条）。ここまで全部満たすなら「同じ仕事」をしていると言ってよいだろう、ということだ。そんな非正社員、ほぼいないだろ！　という気もする（実際ほとんどいない）が、しかし仮にいたら、もうそれは労働時間の短さあるいは契約期間の定めの有無以外は通常の労働者と何も変わらないのだから、一切差別するなよ！　1円でも低かったらアウトだぞ！　ということである。ただしここでいう「差別的取扱い」には、短時間・有期雇用労働者の待遇が通常の労働者に比して不利な場合のみが含まれ、有利な場合は含まれない。非正社員の方が手当が多い、というケースはここでは射程外となる。

2 違う仕事でもそれなりの処遇を──均衡待遇（不合理な待遇格差の禁止）

事業主は、短時間・有期雇用労働者の基本給・賞与その他の待遇のそれぞれについては、①業務の内容及び当該業務に伴う責任の程度（職務の内容）、②職務の内容及び配置の変更の範囲（＝配転など人事異動の対象となるか否か）、③その他の事情（＝①②に関連する事情、労使交渉の経緯などなんでも）のうち、当該待遇の性質・目的に照らして適切と認められるものを考慮して、通常の労働者との間に、不合理と認められる相違を設けてはならない（短有労８条）。非正社員・正社員間で不合理な待遇格差があってはいけない、職務の内容などが異なっていても、バランス（均衡）のとれた処遇でなければならない、ということであり、これが均衡待遇ルールと呼ばれる。

> 「パートやバイトには手当は一切支給されません。だって正社員とはやってる仕事が全然違うので」

「同じ仕事」でないなら均等待遇的にはセーフだが、「違う仕事でもそれなりの処遇を」の均衡待遇的にはこれでもアウトになる可能性はある、ということである。たとえば、仕事の責任の重さは正社員の半分くらいだが、しかし給料は10分の１以下、というような場合には、それはさすがに均衡を欠くでしょ、不合理だよ、と評価される可能性はあるということだ。

(1) 基本給・賞与その他の待遇

ここでいう「待遇」は、条文が明示する基本給・賞与はもちろん、各種手当など様々な労働条件を含む。また「それぞれ」とは、待遇の相違の不合理性は個々の労働条件項目ごとに判断されるという意味である。つまり、基本給の差は不合理ではないが、通勤

手当の格差は不合理である、でも住宅手当の格差は不合理ではない、となる可能性もあるということだ。すべての労働条件をひっくるめて、その労働者についての待遇の相違が全体として不合理かどうかを判断するわけではない。

(2) 「不合理性」の判断

「不合理な」相違がアウトなので、待遇の相違が「合理的」であることまでは必要ない。というとなんだかわかりにくいが、要は、待遇差が合理的か不合理かわからない、グレーだ、という場合は不合理とまでは言えないのでセーフということである。また問題となる待遇の相違は短時間・有期雇用労働者であることに「関連して生じた」ものでなければならない（平31基発0130－1・職発0130－6・雇均発0130－1・開発0130－1「短時間労働者及び有期雇用労働者の雇用管理の改善等に関する法律の施行について」（施行通達））。契約社員と正社員とで別の就業規則が適用されている場合には、それによる待遇の相違は「関連して生じた」ものといえる。

不合理か否かの判断は結局ケースバイケースだが、条文に「当該待遇の性質・目的に照らして」とあるように、問題となっている待遇の性質・目的、すなわちそれがどのような労働・貢献に対する対価・報酬なのか、仕事内容とどう関係するのかしないのか、どのような目的・趣旨で支給・設定されているものなのかを確定した上で、その趣旨・目的に照らし、当該待遇差が不合理かどうかを判断することになる。

モンスター契約社員ナナコ「なんで私には通勤手当が支給されないんですか？　ただ契約が有期だから、ですよね？　これは不合理な待遇の相違です！　ああ差別！　ああ格差社会！」

ヤマナカ人事部長「違うよ！　会社まで徒歩５分のところに住んでるからだよ！」

正社員だろうが非正社員だろうが、仕事のために会社に来ている。昼ご飯を食べる必要があるのも一緒。その状況は仕事内容がなんであろうが変わりはない。だとすれば、その会社に来る交通費を実費で補助する通勤手当や、ランチ代の補助である給食手当などに差をつけるのはおかしい、ということになる——が、ナナコさんの主張は通らないよ！　わかるよね？（教育的配慮からちょっと突き放してみました）

　パー有法8条関連の最高裁判例はまだ（たぶん）ないが、同条の「前身」として不合理な労働条件格差を禁止していた労契法旧20条に関しては最高裁の判例が複数ある。ここでの判断枠組みは、基本的には今後のパー有法8条の解釈においても維持されるものと思われる。

●労契法20条に関する最高裁判例

　まず賞与について、職務内容や配置の変更範囲に「一定の相違」のある「アルバイト職員」につき、「正職員の支給月数の6割くらいは出してやれ」（要旨）とした原審を破棄し、支給対象外でも不合理ではないとした（大阪医科薬科大学（旧大阪医科大学）事件：最判令和2・10・13労判1229号77頁）。また退職金についても、やはり職務内容や配置の変更範囲に「一定の相違」がある契約社員につき、「正社員基準の4分の1くらいは払ってやれ」（要旨）とした原審を破棄し、ゼロでも不合理ではないとした（メトロコマース事件：最判令和2・10・13民集74巻7号1901頁）。

　他方で、各種の手当については、職務の内容等に違いがあっても、有期雇用労働者への不支給や低い支給基準の適用は不合理であるという判断が多く下されている（皆勤手当、給食手当、通勤手当などにつきハマキョウレックス事件：最判平成30・6・1民集72巻2号88頁、扶養手当などにつき日本郵便（大阪）事件：最判令和2・10・15労判1229号67頁）。休暇制度についても不合理性が認められている（有給病気休暇などにつき日本郵便（東京）事件：最判令和2・

10·15労判1229号58頁、夏期冬期休暇などにつき日本郵便（佐賀）事件：最判令和2·10·15労判1229号5頁）。

　日本的長期雇用システムの一部である、という以上にその性質や目的を突き詰めるのが困難な賞与・退職金については企業側の裁量を尊重し、基本給と併せ全体として「メンバーシップ」（→第4章4(4)コラム）の対価とみる。その制度趣旨はそれほど深く掘り下げない。しかし手当や休暇など、趣旨がある程度明確化できるものについてはより厳格に判断する——それが最高裁のバランスのようだ。日本的雇用システムには本格的には手を突っ込まない、というメッセージだろうか。

(3)　法違反の効果

　本条違反の労働条件の定めは無効となる。もっとも、本条が禁止しているのは差別的取扱いではなく、均衡を欠く待遇格差である。全く同じではなくても、均衡を欠かなければよいのだ。したがって、たとえば正社員に1万円支給される○○手当が非正社員には全く支給されないのは不合理で違法だ、とされたとしても、では非正社員にも同額の1万円支給すべきだ、となるとは限らない。半額の5000円支給で足りる（＝それでも均衡は欠いていない）のかもしれない。

3　パートでも有期でもないけど非正社員？

　短時間・有期雇用労働者でなくても、すなわちフルタイムの無期契約労働者であっても、職場で「正社員」と扱われず低い待遇に甘んじているというケースもありうる。労契法18条により有期雇用から無期転換（→Ⅳ）したが、とくに待遇改善がなかった場合というのが典型例だ。ちなみにこのようなパターン、ただ無期になっただけであとは何も変わらない、ということで「ただ無期」と呼ぶようである（なんかちょっともの悲しい響き）。

「ただ無期」の労働者は、パー有法にいう短時間・有期雇用労働者の定義は満たさないので、同法の直接適用による救済は受けられない。しかし労働条件の格差があまりに不合理である場合には、公序法理による格差是正の余地はあると思われる。実際、かつての、パー有法はるか以前のある裁判例中には、「パート」と呼ばれていたが労働時間は正社員と同じでしかし給料は低い、といういわゆる「疑似パート」の賃金につき、それが同勤続年数の正社員の8割以下である場合には、「同一（価値）労働同一賃金の原則」の基礎にある均等待遇の理念に反するものとして公序違反となりうる、としたものがある（丸子警報器事件：長野地上田支判平成8・3・15労判690号32頁）。

このほか、パー有法の類推適用というアプローチも考えられる。ただしこれについては学説上否定説も有力である（否定説をとった裁判例として、科学飼料研究所事件：神戸地姫路支判令和3・3・22労判1242号5頁）。

4 派遣労働者についての均等・均衡待遇

均等・均衡待遇原則は短時間・有期雇用労働者である派遣労働者にも適用されるが、派遣労働者についてはさらに特別なルールが存在する。詳細は後述する（→V）。

Ⅲ パー有法その他の規制

1 待遇に関する説明義務

事業主は、短時間・有期雇用労働者の雇入れの際には、速やかに、パー有法8条から13条に対応するために講ずることとしている措置（労基法15条1項の説明義務の対象となるものは除く）の内容について、当該短時間・有期雇用労働者に説明しなければならない（短有労14条1項）。また、雇入れ後も、短時間・有期雇用労働者

から求めがあったときは、①当該短時間・有期雇用労働者と通常の労働者との間の待遇の相違の内容及び理由、及び②パー有法6条から13条により措置を講ずべきとされている事項を決定するにあたって考慮した事項について、当該短時間・有期雇用労働者に説明しなければならない（同条2項）。パートタイム労働者については旧パート労働法も一定の説明義務を規定していたが、有期雇用労働者については「働き方改革」により規制が強化されたことになる。

> **Z世代にしてはよく考えてるバイト新人**「なんで私には通勤手当ないんですか？」
> **いい年して何事も浅い課長**「そんなの正社員じゃないからに決まっ……おっと、これはNGなんだよな、危ない危ない！変なコンプラ研修でやったぞ。えっとね、それはさ、有期雇用のバイトだからだよ、決まってんじゃん！」
> **Z新人**「聞くだけ無駄だったか……」

　こういう質問があれば企業側としてはそれなりの回答を示さなければならない。もちろんこの浅はか課長みたいな答えではダメだ。企業としては、すべての労働条件について、その趣旨・目的との関連で、なぜ非正社員にはないのか、金額が違うのか、について合理的な理由を説明できるよう「理論武装」しておく必要がある。

　なお採用時の労働条件明示義務についてはすでに述べたのでそこを参照（→第1章4）。

2　その他事業主の義務

(1)　福利厚生施設の利用

事業主は、通常の労働者に対して利用の機会を与える給食施設、

休憩室、更衣室については，短時間・有期雇用労働者についても利用の機会を与えなければならない（短有労12条、同則5条）。福利厚生施設の利用条件も基本的にはパー有法8条にいう「待遇」に該当する（＝不合理な格差はダメ）が、健康の保持等の観点からとくに重要なものを明示的に挙げたということであろう。

(2) 通常の労働者への転換

事業主は、短時間・有期雇用労働者に対し、①通常の労働者の募集を行う場合にはそれを周知すること、②通常の労働者を新たに配置する場合にはその希望を申し出る機会を与えること、③通常の労働者への転換制度などを設けること、これらのうちいずれかの措置を講じる義務を負う（短有労13条）。要は「正社員への道を開け！」ということだ。

(3) 職務内容同一短時間・有期雇用労働者に対する教育訓練

職務内容同一・短時間・有期雇用労働者とは、「通常の労働者と同視すべき短時間・有期雇用労働者」（→Ⅱ1）とまでは言えない（正社員同様に人事異動の対象となるわけではない）が、正社員と「やってることは同じ、責任も同じ」という非正社員である。そして、通常の労働者に対して実施する教育訓練であって職務の遂行に必要な能力を付与するためのものは、このような労働者についても実施しなければならない（短有労11条1項）。「やってることも責任も同じなんだから、同じ研修受けさせろよ！」ということだ。

(4) その他努力義務など

事業主は，短時間労働者あるいは有期雇用労働者に係る事項に関し就業規則を作成・変更する場合には，短時間労働者あるいは有期雇用労働者の過半数を代表すると認められるものの意見を聴取するよう努めなければならない（短有労7条）。また賃金の決定及び教育訓練の実施に関しては、通常の労働者との均衡を考慮しつつ行うよう努力する義務が課されている（同10条・11条2項）。

3　各種の行政措置

　パー有法違反など、短時間・有期雇用労働者の雇用管理の改善等のために必要がある場合には、事業主に対し報告徴収や助言・指導・勧告がなされる可能性がある（短有労18条1項）。勧告に従わない場合企業名公表もありうる（同条2項）。これらは旧パート労働法時代からの規定であるが、純粋に私法的・民事的な規制である労働契約法には存在しなかった。パー有法の成立により、有期雇用労働者についても、上記の各種行政措置が発動されうるようになったということである。

Ⅳ　有期労働契約の無期転換

1　5年で無期労働契約に

　同一の使用者との間の2つ以上の有期労働契約の通算契約期間が5年を超える場合において、労働者が、現に締結している労働契約の契約期間満了日までの間に、使用者に対し期間満了日の翌日から労務が提供される無期労働契約締結の申込みをした場合には、使用者はその申込みを承諾したものとみなされる（労契18条1項前段）。

　たとえば、1年の有期労働契約が5回更新されて通算6年目（5年超）に突入した場合、労働者が希望すれば7年目以降無期労働契約の労働者となる（**図**参照）。通算で5年を超える期間雇うということは、もはや臨時的ではなく、職場で恒常的に必要な戦力のはずだ。それならその実態に即した無期労働契約への転換権を労働者に認めよう、ということである。

　この転換がなされた場合には、就業規則等により別段の定めがなされない限り、それまでの有期労働契約の労働条件がそのまま無期契約の労働条件となる（同項後段）。つまり、転換はあくまで契約期間の定めをなくすだけ。賃金などの労働条件が当然に正社

員のレベルにまで引き上げられるわけではない。

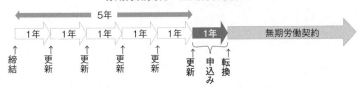

有期労働契約→無期労働契約！

＊厚生労働省リーフレットより作成

　①大学教員、②高度専門的知識等を有する労働者、③定年後の継続雇用者（→第４章Ⅲ3(2)）については、無期転換申込権発生までの期間が延長（①は10年、②は最長10年まで、③は定年後引き続き雇用されている期間の終了まで）されている（科技イノベ活性化法15条の２、大学教員任期法７条、専門的知識有期雇用労働者特別措置法８条。なお、②③については所定の手続も必要）。

2　クーリング期間

ニシノ社長「うーん、５年を超えて使うと有期なのに無期に転換なのか……つまんねえルール作りやがって！　どうせヨーロッパかぶれのどっかの教授の差し金だな」

秘書ナガサク「社長、いいことがあります。契約をすぐ更新しないで間をちょっと空けましょう！　そしたら永久に通算５年になりません」

ニシノ「なるほどそれはいい考えだな！　よし、１週間だけ空けてまた雇うぞ！」

確かにヨーロッパかぶれのどっかの教授「フッフッフ、残念ながらちゃんと手は打ってますよ、メルシー・ボーク！」

　有期労働契約の間に空白期間がある場合でも、それが６か月未

満（期間１年以上の有期契約の場合）であれば、空白期間前後の有期契約の期間が通算される（労契18条２項）。逆にいえば６か月以上間を空ければ通算はされないこととなる（いわゆるクーリング）。ニシノ社長の会社のように、たとえ２つの１年契約の間に１週間の「無職」期間を挟んだとしても、通算契約期間はなお２年とカウントされるということだ。有期労働契約の更新時にごく短い空白期間を挟むことで無期契約への転換を防ぐという潜脱的な行為を防止するための措置である。なお契約期間が（通算された場合も含め）１年未満の場合は契約期間の半分でクーリングが可能である（労働契約法第18条第１項の通算契約期間に関する基準を定める省令）。たとえば８か月契約なら４か月空ければクーリング可能だ。

●５年以内の雇止めを誘発？

労契法18条は有期労働契約の無期転換により雇用の安定化を図るための規定である。しかしこの規定はむしろ５年以内の雇止めを誘発してしまうのではないか、有期雇用労働者にとってはむしろマイナスだ、という批判も根強くある。労契法18条がなければ有期雇用でずっと雇われていたかもしれないのに、無期転換ルールがあるために企業は有期雇用労働者には皆５年で辞めてもらうことにしてしまった、という指摘である。

ニシノ社長「うーん、５年で無期転換か、またどうせどっかのかぶれ教授が……」

第２秘書ヨシザワ「社長、いっそもう有期契約は全部５年以内で雇止めにしちゃえばいいじゃないですか、それなら永久に誰も転換できません」

かぶれ教授「そうはいきません、労契法には19条もあるのを忘れてないですか？　ダンケ・シェーン！」

確かにかぶれ教授が言うように、無期転換がイヤだからという理由だけでは、実質的には無期労働契約といえる有期労働契約

（労契19条1号）や更新への合理的期待が生じている有期労働契約（同2号）の雇止めは正当化されない。しかし逆にいえば、これらの要件を満たさない有期労働契約についてであれば、5年ちょうどのところで雇止め、ということも可能となる。雇入れ時から「最長でも5年で終わりです、5年を超えての更新はありません」と説明し、労働者にもちゃんと納得してもらっておく、というのが基本になるだろう（日本通運事件：東京高判令和4・9・14LEXDB25593539など）。

V　派遣労働者

1　労働者派遣とは？

「ハケン」は言葉としてはもうすっかりお馴染みだろう。なんとなくイメージも湧く。ウチの会社とは別の派遣会社から人が来て、ウチの会社で働くんだよな、と。

部長「今度アメリカの会社と取引が成立しそうなんだけどね、キミ翻訳と通訳担当してくれるかな？　確かバイリンガルだっていうふれこみだったよね？」
バブル期入社「ハイ、でも東京弁と山口弁のバイリンガルなんじゃけど……」

企業が、自分が直接雇っている労働者じゃない労働者を自分のところの仕事のために使いたい、ということはよくある。英語を使える労働者が必要になったが、しかし社内に英語のできるヤツが誰もいない。今から育てるというのも時間的に無理だ。新しく探してきて雇ってもいいが、その募集・採用の時間的・金銭的コストもかかる。

そんなときに便利なのが派遣会社。翻訳と通訳できる人いない

かなあ、と頼めば、そういう人をすぐ連れてきてくれる。もちろん、直接雇う場合に払う給料に加えて派遣会社の手数料、「もうけ分」もかかるわけだから、コストとしてすっごく安いわけじゃないが、しかし人育てあるいは人探しの時間・金銭コスト、その他もろもろを考慮して、「派遣会社に頼んだ方が得」という計算が立てば派遣を使うことになるのだろう。

　ではこの労働者派遣、法的にはどういう枠組なのか。派遣労働者ももちろん労働者なのだが、ただ派遣労働者の労働契約はちょっと変わっている。どう変わっているのかというと……**図**でみてみよう。

　通常の労働契約であれば、登場人物は２人。労働者と使用者だけだ。労働者は、使用者との労働契約に基づき、使用者から指揮命令を受ける。しかし労働者派遣の場合、登場人物は３人。派遣労働者は派遣会社（「○○○スタッフ」とかだ）と労働契約を結ぶが、実際に働くのは派遣先。つまり派遣労働者に指揮命令を行うのは派遣先の会社なのだ。要するに、労働契約の中から指揮命令権だけを取り出して第三者（＝派遣先）にその権限を委譲したのが労働者派遣なのである（労派２条１号）。

労働者派遣

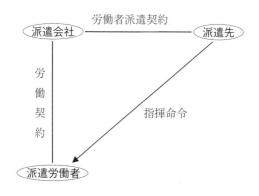

2　労働者派遣に関する規制

さて、労働者派遣は「ちょっと変わった」ものなので、通常の直接雇用にはないいろんな規制がかかっている。そこでの基本的な発想は、一言でいえば「直接雇用が原則、派遣はあくまでも例外的な雇用形態、それが正社員の雇用を脅かすことがあってはならない」である（一言じゃなかったか）。

(1)　許可、派遣可能業種

労働者派遣を「業として」行うには、すなわち労働者と派遣先との「マッチング」というビジネスで手数料を稼ぐには、厚生労働大臣の許可が必要である（労派5条）。また港湾運送、建設、警備の業務はそもそも労働者派遣の対象とすることができない（同4条1項）。

(2)　派遣期間

サヤマくん「課長、派遣で来てくれてるスズキさん、仕事はできるし性格もいいし、派遣期間3年の予定でしたけど是非期間延長してください！」

トモナガ営業課長「うーん、それは無理だな」

トモナガ課長はなぜスズキさんの契約を更新してくれないのだろう。スズキさんがフェイスブックで友達になってくれないから？　いや、派遣法のせいだ。同一事業所での派遣受け入れは原則3年までに制限されている（事業所単位の期間制限。労派40条の2第1項2項）。3年を超えて派遣を受け入れたい場合には派遣先事業所の過半数労働組合等から意見を聴く必要がある（同3項以下）。

サヤマ「組合の意見聴きましたよ！　これでスズキさんにずっといてもらえるんですよね？」

トモナガ課長「うーん、やっぱ無理だな」

さらに、同一の派遣労働者の同一の組織単位（課など）への派遣にも３年の制限が設けられている（個人単位の期間制限。労派40条の３）。つまり、労働組合の意見を聴いても、スズキさんは営業課で派遣労働者として働くことはできない。人を変えなければいけないのだ。しかし同一の組織単位でなければよいので、スズキさんは営業課から総務課に移れば３年を超えてこの会社で派遣労働者として働くことができる（組合等の意見聴取は必要）。

　なぜこんなややこしい期間制限が、しかも二重にあるのか？それは結局「派遣はあくまでも例外的な雇用形態」だからである。そんなに長く継続的に使う必要があるなら直接雇えよ、ということだ。そして組合等の意見を聴くのは、派遣が「正社員の雇用を脅かす」ことがないかのチェックをするためである。

　なお、以上の期間制限は、無期雇用の派遣労働者（要するに派遣会社の「正社員」である者）や60歳以上の派遣労働者などについては適用がない。

> ●**無期雇用に期間制限がないのはなぜ？**
>
> 　派遣元との雇用が無期だろうが有期だろうが、派遣期間が長くなればそれだけ派遣先の「正社員の雇用を脅かす」ことは間違いない。その意味ではおかしな例外と言わざるを得ないが、敢えて理屈をつけるなら、有期雇用（＝非正社員）で正社員の雇用を脅かすのはダメだが無期雇用（＝正社員）で正社員の雇用を脅かすのならしょうがない、ということだろうか。

(3)　派遣元と派遣先の責任

　前掲の図からもわかるように、派遣労働者を雇っているのは派遣会社である。したがって、賃金の支払いなど労働契約上の責任はもちろん、労基法上の使用者としての責任も原則は派遣会社が負う。ただし事項によっては、派遣先のみ（たとえば労働時間管理など）あるいは派遣元と派遣先の双方（たとえば均等待遇〔労基３条〕

や強制労働の禁止〔同5条〕など）が使用者としての責任を負うとされているものもある（労派44条。ちなみにこの条文、頭がクラクラするほどわかりにくい）。

(4) 中途解約についての保護

解雇や雇止めのルール（→第4章ⅠⅡ）は労働者派遣にももちろん適用される。しかし派遣の場合、直接雇用の場合にはないややこしい状況が生じうる。

ハケン会社「来月からもう行かなくていいよ」

ハケン労働者「え？　クビですか?!　だって派遣期間1年ですよね？　まだ半年しか経ってないんですけど……」

ハケン会社「クビだなんて人聞きの悪い……ハケン先がね、仕事が思ったよりヒマになったんでもうキミはいらないって言うんだよ。だからクビじゃなくて、労働者派遣契約の途中解約に伴う派遣労働契約の終了だよ」

ハケン労働者「なあんだ、そうか……って要するにクビじゃないかっ！」

いわゆる「派遣切り」のパターンだ。法的位置づけはハケン会社の言うとおりなのだが、だから当然に期間途中で解雇できる、というわけではない。期間途中の解雇である以上、「やむを得ない事由」が必要だ（民628条、労契17条1項）。しかし、派遣先との間の労働者派遣契約が終了したとしても、それで当然に派遣元の行う解雇に「やむを得ない事由」があるとされるわけではない。厚労省の「指針」も、派遣元事業主に対し、他の派遣先をあっせんする、休業手当（労基26条）を支給するなどの措置を講ずるよう求めている（「派遣元事業主が講ずべき措置に関する指針」平11労告137、最終改正令4厚労告92、平30厚労告427）。

また派遣先も、自らの都合で派遣契約を解除する場合には、新

たな就業機会の確保、休業手当支払い費用の負担などの措置を講じることを義務づけられている（労派29条の2）。なお、派遣労働者の国籍、信条、性別、社会的身分、労働組合の正当な行為をしたことなどを理由とする派遣契約の解除は明文で禁止されている（同27条）。

(5) 労働契約申込みみなし制度

> サヤマ「課長、スズキさんやっぱり営業課には欠かせない人材なんで、来てもらってから3年過ぎちゃいましたけど、このままずっといてもらいましょう！」
>
> トモナガ課長「うーん、それは無理、というかちょっとややこしいことに……」

派遣先は、違法派遣を受け入れた時点で、その派遣労働者に対し、派遣元における労働条件と同一の内容で、労働契約締結の申込みをしたものとみなされる（労派40条の6）。違法派遣とは、具体的には、①派遣禁止業務（港湾・建設・警備）への派遣、②無許可事業主による派遣、③派遣可能期間（事業所単位・個人単位）の超過、そして④偽装請負（→4(2)コラム）である。スズキさんが一定期間内に（同条2項3項参照）契約締結の意思を示せば、派遣先との労働契約関係の成立という「ややこしいこと」が起こるのだ（東リ事件：大阪高判令和3・11・4労判1253号60頁参照）。ただしこの申込みみなしは、派遣先が違法派遣につき善意無過失の場合には生じない（同条1項ただし書）。

3 均等・均衡待遇

派遣労働者も派遣会社に雇われている労働者であるので、パートタイマーあるいは有期雇用であれば（だいたいの派遣労働者はそうだ）、派遣会社の通常の労働者との関係で均等・均衡待遇ルール

（→Ⅱ）が適用となる。しかし派遣労働者には、「働き方改革」により、もう1つ別な形でもこのルールが適用されることとなった。

(1) 原則——均等・均衡方式

すなわち事業主は、派遣労働者につき、派遣先の通常の労働者との関係で、基本給・賞与などの待遇につき不合理な相違を設けてはならない（均衡待遇。労派30条の3第1項）。また、派遣労働者と派遣先の通常の労働者の職務の内容が同じで、かつ人事異動の有無・範囲も雇用関係終了までずっと同じという場合には、正当な理由なく通常の労働者に比して不利な待遇をしてはならない（均等待遇。同条2項）。要するに、派遣労働者については、派遣先の労働者との関係でも、均等・均衡待遇原則が適用されるということである。ただし「均等」の方はパートタイム労働者や有期雇用労働者についてのそれ（→Ⅱ1。「正当な理由」の文言なし）に比べるとやや規制が弱めである。

(2) 例外——労使協定方式

派遣会社のエラい人（短気）「派遣労働者と、派遣先の労働者との間での均衡を図れって？　雇い主違うのにそんなのできるわけないだろ！　だいたい比較しろったって派遣先の労働者がいくらもらってるかわかんないんだぞ！」

なのでこの比較のために必要な情報については派遣先に提供義務が課されている（同26条7項以下）。とは言え、確かに雇い主が違う労働者の間で均等・均衡待遇を図るというのもなかなか難しそうだ。派遣労働者の派遣先が変わるたびに均等・均衡を図るべき相手が変わるというのも面倒だ。

というわけで、均等・均衡待遇原則の適用を外す方法も認められた——そう、「いつものヤツ」こと労使協定である。派遣元事業主は、過半数組合または過半数代表者と労使協定を締結し、そ

の内容を遵守することを条件に、上記の均等・均衡待遇原則の適用を免れることができる（同30条の4第1項）。この労使協定には、①派遣労働者の業務に従事する労働者の平均以上の賃金を支払うこと、②成果や意欲、経験などの向上があった場合には賃上げがなされること、③①②による賃金の決定に際して派遣労働者の職務内容・成果・意欲等を公正に評価することなどを定める必要がある（同項）。というわけで実際にも多くの派遣会社がこの労使協定を締結しているようだ──法律上の建て付けは「例外」だが、実務上はむしろ「原則」なのかも。

このほか、派遣労働者の待遇に関する説明義務についても規制が強化されている（労派31条の2第2項以下）。

4　労働者派遣と労働者供給・業務請負

さて、派遣との区別が微妙な労働形態もあるので、区別をちゃんとしておこう。

(1)　労働者供給

職業安定法は労働者供給を罰則つきで原則禁止している（職安44条・64条9号）。「労働者供給」とは、「供給契約に基づいて労働者を他人の指揮命令を受けて労働に従事させること」であるが、ただし労働者派遣法上の労働者派遣に該当するものは含まない（同4条6項）。要するに、自分の支配下にある労働者を、他人の指揮命令下で働かせることである。ではなぜこれが禁止されるのか？

簡単に言えば、労働者の賃金を「ピンハネ」して稼ぐのはよくないからである。人間が生身の体を使ってする労働、その労働に介入して不当に中間搾取する。これはけしからん！　法律で禁止すべきだ、ということで職業安定法は労働者供給を禁止しているのだ。

ちょっと間抜けなお役人「オイちょっと待て、キミの会社は、自分のところの社員をシンミチ社の指揮命令の下で働かせてるな?!」

サンエイ社「ハイ、そのとおりですが……」

役人「なんという開き直り！　労働者供給だぞ！　職安法違反だ！」

サンエイ社「でもウチは派遣会社なんですけど……」

　派遣会社がやっている労働者派遣も、自分で雇っている労働者を派遣先の指揮命令の下で働かせるのであるから、やっていることは要するに労働者供給である。そしてそれで利益を上げている。しかし別に怪しげな闇の組織としてではなく、ちゃんとしたビジネスとして、一定の法的規制の下でやってくれるならいいだろう、その範囲でなら認めよう——ということで労働者派遣法が制定され、労働者供給のうち一定のものを労働者派遣と位置づけた上で、様々な規制の対象としたのである（労派２条１号、職安４条６項参照）。

(2)　業務請負

　業務請負は、業務処理請負あるいは業務委託などとも呼ばれる。ややこしいが、民法上の請負契約と必ずしもイコールではない。たとえば、会社の掃除をしに来てくれる人たちをイメージすればわかりやすいだろう。モップで床を拭いてくれたり、ゴミ出ししてくれたり。これらの仕事に従事している労働者は、別にその会社が直接雇っているわけではない。外部の労働者だ。しかし会社の中で作業をしている。では法律的にはどのような契約形態なのだろう。労働者派遣？　もちろん派遣でもいいのだが、多くの場合それは業務請負である。

　労働者派遣の場合と同様、登場人物は３人である。ただし派遣とは異なり、仕事を委託した会社（委託元）とそこで働く労働者との間に指揮命令関係はない。たまたま就労の場所が別の会社だ

業務請負

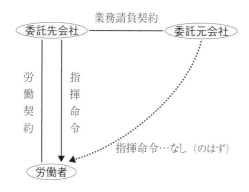

業務請負契約

委託先会社 ———— 委託元会社

労働契約　指揮命令

指揮命令…なし（のはず）

労働者

というだけ。清掃作業に従事する労働者は、委託先である「ヨツ
ヤクリーンサービス」に雇われている。指揮命令もヨツヤから受
ける。ただその仕事の内容が、委託元である「キオイ産業」に行
って、そこの清掃作業をする、というものなのだ。ヨツヤとキオ
イは、この時間にこういう風に掃除してくれ、ゴミを集めてくれ、
という内容の業務請負契約を結んでいる。その契約を遂行するた
めに、ヨツヤは自分で雇っている労働者をキオイに行かせて働か
せる。要するに通常の労働契約であり、ただ就労場所が自分の会
社ではなく他の会社、ということだ。

　業務請負に関しては、労働者派遣とは異なり、あまりうるさい
法規制はない。労働者派遣のような許可は必要ないし、期間制限
もない。基本的にはどこの会社でも自由にできる。もちろん労働
者を雇うのだから、委託先には労基法その他の規制はかかってく
る。しかし委託元会社であるキオイ産業の方には、掃除に来るヨ
ツヤクリーンサービスの労働者との関係では、基本的には法規制
はかかってこない。直接指揮命令をしない以上、別に規制する必
要もないわけである。たまたまウチの職場で仕事をしてるけど、
でも他の会社の労働者だし、労働者派遣ってわけでもないからと

くに関係ないよ、ということである。

●いわゆる「偽装請負」

両者の図を比較してみればわかるように、労働者派遣と業務請負の違いは要するに就労先からの指揮命令があるかどうかである。指揮命令がなければ業務請負だが、指揮命令があればそれは実質的には労働者派遣である。

このように、形式的には業務請負だが、実際には就労先から直接の指揮命令がなされており、本来なら労働者派遣法の規制に服すべき就労形態であるもの、これがいわゆる「偽装請負」である。労働者派遣は様々な規制があるので当然コストもかかる。しかし業務請負ならなんの規制もないし、コストも安い、またそもそもかつては製造業では派遣が使えなかった、というわけで偽装請負が一時期「流行」してしまったのだ。

キオイ産業の社員「あ、ちょうどよかった、すいません、こっちのゴミ箱も集めてってもらえますかね？」
ヨツヤクリーンサービスの社員「あ、今具体的な指揮命令しましたね！　ハイ、アウトー！　あーあ、ついにやっちゃったねー、もうこれは偽装請負です、罰則です……」

ガチガチなことを言えばこうなるかもしれない。さすがに実務上これだけで偽装請負認定はされないだろう（「労働者派遣事業と請負により行われる事業との区分に関する基準」昭61労告37、最終改正平24厚労告518参照）が、いずれにせよボーダーラインはビミョーである。

●女心と秋の空と派遣法

はもちろん男心もですよすいません（コピペ謝罪）、というわけで派遣法はやたら頻繁に改正される（政争の具というウワサも）。2012年には、労働契約申込みみなし制度（施行は2015年10月）

導入のほか、日雇派遣の原則禁止、マージン率（＝派遣料金と賃金の差額）の公開義務づけなどの改正がなされた。また2015年改正では、事業所単位・個人単位の期間制限が導入されたほか、3年間継続して同一部署に派遣される見込みの派遣労働者についての雇用安定措置（派遣先への直接雇用の依頼、新たな派遣先の提供、派遣元での無期雇用など）実施義務（派遣元）、派遣労働者のキャリアアップのための教育訓練やキャリアコンサルティングの実施義務（派遣元）などが新たに課されることとなった。2018年の「働き方改革」でも大きな改正があったのは前述のとおりである（→**3**）。

●派遣先にも団交義務？

組合委員長「ベッショ商事は団体交渉に応じろ！」
ベッショ「何言ってんだよ、キミらは皆ヤマモトスタッフから来てる派遣労働者じゃないか。ヤマモトに団交してもらえばいいだろ」

　ベッショ商事はこの団体交渉（→第4部Ⅱ・Ⅴ**3**）に応じるべき「使用者」（→第1部Ⅲ**2(3)**）といえるのか。学説上は議論があるが、裁判例は「労働者派遣法の原則的枠組みによらない」形で派遣が行われている場合（たとえば偽装請負など）には派遣先も「使用者」たりうるとしている（国・中労委（阪急交通社）事件：東京地判平成25・12・5労判1091号14頁）。

第3部

労働者保護か、余計なお世話か
　　　——労働保護法

いきなりぶっちゃけると、第2部と第3部の区別はそんなにすごく明確ではない。第2部は労働契約上の権利義務の確定に関する法的ルール、第3部は労働条件の最低基準に関する規制、と一応区別したりはしてみたが、労働条件というのは要するに労働契約の内容なのであり、その意味では以下で説明することは労働契約法でもある。他方で、第2部で扱った法的ルールも要するに弱い立場の労働者の保護を図るために形成されたものであり、紛れもなく労働保護法でもある。

　そう、実はここで第2部が終わり第3部が始まる必然性はないのかもしれない。ただまあ、本全体のバランスからしても、頭からマジメに読んでくださっている奇特な読者に一息ついて頂くという意味でも、このあたりでなにか一区切り、ワンクッション置いた方がいいはずだ。他のもっとマジメそうな本だって、表だってそう書いていないだけで、実はきっとこんな理由で章立てがされているに違いない……

第1章　雇用平等

　雇用平等とはなんだろう。アメリカ法っぽく言えば「雇用のあらゆる局面において差別がない」ということだろうか。では差別とはなんだろう。「いけない差別」と「合理的な区別」のボーダーラインはどう引けばいいのだろう。

　「オマエはあまりにも遅刻が多いからクビだ」

というのはまあしょうがないかなという気がするが、

> 「いえあれは遅刻じゃありません、朝起きられない病という障
> 害です。私を解雇するなんて、障害を理由とする差別です」

と言われたらちょっと困ってしまうのはなぜだろう。そんなことを考え出すと夜も寝られなくなってしまい、試験勉強なんかしていられなくなるのでこのくらいにしておこう……しかしホントは試験勉強なんかよりよっぽど大事なことかもしれないぜ！

　雇用差別、雇用平等といえば、なにはさておきやはりまず男女の問題が重要だ。というわけで以下では主として男女雇用機会均等法の話をすることになる。

Ⅰ　均等法以前……いや均等法以外の雇用平等法理

1　均等待遇の原則

　使用者は、労働者の国籍、信条、社会的身分を理由として、賃金、労働時間その他の労働条件について、差別的取扱いをしてはならない（労基3条）。この規定に違反する行為が私法上無効（解雇など）あるいは違法（損害賠償請求権が発生）であることはもちろんだが、罰則が科される可能性もある（同119条1号）。では具体的には、どのような理由による、何に関する差別が禁止されるのか。

(1)　「労働条件」

　「労働条件」に賃金、労働時間、休暇、福利厚生給付などが含まれることはいうまでもない。また解雇（の基準）も「労働条件」に含まれる。つまり、アメリカ人だから解雇する、キリスト教徒だから休暇は与えない、などというのは3条違反だ。これに対し、採用（の基準）は「労働条件」ではないというのが判例の立場である（三菱樹脂事件：最大判昭和48・12・12民集27巻11号1536頁）。すなわ

ち、アメリカ人だから雇わない、キリスト教徒だから雇えない、というのは少なくとも３条違反ではない。「労働条件」とは「雇い入れ後における労働条件」のことであり、３条は「雇い入れそのものを制約する規定ではない」というのが三菱樹脂事件の説明である。「労働条件」という言葉の意味を狭く解釈したわけだが、ではなぜ狭く解釈したかといえば、それは結局企業の「採用の自由」を広く尊重するという基本的スタンスがあるからであろう（→第２部第１章Ⅰ１）。

(2) 差別の理由

「国籍」は「人種」も含むという解釈も有力だが、明らかにおかしい。刑罰規定でもある労基法をそんな簡単に読み替えてはいけないだろう。「信条」は宗教的信条だけでなく政治的信条をも含む。「社会的身分」には、たとえばいわゆる被差別部落出身者であること、非嫡出子であることなどが該当しよう。パートタイマーや有期雇用労働者であること、すなわち雇用形態の差異がこれに該当するという見解もあるが、妥当ではない。

２ 男女同一賃金の原則

使用者は、労働者が女性であることを理由として、賃金について、男性と差別的取扱いをしてはならない（労基４条）。３条と同様に違反行為は刑罰の対象となりうる（同119条１号）し、また私法上も無効あるいは違法となる。

なお、素直に読むと男性を差別するのはよさそうだが、一般的な解釈はそれとは逆で、男性差別も４条違反、なんだそうだ。まあ３条の「国籍」が「人種」を含むという芸術的な解釈（もちろんイヤミで言ってます）よりはマシだが……

(1) 「賃金」

いわゆる月給だけでなく、労基法上の「賃金」（労基11条）に該当する退職金や福利厚生給付などを含む。つまり家族手当や住宅

手当に関する差別も4条の問題となる。

(2) 差別の理由

「女性であること」を理由とする差別が禁止されているのであるから、性別以外の理由を基準に、たとえば能力や仕事内容に応じて賃金に差がついているのであれば構わない。総合職よりも一般職の方が月給が安い、などのように。

3 男女平等取扱い法理

労基法が禁止する男女差別は賃金についての差別のみである。では均等法ができるまでは他の労働条件についての男女差別は合法だったのかというと、残念ながら（？）そうではない。裁判所は、均等法ができる前から、女性労働者についての結婚退職制や男女差別定年制など、労基法上禁止されていないタイプの差別的取扱いについても、公序違反などの理由により違法という評価を下していた（日産自動車事件：最判昭和56・3・24民集35巻2号300頁などを参照）。いわゆる男女平等取扱い法理である。均等法が成立した現在においても、これは確立した判例法である。

II 男女雇用機会均等法

1 立法の経緯とその後の改正

(1) 均等法はなぜ誕生したのか？

しかし労基法や判例法理だけではまだ不十分だ。そこでやはり男女平等をきちんと立法化すべきでないかという声が高まり、男たちの……いや女たちの努力のおかげで、均等法の立法化が実現したのである——なんていうヤラセのテレビ番組みたいなストーリーだとすごくカッコいいのだが、残念ながらそれはフィクションである。均等法ができたのは、一言で言えば「外圧」のおかげだ。1979年に国連が採択した「女子に対するあらゆる形態の差別

の撤廃に関する条約」を、日本も（渋々？）批准することになった。となると、（イヤでも？）これに沿って国内法を早急に整備しなければならない。そこで、すでにあった（まるで戦時中の法律みたいな名前の）勤労婦人福祉法を改正するという形で、1985年に男女雇用機会均等法が成立したのだ。

●均等法がもたらしたもの

　今でこそすっかりおなじみの「総合職」「一般職」の区別、いわゆる「コース別雇用制」も均等法によって誕生したものである。均等法以前に多くの大企業が用いていた「男性」「女性」という採用区分がなくなり、代わりに基幹業務コース（総合職）と補助業務コース（一般職）というような区分での人事管理が行われるようになった。そして総合職にも女性が（ちょぼちょぼと、ではあったが）採用されるようになったのだ。

　制定時の均等法は、募集・採用、配置・昇進に関する差別を「しないよう努めなければならない」と定めていた。いわゆる努力義務規定である。

バブル期頃の総合職女性（懐かしのボディコン系スーツ）「部長！　女性を課長にするわけにはいかないって、それって差別じゃないですか！」

バブル期頃の部長「いやまあそうかもしれないがねえ、会社としては女性を昇進において差別しないように一生懸命努力したんだよ……でも努力したんだけど結局差別しちゃったんだよねー。ってことで努力義務は尽くしてるからいいのよ」

　努力義務なんだから要するにこういうことでもOKだったということだ、少なくとも当時の均等法上は。

(2)　1997年改正・2006年改正

　しかしその後1997年の改正により、募集・採用、配置・昇進に

関する規定も強行規定——文言は「与えなければならない」「してはならない」——となった。なお1997年改正では、いわゆる「ポジティブ・アクション」（→4(3)）についての根拠規定やセクシャル・ハラスメントの防止に関わる規定なども新設された。

　そして2006年の法改正により、2007年４月から均等法はさらに「強化」された。

２　「女性差別禁止法」から「男女平等法」へ

　2006年改正前の均等法は、一言でいえば、「女性のための法律」であった。「女性労働者が性別により差別されることなく……充実した職業生活を営むことができるようにする」（雇均２条）ことが法の目的であり、禁止されていたのは「女性労働者に対する差別」（2006年改正前の均等法第２章第１節のタイトル）であった。要するに、男性差別などという「マイナーな」問題は射程外だったのだ。

　しかしこの「片面性」は2006年改正により払拭された。上記２条の文言は「労働者が性別により差別されることなく、また、女性労働者にあつては母性を尊重されつつ、充実した職業生活を営むことができるようにする」と修正された。つまり「母性保護」の局面を除き女性差別も男性差別も同じようにいけない、「性別を理由とする差別」（現在の第２章第１節のタイトル）はすべてダメ、という位置づけになったのである。

３　性別による差別の禁止

(1)　募集・採用

　事業主は、労働者の募集及び採用について、その性別にかかわりなく均等な機会を与えなければならない（雇均５条）。直接の罰則はないが、紛れもなく私法上の禁止規定、強行規定である。女性であることを理由とする採用拒否は違法だ。もっとも、たとえ

そのような採用拒否がなされたとしても、事業主がその女性労働者との労働契約締結を強制されるわけではない（→第2部第1章Ⅰ3）。不法行為に基づく損害賠償の対象となるだけである。

なお均等法では、労基法（→第1部Ⅲ2(2)）とは異なり、「使用者」ではなく「事業主」の行為が規制の対象となっている。これは法人の場合であればその法人自身のみという意味である。取締役や部長・課長などの「個人」は含まれない。

「あなたはやる気も能力も十分ですが、残念ながら女性なので採用できません」
「エーッ！　21世紀の日本でこんな露骨な女性差別を受けるなんて！」
「だってね、これ芝居の男性俳優募集ですから……」

こういうのは「芸術・芸能の分野における表現の真実性等の要請」からして性別による差別ではない、と解釈される。ほかにも、「防犯上の要請」や「スポーツにおける競技の性質」からやむを得ない場合は男性のみあるいは女性のみの募集でもOKとされる（詳細は均等法「性差別」指針を参照）……しかしもし「生物学的には男性だけど見た目も声も完璧に女性」あるいは「女性だけど男性より早く走れるし力も強い」という求職者が応募してきたら？

(2)　配置、昇進、その他もろもろ

事業主は、①労働者の配置（業務の配分及び権限の付与を含む）、昇進、降格及び教育訓練、②住宅資金の貸付けその他これに準ずる福利厚生の措置、③労働者の職種及び雇用形態の変更、④退職の勧奨、定年及び解雇ならびに労働契約の更新について、労働者の性別を理由として、差別的取扱いをしてはならない（雇均6条）。降格、職種変更、労働契約の更新などは2006年改正で新たに加わったものである。昇進・昇格に関する「ベタ」な差別はもちろん、

正社員からパートへの雇用形態変更、有期雇用労働者の雇止めなど、要するに雇用のあらゆる局面における女性差別、そして男性差別は違法ということだ。

(3) 「間接差別」の禁止

　「女性は採用しません」

　こういう直接的な差別を「直接差別」という。(1)も(2)も直接差別を禁止する規定だ。2006年改正前の均等法には直接差別の禁止規定しかなかったが、改正によりこれとちょっと違うタイプの差別も禁止されることになった。

　「性別に関係なく、差別なく採用します！　……が、応募資格
　　があるのは身長175センチ以上の人のみとします」

　これは表面的には女性差別ではないようにみえる。しかし身長175センチ以上となると、実際に応募できるのはほぼ男性に限られるだろう（女性でもオランダ人なら？）。女性の応募者の大半は事実上採用プロセスから閉め出されることになる。しかも「身長175センチ以上」としたことに実は大した理由も必要性もない、ごくフツーのデスクワークの職種だったとしたら？　ウラに女性差別の意図があるのでは？
　一応中立的な基準での「区別」にみえるが、その基準を用いると実際上は「差別」的な結果が生じる——2006年の均等法改正により、この「間接差別」も一定の範囲で禁止されることとなった。事業主は、募集・採用、配置・昇進、ならびにその他均等法6条に掲げる事項に関する措置であって、労働者の性別以外の事由を要件としているが、しかし「実質的に性別を理由とする差別となるおそれがある」一定の措置については、業務遂行上あるいは雇

用管理上特に必要であるなど合理的な理由がある場合でなければこれを講じることはできない（雇均7条）。諸外国では広く間接差別一般を禁止する法制も少なくないが、日本の均等法は「間接差別」にあたる措置を限定的に列挙することにしたということだ。列挙されていない措置は少なくとも均等法違反ではない。そして「一定の措置」とは、①募集・採用にあたり一定の身長・体重・体力を要件とすること、②募集・採用・昇進・職種の変更にあたり、住居の移転を伴う配置転換に応じることを要件とすること、または③昇進にあたり別の事業場への配置転換の経験があることを要件とすることである（雇均則2条）。

● **どうなる今後の間接差別**

上記①は世界のどこでも間接差別だろうが、②③はいかにも日本的だ。とくに②は、要するに日本の女性労働者はみんな全国転勤をいやがる、という意味にしかとれないのだが……いずれにせよ、企業としてはなぜ一定の身長や体力が必要なのか、なぜ全国転勤が不可避なのか、合理的な理由を示さなければならない。しかも業務遂行上あるいは雇用管理上「特に」必要な措置でなければいけないのだ。「脚立なしで2メートルの高さにある棚を開け閉めする仕事ですから」、というのであればOKだろうが、「ウチのシステムでは今までそうやって来たんで」「総合職なら全国転勤どんと来いくらいの気概がないと」ではダメかもしれない。「大学教員募集。身長180センチ以上、体重90キロ以上、ベンチプレス記録100キロ以上。理由：学生にナメられないように」というのはどうだろう？

4 女性労働者に関する規定

(1) 妊娠、出産等による差別の禁止

いわゆる「マタハラ」禁止規定だ（育介10条もこの仲間といえる→第5章Ⅱ2）。事業主は、女性労働者が妊娠または出産したことを

退職理由として予定する定めをしてはならない（雇均9条1項）。また、女性労働者の妊娠、出産、産前産後休業（労基65条1項2項）の請求・取得、その他妊娠・出産に関する事由を理由として解雇その他の不利益取扱いをしてはならない（雇均9条3項）。軽易業務転換（労基65条3項）を契機とする降格は、労働者の真の同意がある場合や業務上の必要性から支障が生じる場合を除き原則として均等法違反となる（広島中央保健生協（C生協病院）事件：最判平成26・10・23民集68巻8号1270頁）。さらに、妊娠中または出産後1年未満の女性労働者の解雇は、事業主がその解雇が妊娠・出産に関する事由を理由とするものでないことを立証しないかぎり、原則無効となる（雇均9条4項）。

　基本的には「男女平等法」になった均等法だが、女性労働者について「母性保護」の必要性があることは否定していない。要するに、「母」になる（可能性のある）「性」なのだから、その部分では男性労働者にはない「保護」が必要だ、という考え方である。

　「その他妊娠・出産に関する事由」には、労基法上の母性保護措置（労基66条・67条など）や均等法上の母性健康管理措置（雇均12条・13条）の適用を受けたこと、妊娠・出産に起因する症状により労務の提供ができないこと、できなかったこと、あるいはそれにより労働能率が低下したことなどが含まれる（雇均則2条の2）。

● 「環境型」マタハラ防止措置義務

ある意味ブレない昭和スタイルの営業「妊娠なんかされたらいい迷惑なんだよねー、もう辞めてもらうしかないかなー」

資格があるせいで割と強気に出られる社内弁護士「おっと、その発言はアウトですね！」

社内弁護士うぜえといつも思ってる営業「なんでだよ、実際に辞めさせたワケじゃないだろ！」

妊娠・出産等を理由に実際に不利益な取扱いをすることはもちろん違法（雇均9条3項）だが、2016年改正により上記のような発言の法的リスクがさらに高まることとなった。事業主は、女性労働者が妊娠・出産したこと、産前産後休業を取得したことなどに関する「言動」により女性労働者の就業環境が害されることがないよう、雇用管理上必要な措置を講じなければならない（雇均11条の3）。事業主は、セクハラ防止措置義務（→**5**）と同様に、「環境型」マタハラ防止措置義務も負っているのである。なお、育児介護休業の取得等を理由とするハラスメントについても同様の措置義務が定められている（育介25条）。

●労基法上の母性保護措置

　労基法には「妊産婦等」というタイトルの章（6章の2）がある。しかしそこに定められている規定の中には妊産婦でなくても女性であれば適用されるものも結構ある。そう、「妊産婦等」の「等」は「妊産婦でない女性」という意味なのだ。だったら章のタイトルは「女性」でもよさそうなものだが（実際2006年改正前はそうであった）、やはりこの章にあるのは女性労働者一般を保護する規定ではなく、あくまでも「母性保護」に関わる規定なのだ、ということであろう。

　「母」になる「性」なのだから、坑内業務や危険有害業務は制限する（労基64条の2・64条の3）。妊娠・出産という女性にしかない大事なイベント（こういう言い方は失礼？　でもまぎれもなくイベントでしょ!?）のために、妊産婦（どうやら産後1年未満の女性＝産婦、のようだ）については産前産後休業（同65条）や育児時間（同67条）を保障し、時間外・休日労働などを拒否する権利も認める（同66条）。生理日に働くのがしんどい女性にも――ん?!　これも母性保護なの？　まあそうなんでしょこの章にあるんだから――休暇を認める（同68条）。

　以下はちょっとした「小ネタ」である。第1に、妊産婦や女性に有害な業務（労基64条の3参照）は、ホントは男性にもよくな

いのでは？　第2に、産後休業はもちろん実際の出産日からカウントされるが、産前休業は（当たり前だが）予定日からさかのぼる。ということは、お産がずれ込めばずれ込むほどトク、早く生まれちゃうと損！　……なんていうセコイ計算は胎教に悪そうだ。第3に、よく「生理休暇」というが、正確には「生理日の就業が著しく困難な女性」が請求できる休暇、である。生理なら休んでいいというわけじゃない。濫用のおそれも指摘されるが、本当にこれが必要な女性もいる。第4に、産前産後休業も生理休暇も法律上は無給でよい。ただし産前産後休業については健康保険から月給の3分の2相当の出産手当金が出る（健保102条）。

●均等法上の母性健康管理措置

　事業主は、妊産婦である労働者については、保健指導や健康診査を受けるために必要な時間を確保し、またその指導や診査に基づく指導事項を守ることができるように、妊娠中は時差通勤を認めるなど必要な措置を講じなければならない（雇均12条・13条）。確かに、大きなお腹で満員電車は大変だ（大きなお腹のオジサンはほっとけばいいのだが）。

●年少者保護規定

　女性のついでに？労基法上の年少者保護規定（第6章）についても簡単に触れておこう。未成年の労働者は、まだ「子ども」である。「大人」の労働者よりもうちょっと手厚い保護が必要だ。そこで、あんまり年齢の低い者はそもそも労働自体を原則禁止する（労基56条）。働いてよいとする場合も大人ほどはこき使えないようにし、危険有害業務への就労も制限する（同60条〜63条）。親が子どもの給料をピンハネできないようにする（同58条・59条）。そして解雇する場合も帰りの旅費くらい出してやれ（同64条）！

　大卒しか雇わないような会社であれば関係ないが、未成年をたくさん雇う劇団や芸能プロダクションなどはこれらの規定に日々

密接に関わりを持っていそうだ。外食産業などでは高校生のアルバイトも重要な戦力だ。

　2022年4月から成人年齢が20歳から18歳に引き下げられた。労働基準法では元々18歳未満を「年少者」として各種の規制をしていたので、この引下げによっても規制の中身は変わっていない。ただし改正により18歳や19歳の労働者はもはや「未成年」ではなくなったので、その労働契約を親が解除したりはできなくなった（同58条参照）。

(2)　婚姻による差別の禁止

部長「結婚おめでとう！　いやー、まさかタケダくんとナカヤマさんがつきあってたなんてねー、知らなかったよー」

ナカヤマ「職場恋愛ですからねっ！　やっぱり慎重にいかないと……」

部長「ハッハッハ、まあそらそうだね。で、ナカヤマさん、いつ辞めるの？」

　こんな会社もまだまだどっかにありそうだが、法的には大いに問題ありだ。事業主は、女性労働者が婚姻したことを退職理由として予定する定めをしてはならない（雇均9条1項）。また、女性労働者が婚姻したことを理由として解雇してはならない（同2項）。「寿退社」だからと退職に追い込んではいけないのだ。

●結婚退職制の「合理性」

　なぜいまだに「女性は結婚したらやめてもらいたい」と考える企業があるのか？　女性の能力を軽くみているから？　既婚者や子持ちの女性は結局家庭責任に追われて仕事に打ち込めないから？　結局会社のオジサンたちは「♪若いコがスキだから」（むかしむかしにそんな歌がはやったなあ）？　なんとなく？

どれも間違いではなさそうだが、年功的な賃金体系との関わりも忘れてはいけない。近ごろでは一般職（ほぼ女性のみ）の採用自体をやめてしまっているところも多いし、賃金体系の見直しもかなり進んでいるが、しかし少なくともごく最近までは多くの企業が一般職についても年功的な賃金を支給していた。つまり一般職であっても長く勤めればそれだけ給料が上がっていく。やらせている仕事は基本的には総合職（多くは男性）のアシスタント、補助的な業務なので、3年とから5年とかが過ぎれば仕事のレベルも会社への貢献度もそれほどアップしなくなる。しかし賃金だけは年功的に上がっていく。つまり10年も20年も居座られると貢献度以上の賃金を払う期間がそれだけ長くなってしまう。

　しかし女性一般職が「結婚適齢期」（少なくとも東京近郊では今や死語）で辞めてくれればその問題は起きない。要するに、女性一般職が定期的に入れ替わって（若返って？）くれることを前提に一般職についても年功賃金制が実施されていたわけだ。結婚退職制の「合理性」はそこにあった。もちろんこの「合理性」は法的に正当化できるものではないわけだが、経済的（コスト的）にはそれなりの説明が可能だったということだ。

(3) いわゆる「ポジティブ・アクション」

　男女平等である以上、女性差別も男性差別もいけない。言い換えれば、女性優遇も男性優遇もダメ——と、言いたいところだが、やはり現実の職場はまだまだ男社会。女性の方にちょっと「ハンデ」をあげること、女性の方をちょっと「後押し」してあげることくらい認めてもいいのではないか。というわけで均等法も、「男女の均等な機会及び待遇の確保の支障となっている事情を改善することを目的として女性労働者に関して行う措置」については、これを講じても性別を理由とする差別にはあたらない、と定めている（雇均8条）。これがいわゆる「ポジティブ・アクション」（男女間格差解消のための積極措置）である。

具体的には何ができるのか？　たとえば、女性の数が「相当程度少ない」（女性が4割未満であることをいう。平18雇児発1011002）職種について、同じ「基準を満たす者」であれば男性よりも女性を優先的に採用・配置すること。女性管理職の数が「相当程度少ない」場合に、管理職への昇進・昇格試験の受験を女性にのみ奨励し、あるいは「基準を満たす者」のなかから女性を優先的に登用すること。これらの措置は均等法違反ではないとされる（均等法「性差別」指針）。

　上司「キミ、是非管理職試験を受けなさい！」
　女性ヒラ社員「はぁ……でもなんかいまいち気が乗らないですね。課長とか超イケてないし、ありえなくない？　的な」
　上司「まあまあそう言わずに……これとこれを勉強すればうかるから」
　男性ヒラ社員「部長、少々お時間よろしいでしょうか。私、この会社にさらなる貢献を果たすため、是非管理職試験を受けたいと考えているのですが」
　上司「……ん？　あっそ。勝手に受ければ？」

　これでも均等法違反ではないということだ……え、誇張しすぎだって？　しかしどこまでのポジティブ・アクションなら許容されるのか、「基準を満たす者」をどう判断するのか、実際にはそう簡単ではないはずだ。

5　セクシャル・ハラスメント

　華麗な身のこなしのイケメン社員「ワーオ、ハルカちゃん今日もセクシーだねー！」
　ハルカ「やだー、もうヒロシさんたらホントにそういうのウマ

イんだからー、何も出ませんよー！」

加齢臭ただようオジサン社員「ハルカさん、今日も素敵なお召し
　　物ですね」

ハルカ「……セクハラですよそういうのっ！」

　犯罪的なセクハラ行為はもちろん刑法上の問題となる。不法行
為（含む使用者責任）や債務不履行（労働契約上の職場環境配慮義務、あ
るいは「セクハラはダメよ」義務違反？）で「変態怪獣・セクハラー」
（……セクハラの行為者のことです）や会社の民事責任の追及も可能
だ（福岡セクシャル・ハラスメント事件：福岡地判平成4・4・16労判607号
6頁など）。

　そもそも、セクハラは女性差別とか雇用平等の問題なのか？
いろんな意見がありそうだが、とりあえず確かなことは、男女雇
用機会均等法という男女平等のための法律にセクハラに関する規
定があるということだ。

　「今夜デートしてくれないと昇進させないぞ」

　これがいわゆる対価型（quid-pro-quo）セクハラである。上司（た
いがい男性）が部下（たいがい女性）に対し、雇用上の有利な取扱い
をすること、あるいは不利な取扱いをしないことと引換えに、な
んらかの性的な関係を要求するというパターンだ。

　「昨日○○で△△でさー」
　「そりゃあ♂◎▽〒●♀★□!?　ヒッヒッヒ……」

　こういう（……って伝わっていないかもしれないが、すっごく猥褻な会
話なのだ）会話が職場で平気で行われてしまうようなパターンが、
いわゆる（敵対的）環境型（hostile environment）セクハラである。

対価としてなにかを要求するというわけではないが、とにかく性的な言動で居心地の悪い職場環境を作りだすことだ。「猥談」はもちろん、「おさわり」が横行しているとか、ヌードポスターが壁にベタベタ貼られているとか、パソコンの壁紙がアダルト系だったりとか、そういうヤツだ。

均等法は、事業主に対し、対価型及び環境型セクハラが行われることがないように、労働者からの相談に応じ、適切に対応するために必要な体制の整備その他の雇用管理上必要な措置を講じることを義務づけている（雇均11条１項）。具体的には、セクハラに関する規則などをちゃんとつくる、啓発研修を実施する、セクハラ相談窓口を設置する、などの対応が必要となる（均等法「セクハラ」指針）。

2006年改正前のこの規定（旧21条）は「女性労働者」のために必要な「配慮」をしろ、という内容であった。つまりセクハラの被害者は女性、という前提だったのだ。しかし「男女平等法」を目指した2006年改正により、（性別を問わず）「労働者」のために必要な「措置」をせよ、という規定になった。

　　「○○産業ではセクハラが野放しです！」

なんだかネット上の掲示板の怪しい書き込みみたいだが、場合によってはお役所にこう言われてしまうかもしれない。2006年改正前から、差別禁止規定の違反については企業名の公表という措置が発動される可能性があったが、同改正によりセクハラに関する均等法11条１項違反も新たにその対象となった（雇均30条）。

Ⅲ　障害者雇用促進法

2013年の法改正（本格的な施行は2016年４月）により、雇用平等法

の「仲間入り」をしたといえるのが障害者雇用促進法である。

1　障害者に対する差別の禁止

　事業主（→Ⅱ3(1)）は、労働者の募集及び採用について、障害者に対し、障害者でない者と均等な機会を与えなければならない（障雇34条）。また、労働者が障害者であることを理由に、賃金の決定、教育訓練の実施、福利厚生施設の利用その他の待遇について不当な差別的取扱いをしてはならない（同35条）。男女雇用機会均等法同様（→Ⅱ3(1)）、私法上の強行規定である。「障害者」とは、身体・知的・精神障害により、長期にわたり職業生活に相当の制限を受け、または職業生活を営むことが著しく困難な者をいう（同2条1号）。

2　合理的配慮の提供義務

　応募者「資格は満たしているので御社の採用試験を受けたいのですが……」
　法改正セミナーに行き忘れた会社「でも目が不自由なんですよね、それじゃあ筆記試験受けられないから無理ですね」

　これは別に障害を理由に差別しているわけではないからしょうがないのか？　いや、もはやこういう対応は当然には許されない。事業主は、障害者である求職者が申し出た場合には、合理的配慮を提供しなければならない（障雇36条の2）。「合理的配慮」とは、障害者と非障害者の均等な機会の確保の支障となっている事情を改善するための、障害者の特性に配慮した必要な措置である。このケースであれば、採用試験を点字や音声で行うなどの措置が考えられる（合理的配慮指針参照）。要するに、障害者を非障害者と同じスタートラインに立たせるための（ゴルフ的な意味での）「ハン

デ」であり「後押し」である。

　労働者「今度のオフィス、会社の入口の段差がきつくて車いす
　　だと入れないんだよな……」
　労働法の本をメルカリで調達している会社「それじゃあ辞めても
　　らうしかないな」

　これもアウトだ。事業主は、募集・採用以外の局面でも合理的
配慮の提供義務を負う（同36条の３）。ここでの「合理的配慮」と
は、障害者と非障害者の均等な待遇の確保または障害者である労
働者の有する能力の有効な発揮の支障となっている事情を改善す
るため、その雇用する労働者の障害の特性に配慮した職務の円滑
な遂行に必要な施設の整備、援助を行う者の配置その他の必要な
措置である。上記のケースでは、たとえばスロープの設置などを
検討する必要があるだろう。
　何が合理的配慮たりうるかは合理的配慮指針に例示されている
が、障害の種類や程度、障害者の意向（同36条の４第１項参照）、ま
た職務の内容によって様々なものが考えられる。基本的には事業
主と労働者との話合いによって措置の中身が決まることとなる
（同条第２項参照）。
　ただし、企業は障害者の要望にすべて応えなければならないわ
けではない。

　労働者「精神障害がありますので、合理的配慮として……」
　コンプラばっちりの会社「うん、出退勤時刻には配慮するつも
　　りだよ」
　労働者「では午後３時出勤、午後３時10分退勤でお願いします」

職務遂行と無関係な、「合理的」とは言えない配慮までする義

務はもちろんないが、事業主にとって「過重な負担」となる措置も合理的配慮提供義務の対象外となる（同36条の2ただし書・36条の3ただし書）。

3　法定雇用率による雇用促進

障害者雇用促進法は、一定規模以上の企業に対し、障害者を一定割合（＝法定雇用率。民間企業の場合2.3パーセント）以上雇用することを義務づけている（障雇43条1項）。一定の要件を満たす「特例子会社」による障害者の雇用も親会社による雇用とみなしてよいことになっている。

法定雇用率未達成の企業は、一定の条件の下で「障害者雇用納付金」を支払わなければならない（同53条以下）。逆に法定雇用率以上の障害者を雇っていると「ご褒美」が出る（障害者雇用調整金（同50条）など）。昔からあった雇用率、そして2013年改正の差別禁止、合理的配慮とフルラインナップが出そろった感じである。

第2章　労働者の人権擁護

　以下では、労働者の人権を擁護するための規制と位置づけられるものを取り上げる。まあしかし言ってみれば、そもそも労働法の目的自体が労働者の人権擁護に他ならないのだが……

　労基法では、かつて支配的であった封建的な労使関係を除去するための規制が、2か所に分かれて規定されている。労働憲章（最近ではあまりこう呼ばれないが、章を区切るのにちょうどいいので採用）のところ（1条〜7条）と労働契約のところ（14条〜18条）である。以下では主要な規定のみ取り上げる。また、セクハラ、マタハラに続き？最近法制化されたパワハラに関わる法的ルールについてもここで取り上げる。現代的な人権擁護のための規定ということである（結果超古い規制と最新の話が同居する章になってしまったが……）。

Ⅰ　労働憲章

1　強制労働の禁止
　使用者は、暴行、脅迫、監禁その他精神または身体の自由を不当に拘束する手段によって、労働者の意思に反して労働を強制してはならない（労基5条）。労基法で一番重い刑罰が付された規定である（同117条）。まあこんなことが実際にあったら刑法にも思いっきり反するわけだが、規定が置かれていること自体に意味があるともいえよう。

2　中間搾取の排除
　何人も、法律で許される場合のほかは、業として他人の就業に介入して利益を得てはならない（労基6条）。

職探し中のスズキさん「おたくの会社は、私をあっちの会社に紹介して就職させて、でもって向こうから手数料をもらって商売してるんですよね？」

人材紹介会社「まあそのとおりですね」

スズキ「それって業として他人の就業に介入して利益を得てるわけで、労基法違反じゃないんですか?!」

　人材紹介会社はまさに「業として他人の就業に介入」して利益を得ているわけだが、もちろんそれは法律（職業安定法）に基づいて許されているのである。

3　公民権行使の保障

　使用者は、労働者が労働時間中に、選挙権その他公民としての権利を行使し、または公の職務（たとえば裁判員をやるとかだ）を執行するために必要な時間を請求した場合においては、原則としてそれを拒んではならない（労基7条）。日本の選挙は常に日曜だが、実は平日の仕事中でも投票に行く権利は保障されているのだ。

Ⅱ　労働契約に関する規制

1　契約期間の制限

　労働契約の期間は原則として3年を超えてはならない（労基14条本文）。労働者が不当に長期間拘束されることがないように、よくわからず使用者に言われるがままに長期間の有期労働契約を締結してしまうことがないようにするための規定である。2003年改正により原則「1年」が「3年」に延長された。ただし、改正時の経過的措置（と言いつつかれこれもう20年）により、労働者側（ただし労基14条1項各号に規定された者、及び一定の事業の完了に必要な期間を定める契約の下にある者は除く）は、2年契約や3年契約であって

も１年を経過すればもはや期間の定めには拘束されないこととされている（労基附則137条。→第２部第４章Ⅲ２(1)）。

この原則の例外が２つ認められている。第１に、「一定の事業の完了に必要な期間」を定める労働契約であれば３年を超える期間を付すことができる（労基14条１項本文）。たとえば、客が全然入らなそうなのになぜか３年半もやることになってしまった「愛・宇宙博」（仮）のコンパニオンの契約など。この事業には10年かかる、というなら10年間の労働契約でも構わない。ただし期間が５年を超えると拘束力が弱くなる（民626条１項）。

第２に、①高度の専門的知識等を必要とする業務に従事する労働者の労働契約、及び②満60歳以上の労働者との間に締結される労働契約、以上２つの場合には最長で５年契約が可能である（労基14条１項各号）。②の方は（その妥当性はともかく）高齢者の雇用促進に配慮したということだろうが、さて①の方はどのような意図によるものだろう。高度の専門知識を有する労働者であれば、本意ではない長期間の契約を深く考えずに結んでしまうなんてことはないということか。

> **●都市伝説？──労基法14条１項１号、真の立法趣旨**
>
> 一説には、どうもインドから優秀なIT技術者を連れてこようと思っても来てくれない、せっかく来てくれてもすぐ帰ってしまう、せめてやっぱり５年契約くらいオファーしないと国際競争に負けてしまう、だから５年、なんだそうである。しかしおそらくインドの技術者が帰ってしまうのは、契約期間の問題ではなく（だって更新を保障することは自由なのだから）、お花見の席取りとかそういうくだらないことをやらせたからに違いない……これも都市伝説（しかもたった今生まれた）です、念のため。

なお、使用者は、有期労働契約について、その労働契約により労働者を使用する目的に照らして、必要以上に短い期間を定めることにより、その労働契約を反復して更新することのないよう配

慮しなければならない（労契17条2項）。たとえば、明らかに1年間続く予定の仕事をしてもらうために雇うのに、敢えて3か月契約の反復更新という形をとり、いつでも途中で雇用を切れるようにしておくというようなやり方は好ましくないですよ、ということだ（雇止め法理（→第2部第4章Ⅱ）からしても問題になりそうなやり方ではあるが）。

●有期雇用はあくまで「例外」？
　諸外国には、有期労働契約は臨時的な必要など一定の事由がなければ締結できない、更新回数に制限がありそれ以上更新されたら期間の定めがなくなる、などの規制を行っているところもある。日本でも締結事由や更新回数についての規制を強めるべきだという議論はあったが、今のところどちらも採用されていない（ただし無期転換権は法定化された。労契18条→第2部第6章Ⅳ1）。

2　賠償予定の禁止

　使用者は、労働契約の不履行について違約金を定め、または損害賠償額を予定する契約をしてはならない（労基16条）。要するに、無断欠勤、職務懈怠など労働契約上の債務不履行があった場合に一種の「罰金」を科すと就業規則に定めたり、あるいは「オマエが勝手に辞めたときの会社の損害額は100万円ってことでいいよな」というような合意をしたりしてはいけないということである。ただし、労基法91条が許容する範囲内で懲戒処分としての減給（→第2部第3章Ⅲ2）を行うことは妨げられないと解釈されている。

　契約の際に違約金や損害賠償の予定をしておくというのはよくあることだ。たとえば、旅行を直前にキャンセルした場合代金の何パーセントかは戻ってきません、とか（ただし消費者契約法9条あり）。婚約したときの結納金だって一種の損害賠償の予定だ。一般の契約においては違約金や賠償予定はそれなりに合理的で便利な仕組みとして機能しているのである。しかしかつての封建的な

労使関係においては、それがしばしば不当に高い金額に設定され、労働者の足止め策として利用されていた。勝手に辞めたら承知しないぞ、どうしてもっていうなら「足抜け料」100万円だぞ、みたいなパターンである。これは労働者の人権擁護の観点からは好ましくない、じゃあもう一律に全部禁止しよう、というのが本条の立法趣旨である。

(1) 留学費用返還請求

本条に関連して問題になったのは、次のようなケースである。

人事部長「海外留学中もわが社の社員としての誇りを胸に頑張って勉強してきてくれたまえ（本音……日本語の通じるカラオケパブばっか行って遊びほうけてたら承知しないからな！）」

えせエリート社員「ハイ、わかりました。MBA（経営学修士号）取得後は留学で得た知識と人脈をフルに活用し会社の発展のために命がけで頑張ります！（……ウソだよーん、留学で得た知識と人脈で外資系に転職するよーん）」

会社としては、留学中給料も払い続け、学費も負担してやり、そのおかげでMBAを取ってきた社員に帰国後すぐ「辞めます」などと言われた日にゃあもうたまらない。金銭的な問題でもあるが、なによりも他の社員にしめしがつかない。まさに企業秩序の問題だ。そこで「帰国後2年以内に退職した場合には、留学費用を返還する」というような書面を作って一筆取ることにした。留学費用返還契約だ。あるいはそのような内容の留学規程を整備した。しかしこれは労働者の足止め策、賠償予定ではないのか？

留学制度の中身や留学期間中の待遇は会社によって異なるし、また「一筆」の取り方も様々である。結局は個別の事案ごとの判断であり、労基法16条違反が成立するとした裁判例も存在する（新日本証券事件：東京地判平成10・9・25労判746号7頁）が、逆に16条

違反ではないとした裁判例もある（野村證券（留学費用返還）事件：東京地判平成14・4・16労判827号40頁など）。後者では、留学費用の負担は一定期間勤務すれば返還義務を免除するという特約つきの、労働契約とは独立して返済すべき「貸付」であり、労働者の自由意思を不当に拘束したり労働関係の継続を強要したりするものではない、というような判断がなされている。

(2) 労働者の損害賠償義務

労基法16条は、使用者から労働者への損害賠償請求自体を禁止しているわけではない。ただ損害賠償額をあらかじめ決めておくのはダメだということである。「バイトが皿1枚割ったら罰金2,000円」という定めをしておくのはダメ。「オマエ皿割ったな！弁償しろ！」とその都度言うのは構わない。

もっともその場合でも、1,000円の皿を割った労働者が絶対に1,000円の損害賠償をしなければならないとは限らない。使用者から労働者への損害賠償請求は、その仕事の内容、損害を生じさせた行為の態様、そのような行為を予防するための使用者の配慮の有無などの諸般の事情に照らし、「損害の公平な分担という見地から信義則上相当と認められる限度」においてのみ認められる（茨城石炭商事事件：最判昭和51・7・8民集30巻7号689頁。損害額の4分の1を賠償の上限とした）。同様に、労働者が（交通事故などで）第三者に損害を与え、使用者が使用者責任（民715条）に基づき被害者に損害賠償を行った場合も、使用者から労働者への求償（同条3項）は信義則上相当な範囲に制限される。したがって、労働者が先に全部の損害を賠償した場合には、（信義則上相当な範囲を超える分があれば）労働者から使用への「逆求償」も可能となる（福山通運事件：最判令和2・2・28民集74巻2号106頁）。

3 前借金相殺の禁止

使用者は、前借金その他労働することを条件とする前貸の債

権と賃金を相殺してはならない（労基17条）。これも16条と同様に、かつての封建的な労使関係にみられた、親の借金のカタに娘が売られて水商売あるいは紡績工場かなんかでタダ働き（働くことで借金を返す）……というようなやり方を禁止し、労働者の人権擁護を図るための規定である。「相殺」がダメなのであり、前借金自体が禁止されているわけではない。

　この規定を厳格に解釈すると、給料の前借り分や会社から借りた住宅購入資金の返済分の給与天引きも違法となりそうな感じだ。しかしいずれも日本企業ではおなじみの仕組み（そう言えばマンガの「サザエさん」にはかつて前借りのシーンがよく登場していた）であるから、不当な身分的拘束をともなうものでないかぎりはおとがめなしでいいだろう、というのが一般的な解釈である──しかし会社から住宅ローンを借りたとたんに遠くに飛ばされるというパターンが多いのもまた事実。「ローン抱えてるから、もうアイツは辞めないだろう」なんてまさに身分的拘束そのもののような気もしてしまう。

4　強制貯金の禁止

　使用者は、労働契約に附随して貯蓄の契約をさせ、または貯蓄金を管理する契約をしてはならない（労基18条1項）。労働者が任意に利用できる社内預金制度を実施することは可能だが、その場合も一定の法的規制に従う必要がある（同条2項以下）。社内預金制度を持っている企業はよくある（結構利率がおトクだったりもする）。しかしかつての封建的な労使関係の下では、社内預金制度（……と呼ばれるもの）が不当な人身拘束の手段として利用されることも少なくなかった。

　社員「すいません、給料は20万って聞いてたのに15万しか入ってないんですけど……」

社長「え？　ああそれね、5万は社内預金だから。多くもらっ
　　てもどうせ飲んで使っちゃうだろ、だからオマエのためを思
　　って貯金しといてやるよ、感謝しろよ」

　これは確実に賃金全額払い原則（→第3章Ⅱ3）違反でもあるが、
とにかくこの「社内預金」は円満退社でないと返してもらえなさ
そうだ。いやそもそも、預金として別に取り分けてさえいないだ
ろう。仮に取り分けていたとしても、会社がつぶれればどっちみ
ち社長がそのまま持ち逃げだ（なお賃確法3条参照）。そんなことに
なっては大変だ。そこで労基法は、強制貯金を全面的に禁止し、
仮に任意の制度としてやる場合にも一定の規制に従うことを義務
づけたのである。

Ⅲ　ハラスメントをめぐる法

　セクハラやパワハラなどのハラスメントは、病める現代の職場
における大問題である。全国の労働局に寄せられる労働相談も、
数が一番多いのはここのところずっと「いじめ・嫌がらせ」、す
なわちハラスメントである。

1　民事法上のルール

　一言で言えば、使用者は、労働契約上の付随義務として、セク
ハラ、パワハラ、マタハラ……とにかくすべての〇〇ハラ（今後
新種が登場しても大丈夫！）のない快適な職場環境を整備する義務を
負っている。したがって、ハラスメントの被害者は、その行為者
（加害者）個人に対しては不法行為（民709条）に基づき、そして使
用者に対しては、ハラスメント行為についての使用者責任（民715
条）、使用者自身の不法行為責任、あるいは職場環境配慮義務（…
…整備義務でもよさそうだが）違反の債務不履行に基づき、損害賠償

請求が可能となる。場合によってはグループ企業のコンプライアンス体制を統括する親会社の責任も問われるかもしれない（イビデン事件：最判平成30・2・15労判1181号5頁（結論的には親会社の責任を否定））。

> やたらキレる上司「何がパワハラだ！　ミスしたんだから注意
> 　　されて当然だろうが！」
> やたら標的になる部下「はい、でももうかれこれ5時間怒鳴ら
> 　　れてるので……」

　仮に業務上指導や注意をすべき正当な理由があったとしても、たとえば面談で大声を出し人間性を否定するような表現で叱責するなど、その指導や注意の仕方が社会通念上許容される限度を超えればアウトだ（三洋電機コンシューマエレクトロニクス事件：広島高松江支判平成21・5・22労判987号29頁）。このようにパワハラについては、どこからがパワハラなのか？　という問題が確かに存在するのだが、しかしセクハラに関しては、

> サヤカさん「課長！　やめてください！　クソですね部下のお
> 　　尻触るなんて。昭和かよ！」
> ヒグチ課長「いやいや、軽く触るくらいは職場の潤滑油。平成
> 　　でも令和でも、業務上必要な行為ですよ」

　……などということはもちろんない。セクハラは最初から一貫して？セクハラだ。念のため。

2　労働施策総合推進法上のルール

　ハラスメントについては上記の民事損害賠償による対処が昔から可能だったわけだが、近年ではより直接的にハラスメントの防

止措置を定める立法が相次いでいる。すでにセクハラについては男女雇用機会均等法（→第１章Ⅱ５）が、またマタハラについては同法及び育児介護休業法（→第１章Ⅱ４(1)コラム、第５章Ⅱ２）がその役割を担っているが、2019年の法改正（2020年６月施行、中小企業は2022年４月施行）により、新たに労働施策総合推進法がパワハラの防止措置を定めるに至った。「ヘンな法律で現場が萎縮し、業務上必要な注意や指導までできなくなっては困る」（意訳）という理由で経営側はこの立法化にずっと反対してきたが、ついに押し切られた。

　すなわち、事業主は、職場において行われる優越的な関係を背景とした言動であって、業務上必要かつ相当な範囲を超えたものにより労働者の就業環境が害されることのないように、労働者からの相談に応じ、適切に対応するために必要な体制の整備その他の雇用管理上必要な措置を講じなければならない（労施総合30条の２第１項）。「優越的な関係」というワードでパワハラを表したわけだ。また前述の「正当な指導かパワハラか境界線微妙だよね問題」については、「業務上必要かつ相当な範囲」という線引きで対処したということになる――線引きの難しさは変わらないが。とにかく、セクハラなどと同様に、パワハラについても、その防止のための雇用管理上の措置義務が法定されたのである。具体的には、セクハラ同様（均等法「セクハラ」指針参照）、規則の策定、研修の実施、相談窓口の整備などの対応が必要とされている（「事業主が職場における優越的な関係を背景とした言動に起因する問題に関して雇用管理上講ずべき措置等についての指針」（令２厚労告５））。

　この規定に違反した事業主は、各種行政上の措置（助言、指導、勧告、企業名公表）の対象となりうる（労施総合33条）。また違反の事実は民事訴訟において事業主に不利な要素として考慮されることになる。要するに、パワハラ防止体制を整備しなければ、パワハラについて会社が損害賠償を支払う羽目になるということである。

ただし、逆は真ならずである。

> **もはやサイコパスかも社長**「パワハラ防止規則は（コピペで）作
> ったし、研修も（顧問弁護士に丸投げで）やったし、パワハラ
> 相談ホットラインも（やっぱり弁護士に丸投げで）開いたし、こ
> れでもう何してもパワハラとは言われないんだろ!?　さて、
> じゃあ、今日も使えない部下を恫喝しまくるか……」

このような措置を全く講じていなければ話にならないが、一通
り講じていれば免責される、というわけではもちろんない。

第3章　賃　　金

Ⅰ　賃金とは

　「賃金」とは何か？　そんなこと別にいちいち定義しなくても
なんとなくわかるような気もする。しかし労基法上の「賃金」に
ついて、たとえば男女差別をしたら刑罰が科されうる（労基4条）。
たとえば労基法上「労働者」であるかどうかは労基法上「賃金」
に該当するカネをもらっているかどうかで決まる（同9条）。そう、
「賃金」か否かは非常に重要な問題、大げさに言えば「運命の分
かれ道」ともなりうるのである。

　では労基法上の「賃金」の定義とは？　それは「賃金、給料、
手当、賞与その他名称の如何を問わず、労働の対償として使用者
が労働者に支払うすべてのもの」である（労基11条）。

⑴　「使用者が労働者に支払うもの」

　お客さんがサービスをしてくれた人に直接払う、いわゆる「チ
ップ」は賃金ではないことになる。

⑵　「労働の対償」

　要するに労働したことの見返りといえるかどうか、である。こ
の要件を狭く解すると、たとえば家族手当（家族がいないとくれな
い）とか住宅手当（持ち家だったらくれない）などは除かれてしまい
そうだが、実際にはそうは解釈しない。労働協約や就業規則など
で支給条件が明確に定められているものは「労働の対償」であり
賃金である、というのが行政実務・学説・裁判例の一致した立場
である。

　要するに「こういう要件を満たせばこれだけもらえる」という

ことが明確なものはみな「賃金」なのだ。したがって、賞与や退職金は言うまでもなく、結婚したら、あるいは不幸があったらもらえる慶弔給付、会社のそばにマンションを買えなかったらもらえる通勤手当（現物支給の定期券を含む）、どちらも「賃金」である。しかし次のような場合は「賃金」ではないことになる。

> **できちゃった結婚するモトハシくん**「もうどうしようもないから結婚することにしたけど、安月給なのに生活していけるかなあ……」
>
> **太っ腹のイチカワ社長**「しょうがねえなあ、会社にはなんの制度もないんだけどよ、特別にオレのポケットマネーから10万円やるよ！　とっときな！」

(3)　平均賃金

　平均賃金とは、一言で言えば「ここ3か月で計算すると、ボーナスを除いて1日あたりいくらもらってたか」である（労基12条）。解雇予告手当（同20条1項）、休業手当（同26条）、有給休暇日について支払うべき金額（同39条9項）などの計算に必要なので、実務上は非常に重要な概念である。

> ### ●働かざる者食うべからず？
>
> 　そもそもなんで賃金はもらえるのか？「働いたからに決まってんだろ！」と怒鳴られそうな気もするが、そうその通り。働いたらお金払います、というのが労働契約の基本だからだ。逆に言えば、ちゃんと働かないと賃金はもらえない。これをノーワーク・ノーペイの原則などという。「働かざる者食うべからず」だ。
>
> 　「ちゃんと」働く、すなわち「債務の本旨」に従った労務提供（民415条参照）とは、基本的には使用者の指示・命令に従って労働することである。しかし「債務の本旨」に従った労働かどうかの実際の判断はかなり柔軟になされている。

「すいませんマチダ課長、病気のせいで、今配属されてる現場の仕事はちょっときついんですけど…内勤の事務作業ならできると思うんですが」
　「サヨコくん、君の今の仕事は現場。その現場に出れない？んじゃダメでしょ、債務の本旨に従った労務提供できないでしょ。自宅待機してなさい。賃金は出ません」

　労働契約上職種限定がないのに、つまりもしかしたら内勤の事務に配属されていたかもしれない（＝そしたら問題なく仕事できた）のに、たまたま現場配属になったために賃金がもらえないのはちょっとかわいそうだ。とういうわけで判例も、まさに上記のサヨコさんのようなケースにおいて、実際に内勤に配属できる可能性があったのであれば、「事務作業ならできます」という申出はなお債務の本旨に従った履行提供となりうると判断している（片山組事件：最判平成10・4・9労判736号15頁）。

II　賃金の支払いに関する諸原則

　もし使用者が賃金を払わなかったら、労働者はもちろん使用者の（賃金支払い債務の）債務不履行責任を追及できる。しかし立法者は、それだけではダメだ、賃金は労働者の生活を支える重要なものなのだから、それが労働者の手に確実に渡るようにするために罰則つきの規制が必要だ、と考えた。それが労基法24条である。

1　通貨払いの原則

　賃金は、原則として「通貨」で支払わなければならない（労基24条1項）。ただし「法令若しくは労働協約に別段の定めがある場合」には通貨以外のもので払うこともできる（なお現行法上この「法令」にあたるものは存在しない）。また労働協約の定めがなくても、一定の要件（労基則7条の2）を満たす小切手・郵便為替（ただし退

職手当の場合のみ）や金融機関への振込みなど（2023年度からは PayPay も OK に！）の方法を用いることはできる（労基24条1項）。

　要するに「もらってすぐ使える形で払え」ということだ。

家電メーカー社長「売り上げがいまいちあがらないので、この冬のボーナスはウチの製品で現物支給することにします……定価の9割換算で」

従業員「なんだよそれ、アキバじゃ2割引きで売ってるつーのによー……」

　1割引か2割引かという問題以前に、これを実施するためには労働協約の締結が必要だ。そもそもこの条文の立法趣旨自体が、現物での給与支払いを原則禁止することであったようである。通勤定期券の（手当の形ではなく）現物での支給も、「労働の対償」である「賃金」を通貨以外のもので払っていることになるので、労働協約が必要だ。

　なお「通貨」とは「円」のことである（通貨の単位及び貨幣の発行等に関する法律2条1項）。ドルやウォンで払うのは（労働協約でそう決めないかぎり）通貨払い原則違反である。

2　直接払いの原則

　賃金は「直接」労働者に支払わなければならない（労基24条1項）。使用者は途中で誰かに「ピンハネ」させてはいけないのだ。怪しげな手配師とかはもちろん、労働者の親にも払ってはいけない（労基59条参照）。民法の世界では親は子供の味方だが、労働法の世界では子供の賃金をピンハネする悪いヤツなのだ。労働協約や労使協定による例外も一切認められていない。

　では賃金債権が譲渡されたり差し押えられたりした場合はどうか。判例は、たとえ賃金債権が譲渡されている場合でも、譲受人

が直接使用者に対して賃金を請求することはできないとしている（小倉電話局事件：最判昭和43・3・12民集22巻3号562頁）。要するに実質的には譲渡できないのと同じことだ。これに対し、賃金債権が差し押えられた場合には、使用者が債権者や国税徴収職員に直接支払いをしてもよいと解釈されている（「お上」が絡むと明文がなくてもよいということ？）。ただし国税徴収法や民事執行法は「給料」「賃金」「退職手当」等については一定の差押え限度額を定めている（民執152条、国税徴76条）。全額差し押さえられて全然もらえないということはないわけだ。

3 全額払いの原則

賃金は原則としてその「全額」を支払わなければならない（労基24条1項）。当たり前のようだが、でもよく考えてみると実際にはいろいろと控除されることの方がむしろ普通。賃金がホントに丸々全額手元にくることの方が例外だ。

この原則の例外が認められる場合、すなわち賃金の一部を控除してもよい場合は以下のとおり。第1に、法令に別段の定めがある場合。所得税や社会保険料などの源泉徴収がこれにあたる。第2に、過半数組合または過半数代表者との労使協定（→第1部Ⅳ7）の定めがある場合である。

(1) 相 殺

使用者が労働者にお金を貸している。あるいは何らかの理由で損害賠償請求権を持っている。このときに、これらの債権（自働債権）と賃金（受働債権）とを相殺することは全額払い原則違反となるか。あるいは、なにかヘマをして会社に損害を与えた社員が辞めるときにその損害分を退職金から差し引くことは可能か。もちろん労使協定があれば問題ないわけだが。

いつもボーッとしている社員「すいません、会社の備品の花瓶を

不注意で割ってしまいました……クビでしょうか……」

結構ケチな社長「いやさすがにクビにはしないけどね、損害は
　ちゃんと弁償してもらわないとね、あの花瓶も結構高いんだ
　よ。ってことで給料から2万円引いといたから」

　判例は、賃金を労働者に確実に受領させ、その生活に不安がな
いようにするのが労基法24条1項の趣旨である以上、このような
相殺も全額払い原則違反となるとする（日本勧業経済会事件：最大判
昭和36・5・31民集15巻5号1482頁）。しかし最高裁はこの原則につい
ての例外も認めている。

　第1に、何らかの理由（事務的なミス、あるいは締め日との関係で控
除し損ねた欠勤分の賃金）で過払いとなった賃金の清算をするため
の相殺、いわゆる調整的相殺の場合である。判例は、調整的相殺
が「過払のあつた時期と賃金の清算調整の実を失わない程度に合
理的に接着した時期においてされ、また、あらかじめ労働者にそ
のことが予告されるとか、その額が多額にわたらないとか、要は
労働者の経済生活の安定をおびやかすおそれのない」ものであれ
ば全額払い原則違反とはならないとした（福島県教組事件：最判昭和
44・12・18民集23巻12号2495頁）。

　第2に、合意に基づく相殺の場合である（相殺は本来一方的な意
思表示のみで可能である。民506条1項）。判例は、賃金債権を受働債
権とする相殺であっても、使用者が一方的に行うのではなく、労
働者の同意を得た上でのものであれば、それが「厳格かつ慎重」
な認定判断の下でもなお「労働者の自由な意思に基づいてされた
ものであると認めるに足りる合理的な理由が客観的に存在する」
かぎり全額払い原則に反しないとした（日新製鋼事件：最判平成2・
11・26民集44巻8号1085頁）。自分でいいと言っているのだから労働
者の経済生活を脅かすこともないだろう、しかも厳格かつ慎重な
認定の下での判断なのだから、というのがその理由だ。しかし労

基法がその「原則」の適用除外を認めるのは労使協定による「集団的な」同意がある場合のみのはずである。「個別的な」同意ではダメ、そもそも「自由な意思」に基づく個別的同意というのが成り立たないのが労働者と使用者との関係だ（→第1部Ⅳ 7(1)）——そのような観点からすると、最高裁の立場にはちょっと整合性が欠けているともいえる。

(2)　賃金債権の放棄

　判例はまた、全額払い原則は労働者の「自由な意思」による賃金債権放棄の意思表示の効力を否定するものではないとする（シンガー・ソーイング・メシーン・カムパニー事件：最判昭和48・1・19民集27巻1号27頁）。まあ確かに賃金債権を放棄しちゃいかんというルールはないわけだが、本当に賃金債権放棄の意思表示がなされたかどうかは「厳格かつ慎重」に認定される必要があるだろう（「自由な意思」によることが明確でないとして賃金債権放棄の効力を否定したものとして、北海道国際航空事件：最判平成15・12・18労判866号14頁）。

4　毎月1回以上——定期日払いの原則

　賃金は、臨時のものを除き、毎月1回以上、一定の期日を定めて支払わなければならない（労基24条2項）。年俸制でも月割りにして払う必要があるということだ。

Ⅲ　休業手当

　「使用者の責に帰すべき事由による休業」の場合、使用者は休業期間中労働者にその平均賃金の100分の60以上の手当を支払わなければならない（労基26条）。この100分の60以上の手当を休業手当と呼ぶ。「休業」とは、労働契約上本来労働義務がある時間について労働ができなくなることである。

1 民法536条2項との関係

バイト「店長！　今朝8時入りだったんで早起きして行ったの
　　　　に、店長来ないしシャッター閉まってるしで、結局10時まで
　　　　店の前でヤンキー座りでタバコっすよー」
店長「いやあゴメンゴメン、昨日飲み過ぎて寝坊しちゃってね
　　　……オレの責めに帰すべき事由による休業ってことでさ、2
　　　時間分の時給の6割は払うからさ、勘弁勘弁」

　やったー、仕事しなかったのに6割もらえるぞ！　と喜んで
いてはダメだ。なぜなら、本当は2時間分の時給全部、10割もら
えてしかるべきだからである。民法536条2項前段により、債権
者（＝労働者を労働させる債権の債権者、すなわち使用者）の責めに帰す
べき事由（＝寝坊）によって債務（＝労働債務）を履行することが
できなくなったときは、債権者（＝使用者）は、反対給付（＝賃金）
の履行を拒むことができないのだ。考えてみれば当たり前、こっ
ちには何の落ち度もなく、100パーセント向こうのせいで仕事が
できなかったのだ、バイト料は100パーセントもらえて当然だ。
　さて、そうすると「100パーセント払え」という民法536条2項
と、「60パーセント以上払え」の労基法26条とはどういう関係に
立つのか。判例は次のように説明する。すなわち、労基法26条の
「使用者の責に帰すべき事由」は、「取引における一般原則たる
過失責任主義とは異なる観点をも踏まえた概念」であり、民法
536条2項の「債権者の責めに帰すべき事由」よりも広く、「使用
者側に起因する経営、管理上の障害を含む」（ノース・ウエスト航空
事件：最判昭和62・7・17民集41巻5号1283頁）。民法536条2項の「帰責
事由」とは、「過失責任主義」の観点から定義されるべき概念で
あり、要するに「故意、過失、または信義則上これと同視すべき
事由」ということになる（……やや古くさい説明の仕方だが古い判例な

のでしょうがない）。しかし労基法26条の「帰責事由」はこれより広く、民法上の故意・過失にあたらないものも含む（**図**参照）。賃金の請求よりも休業手当の請求の方がより認められやすいのだ。

民法536条2項と労基法26条との関係

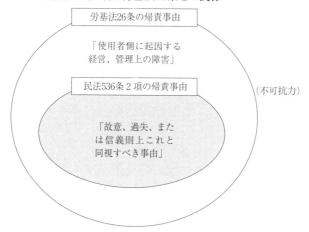

労基法26条の帰責事由

「使用者側に起因する経営、管理上の障害」

民法536条２項の帰責事由

「故意、過失、または信義則上これと同視すべき事由」

（不可抗力）

● 「両方同じでいいじゃん」説

学説には、帰責事由の範囲は民法536条２項も労基法26条も同じだ、という見解もある。それだと労基法26条の存在意義がないような気はするが、労基法は罰則つきであり、また強行規定であるので「休業しても何も払わないぞ」という合意を無効にしうる。そのかぎりではなお意味のある規定ということになる。

2　帰責事由の範囲

では具体的にどのような場合に（民法上の帰責事由はないが）労基法上の帰責事由ありとされるのか。前掲・ノース・ウエスト航空事件によれば、それは「使用者側に起因する経営、管理上の障害」のケースである。行政解釈は、親会社が経営難から資材・資金の供給をストップしたために下請工場で操業が不可能となった

場合がこれに該当するとしている（昭23・6・11基収1998号）。確かに、このようなケースは経営判断上のミスではあるかもしれないが、下請工場に民法上の「過失」まであるとするのはちょっとかわいそうだ。また学説では、自分の所属しない労働組合がストをした（いわゆる「一部スト」）ために仕事ができなくなった、というケースがこれにあたるという見解が比較的有力である（→第4部Ⅳ4(3)）。

なお天災地変など不可抗力の場合は（民法上はもちろん）労基法上の帰責事由もないと考えるのが一般的である。

Ⅳ 賃金に関するその他の法的ルール

1 最低賃金

労基法とは別に最低賃金法という法律があり、賃金の最低基準を設定している。契約自由の原則に委ねたままだと明らかに社会的に不公正な、低い賃金が定められてしまう（実際昔はそうであった）ので、国が直接的に介入しているのである。

使用者は労働者に最低賃金額以上の賃金を支払う義務を負い（最賃4条1項）、これに違反すると刑罰が科されうる（同40条）。また最低賃金を下回る賃金額の労働契約はその部分について無効となり、代わりに最低賃金額が契約上の賃金額となる（同4条2項）。要するに強行的・直律的効力（→第1部Ⅳ2）だ。ただし一定の場合には最低賃金の減額の特例が認められる（同7条参照）。

2 賃金の立替払制度

言うまでもなく、賃金は労働者の生活を支える大事なものである。しかしこれを法律上の「債権」としてみた場合、その保護の度合いは大したことがないと言わざるを得ない。給料の遅配が続き、なんかオカシイぞ……と思ってたら案の定、会社が倒産してしまったとしよう。未払いの賃金・退職金債権には民法上一般先

取特権がある（民306条・308条）が、これが抵当権に劣後するのは周知のとおり。つまり会社の土地や建物を抵当に取っている銀行には勝てないのだ。でだいたいこういう場合、会社の土地や建物以外に財産は残っていないのが普通だ（預金は社長が夜逃げする前に全額おろしているだろうし）。

　そこで、賃金の支払の確保等に関する法律（賃確法）の出番である。この法律には、貯蓄金や退職手当の保全措置（賃確3条・5条）や退職労働者の賃金についての遅延利息（同6条）など様々な措置が規定されているが、とりわけ重要なのが未払賃金の立替払制度である（同7条）。会社が倒産して未払いの賃金や退職金がある場合、一定の要件の下で政府がそれを代わりに支払ってくれるのだ（ただし上限額あり）。財源は（なぜか）労災保険の社会復帰促進等事業である。

3　賃金の非常時払い

　使用者は、労働者が出産、疾病、災害など非常の場合の費用に充てるために請求する場合においては、支払期日前であっても、既往の労働に対する賃金を支払わなければならない（労基25条）。結構活躍しそうな規定だが実際に活躍したという話はあまり聞かない。

4　時　　効

　賃金請求権の時効は3年、退職手当は5年である（労基115条、附則143条3項）。

●民法改正でややこしくなった賃金の時効
　民法は一般法、労働法は特別法、労働者保護のために民法の原則を修正するのが労働法、というわけで時効についても、民法では「使用人の給料」の時効は1年だが（2017年改正前民法174条

１項）、それじゃあいくらなんでも短すぎるので労基法が２年に延長（労基旧115条）——していたのがかつての状況であった。ところが民法改正により、使用人の給料についてのものも含めすべての短期消滅時効が廃止され、債権の消滅時効は主観的起算点（権利行使できることを知ったとき）から５年、客観的起算点（権利行使できるとき）から10年ですべて統一された（166条１項）。ということは、そのまま改正民法が施行されると、労基法の消滅時効の方が民法よりも短いというおかしなことになってしまう。

　じゃあ労基法の時効も５年にすればいいじゃん、ということになるのだが、そうすると未払い残業代訴訟の負担が増大（2.5倍？）しうる。それは困るので使用者側としては絶対反対——が本音なのだが、あまりおおっぴらに反対すると「最初からちゃんと残業代払ってればいいだけのことだろ」と言われてしまう。なので経団連的にはうまい反対の仕方はないかと（たぶん）模索していたのだが、残念ながら（たぶん）見つからなかったため原則は民法に揃えて５年、しかし経過措置として「当分の間」は３年、ということで落ち着いた。ということはいずれ５年になる、はずなのだが、経過措置を侮ってはいけない、あっという間に20年経ってしまうかも……（→第２章Ⅱ１参照）。

第4章　労働時間

Ⅰ　法定労働時間・休憩・休日

1　法定労働時間

　1週40時間、1日8時間。これが労働基準法の定める労働時間、法定労働時間である。使用者は、原則として、労働者をこの法定労働時間を超えて労働させてはならない（労基32条1項2項）。

　法定労働時間と紛らわしいのが所定労働時間である。こちらは就業規則に規定された労働時間だと思っていればよい。要は労働契約上の労働時間だ。朝9時始業夕方6時終業、間に休憩1時間、であれば所定労働時間は8時間、法定労働時間と同じだが、夕方5時終業であれば所定労働時間は7時間。法定労働時間との間にズレが生じる。

> ●零細規模サービス業等についての例外
> 　常時10人未満しか使用しない零細（失礼）サービス業等については例外的に法定労働時間が週44時間、1日8時間とされている（労基40条1項、労基則25条の2）。

2　休　　憩

(1)　休憩時間の長さと位置

　使用者は、労働時間が6時間を超える場合は少なくとも45分、8時間を超える場合には少なくとも1時間の休憩時間を労働時間の途中に与えなければならない（労基34条1項。例外として労基則32条）。「超える場合」であるから、朝8時15分始業夕方5時終業なら休憩45分でピッタリだ。ただその場合、1分でも残業すると労

働時間が8時間を超え、休憩があと15分必要になる。それもめんどくさいのでこういう場合はだいたい最初から昼休みを1時間にしているのだ。

　休憩時間は労働時間の「途中」でなければならない。必ず間に挟めということだ。

> **ヒラ社員クロダ**「あのー、今日結局昼休憩全然取れなかったんですけど……」
> **ヤマグチ課長**「そっか、んじゃ今日1時間早く帰れ、それが休憩分だ」

　これではダメである。しかし法律上は「途中」であればよい。45分とか1時間を連続して切れ目無く与えよ、とは書いてない。したがって30分の休憩を2回、でもよいと解釈されている。

> **クロダ**「今日結局休憩全然なかったんですけど……」
> **ヤマグチ**「バカだなー、それはオマエの気のせいだよ。今日オレさ、15分おきくらいにオマエに話しかけたよな？」
> **クロダ**「はい……そうですね、気遣ってくれてんのかなあ、って嬉しかったっス」
> **ヤマグチ**「あれが休憩だよ！　15分ごとに2分くらいずつ話したから、合計すりゃあまあ1時間くらいにはなってるさ」

　いくら小刻み付与でもよいといっても、ここまで来ると微妙だ。そもそも休憩時間とは評価できないだろう。

(2)　一斉付与の原則

　休憩時間は、原則として一斉に与えなければならない（労基34条2項。例外として労基則31条）。同僚全員が仕事してるのに自分だけ休憩してるっていうのはちょっと気マズイ。やっぱりみんな一

緒に取ってこそはじめて休憩の効果が上がるのだ。ただし労使協定を結べば例外を認めてもらえる（労基34条2項但書）。

(3) 休憩自由利用の原則

　休憩時間の利用の仕方は原則として労働者の自由である（労基34条3項。例外として労基則33条）。「休憩だけど会社の外に出るな」というのはこの原則に違反するといえる（ただし行政解釈は外出許可制でもよいとする。昭23・10・30基発1575）。

　なお、自由に利用できる休憩時間中であっても、従業員として企業秩序を守る義務はもちろんある（アフター・ファイブでも義務がある（→第2部第3章Ⅳ5）んだから、当たり前だが）。「自由利用なんだから、許可なくビラ配ってもいいだろ！」というわけにはいかない（目黒電報電話局事件：最判昭和52・12・13民集31巻7号974頁）。

(4) 法定休憩？と法定外（所定？）休憩

　労働時間に法定労働時間と所定労働時間があるように、休憩にも法定休憩と所定休憩がある（ただ一般にはあんまりそう呼ばれていないので小見出しに？をつけておいた）。労働時間がたとえば7時間であれば休憩は45分でよい。ただ労基法は最低基準だから、それ以上与えてももちろんよい。で実際多くの会社では就業規則に「12時から1時までが休憩」と規定し、1時間の休憩を与えている。それが労働契約上の義務になっている。なのに45分しか与えなかったら契約違反、債務不履行だ。

　しかしそれでも労基法の最低基準である45分の休憩は与えられているので、労基法違反ではない。またたとえば、休憩は一応60分だが、このうち45分だけを一斉に与え、残り15分はバラバラに取らせる、というやり方も適法に実施できる。要するに、労基法違反かどうかがチェックされるのは法定休憩の部分のみなのだ。

3　休　　日

　使用者は、労働者に対して、少なくとも1週間に1日、あるい

は４週間を通じて４日以上の休日を与えなければならない（労基35条１項２項。４週４日の場合は起算日を決める必要がある。労基則12の２第２項）。今や「週休二日」は世の趨勢だが、実は労基法はそれを強制しているわけではないのだ。国民の祝日や年末年始も同じ。要するに各企業が「勝手」に休みにしているだけである。そう、ここでも労働時間や休憩と同様に、「法定休日」と「法定外休日」との区別が必要となる。週休二日制の場合、休日のうち１日は法定休日だが、もう１日は法定外休日となる。

　休「日」であるから、休日は一暦日でなければならない。つまりただ24時間休ませるだけではダメで、その24時間は午前０時から次の午前０時まででなければいけない（ただし交替制労働などについては行政解釈が例外を認めている。昭63・３・14基発150など参照）。

Ⅱ　「三六協定」による時間外・休日労働

　前述したように、労基法は週40時間、１日８時間を超えて労働させちゃいかんと言っている。これを超えて働かせたら使用者に刑罰が科されうる。「週40時間を超えて働く」という労働契約も無効。しかし世の中を見回してみると、ごくごく普通に、どう考えても週40時間超え、１日８時間超えの労働が、あるいは法定休日の労働が行われている感じだ。さてじゃあそれは法律上どうして可能なのか。

　労基法は２つの方法を定めている。１つは「災害」等による「臨時の必要がある場合」である（労基33条）が、これはあまり使われない。もう１つの「三六協定」（「さぶろく」ともいうが、個人的にはキライな語感）による場合がほとんどだ。すなわち、使用者は、過半数組合または過半数代表者との書面による労使協定（→第１部Ⅳ７）を締結し、かつ行政官庁にこれを届け出ることにより、その協定の定めに従い労働者に時間外・休日労働をさせることが

できる（労基36条1項）。36条の定める労使協定だから三六協定だ。

1　三六協定

(1)　協定すべき事項

　三六協定には、①対象労働者の範囲、②対象期間（いつからいつまでの1年か）、③時間外・休日労働をさせることができる場合（＝どういうときに時間外・休日労働があるのか）、④対象期間における時間外・休日労働の上限（1日、1か月、1年あたり）などを定めなければならない（労基36条2項）。

　このうち④の時間外・休日労働については、かつては法律上の上限は設けられていなかった。厚生労働大臣が告示で定める「限度基準」が存在し、この基準に適合したものとなるように協定せよ、というゆるふわな規制はなされていたが、限度基準を超えて協定したら無効であるとか罰則がかかるとかいうものではなかった。しかし、労使協定に書きさえすれば「青天井」に残業させ放題というのもさすがにおかしいだろ、ということで、「働き方改革」により、2019年4月から（中小企業については1年遅れ）は以下の(2)のような法律上の上限が設けられた。

(2)　限度時間（原則）と特別条項（例外）

　上記④のうち時間外労働については、原則として、1か月につき45時間及び1年につき360時間の「限度時間」以内としなければならない（労基36条3項4項）。さらには、時間外労働及び休日労働の合計も、1か月100時間未満、かつ複数月（2か月、3か月……6か月）ごとの1か月平均を80時間以内にしなければならない（同6項2号3号）。たとえば、4月と5月の時間外労働が各45時間であったが、法定休日にほぼ毎週フルに出勤した結果休日労働が両月とも40時間に達したという場合には、時間外・休日労働の複数月（ここでは2か月）平均が85時間となり80時間を超えるためアウトだ（……しかしややこしい基準！　現場のグチが聞こえてきます

ね)。

　以上が原則だが、例外的に、通常予見できない業務量の大幅な増加などに備えるため、三六協定に「特別条項」を定めることも可能である。特別条項は、①時間外労働と休日労働の合計が月100時間未満かつ複数月平均80時間以内（限度時間と同様）、②時間外労働が年720時間以内、③時間外労働が月45時間を超えるのは１年に６か月まで、の要件を満たさなければならない（労基36条５項６項。現場のグチはさらに大きく……）。文章だとわかりづらいので〔図〕にしてみよう（とか言いつつ図にしたのは厚労省）。

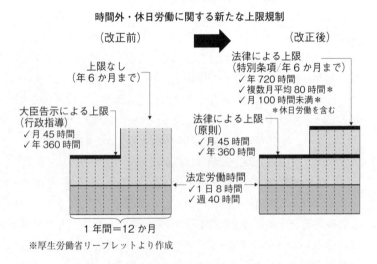

時間外・休日労働に関する新たな上限規制

（改正前）　　　　　　　　　　　　　　（改正後）

上限なし
（年６か月まで）

法律による上限
（特別条項／年６か月まで）
✓年 720 時間
✓複数月平均 80 時間＊
✓月 100 時間未満＊
　＊休日労働を含む

大臣告示による上限
（行政指導）
✓月 45 時間
✓年 360 時間

法律による上限
（原則）
✓月 45 時間
✓年 360 時間

法定労働時間
✓１日８時間
✓週 40 時間

１年間＝12 か月

※厚生労働省リーフレットより作成

●**上限規制適用の例外**

　建設業、自動車運転業務等については上限規制の適用が５年間（2024年４月まで）猶予される。新技術・新商品等の研究開発業務については上限規制が適用されない。また医師については当面適用除外とした上で上限規制のあり方がさらに検討され、結局2024年４月から、医師独自の上限規制が適用されることとなっ

た。一定の「追加的健康確保措置」が講じられることを条件に、一般の労働者の場合よりもかなり高い上限が設定されている。

●勤務間インターバル制度

「ようやく終わった！　よし、帰って風呂入ってソッコー寝る計画！　でまた朝９時からミーティングだ……ってふざけんなよ、いま朝５時じゃねえか！」

　毎日こんな風に搾取されているエリートの皆さんに（ささやかな）朗報！「働き方改革」により、前日の終業時刻と翌日の始業時刻の間に一定時間の休息を確保することが事業主の努力義務とされた（労働時間等の設定の改善に関する特別措置法２条１項）。終業時刻と始業時刻との間を少なくとも11時間空けるべきである、としているEUの労働時間指令がモデルとなったようである。

●労働時間把握義務

　様々な労働時間規制を遵守するため、使用者は労働者の労働時間を把握する必要がある。ただこれまではそれは法律上の義務ではなかった（当たり前過ぎたからかな？）。しかし「働き方改革」により、使用者に対しすべての労働者の労働時間の状況を把握する法律上の義務が課された（労安衛66条の８の３）。労働安全衛生法に基づく、長時間労働の労働者に対する医師の面接指導を確実に実施するための措置という位置づけである。

⑶　三六協定の締結・届出の効果

　三六協定が締結されかつ届け出られれば、使用者はその協定の定める範囲内で、労働者に時間外・休日労働をさせることができる。すなわち、週40時間あるいは１日８時間を超える労働をさせても、また１週間に１日あるいは４週間に４日の法定休日に労働をさせても労基法違反を問われることはない（免罰的効果→第１部Ⅳ

7(1))。なおこの免罰的効果はその事業場の労働者全体について生じる。つまり過半数組合に入ってない労働者も含め、その事業場の労働者全員について、時間外・休日労働をさせても労基法違反を問えなくなる。

　なお以上はもちろん、三六協定が適法に、すなわち上限規制（→(2)）の範囲内で締結されていることが前提になっている。

(4)　時間外・休日労働義務の法的根拠

　三六協定があれば「時間外・休日労働をさせることができる」と書いたが、これは決して「使用者が労働者に時間外・休日労働を命じる法的権利を取得する」という意味ではない。繰り返し述べているように、三六協定はただ免罰的効果をもたらすに過ぎない。三六協定は就業規則ではないし、労働協約でもない（ただし過半数組合との「協定」が「協約」を兼ねる場合はあり）。つまり、三六協定に書いてあることが当然に個々の労働者の労働契約の内容となる、という条文も判例もどこにもないのだ。

　ということは、使用者の「時間外・休日労働を命じる法的権利」には、三六協定とは別に労働契約上の根拠が必要であることになる。ではどこに契約上の根拠を求めるか。

　　上司カミヤ「今日ちょっと残ってくんないかなあ？」
　　部下オイカワ「いいですよ……どのくらいですか？」
　　カミヤ「えっとね、3時間くらい」
　　オイカワ「ハイ……（なにが『ちょっと』だよ！）」

（不本意ながらも）こんな個別の合意があればもちろんOKだ。しかし判例によれば、三六協定が締結・届出されており、就業規則にその「三六協定の範囲内で一定の業務上の事由があれば労働契約に定める労働時間を延長して労働者を労働させることができる旨定めているときは……（労働者は）労働契約に定める労働時間

を超えて労働をする義務を負う」（日立製作所武蔵工場事件：最判平成3・11・28民集45巻8号1270頁）。つまり最高裁は、個別の合意がない場合でも、就業規則にそれなりの規定があれば、使用者はそれを根拠に労働者に対し時間外労働を命ずることができると考えているようである。「それなりの規定」とは、要するに労働契約の内容になりうる、合理的な内容の規定、である（労契7条参照）。

　就業規則になにか書いてあれば時間外労働義務が生じる、と言ってしまうと労働者保護が薄いような気もするが、よく考えてみるとそうでもない。三六協定という歯止めがあるのはもちろんだが、時間外労働命令も業務命令であるから、配転命令などと同様に業務命令権の濫用というチェックもなされる。

　平社員「すいません今日もう帰ります……」
　課長「おー、いいよー、これは明日で十分間に合うしな。しかしそれにしても早いなー、これから飲み会かなんかあんのか？」
　彼女ができたばっかりのヒラ「実は……デートなんです！」
　離婚した（された）ばっかりの課長「……あ、やっぱこれ今日までにやっとかないとマズイな、今夜は残業頼むよ！！」

　真の業務上の必要性はなく、ただ部下のデートを邪魔してやるためだけのイジワルな時間外労働命令。これは明らかに業務命令権の濫用だ。また業務上の必要性がある程度あったとしても、労働者側の即時帰宅の必要性（なんかそれっぽいフレーズだが、実は今思いついた）がそれを大きく上回るようであれば、やっぱり時間外労働命令は権利濫用と評価されるだろう――単なるデートではダメかもしれないが。

2 割増賃金

使用者は、時間外・休日・深夜労働（原則として午後10時から午前5時までを指す）に対しては、割増賃金、すなわち通常よりも多くの金額を支払わなければならない（労基37条1項4項）。

(1) 割増率

割増賃金は、時間外労働の場合は「通常の労働時間又は労働日の賃金」の25％以上、休日労働の場合は35％以上でなければならない（労基37条1項2項、割増率令）。ただし1か月60時間を超える時間外労働の部分については50％以上の割増が必要である（中小企業については2023年3月末までの猶予措置あり）。また深夜労働の場合には、通常の労働時間の賃金の25％以上の割増賃金を支払わなければならない（労基37条4項）。

時間外労働（1か月60時間以下の場合）かつ深夜労働である場合の割増率は25％＋25％で50％以上（60時間超の部分は75％）となる（労基則20条1項）。$1.25 \times 1.25 = 1.5625$ なのだから56％増しでもよさそうだが残念ながらそうではない。同様に、休日労働かつ深夜労働である場合は25％＋35％で60％増し以上となる（同条2項）。なお、本来の出勤日に法定労働時間を超えて残業するのが「時間外」であるから、「休日労働かつ時間外労働」ということはありえない。

(2) 代替休暇の付与

労使協定で定めることにより、1か月60時間を超える時間外労働についての割増率（50％以上）と60時間までの部分についての割増率（25％以上）との差額分については、割増賃金の支払いに代え代替休暇を付与することができる（労基37条3項、同則19条の2）。要するに、時間外労働の割増賃金の一部は「カネ」ではなく「休み」で清算できるのだ。

代替休暇の計算方法は、簡単に言えば、

時間外労働のうち60時間を超えた分×（60時間を超えた部分の

割増率－60時間までの部分の割増率）

である……失礼、ちっとも簡単ではなかった。たとえばある労働者が、割増率を「60時間までは25％、60時間超えたら50％」という法定基準どおりにしている職場で、ある月に76時間の時間外労働をしたとしよう。通常は60時間を超えた16時間について50％増しの賃金を受け取れるわけだが、代替休暇に関する労使協定が存在し、かつその労働者が希望すれば、その16時間については50％でなく25％だけ割増しされた賃金をもらった上で、

（76時間－60時間）×（50％－25％）＝ 4 時間

の代替休暇を取得することができる、ということである。 1 日 8 時間労働の会社であれば半日休暇を 1 回取得できる計算だ。60時間を超える時間外労働について、時給の 1 .5 倍もらうか、それとも時給の 1 .25倍と15分の有給休暇をもらうか、どちらかを選択できるということである。

●「カネで解決」から「真の休息」へ？

　代替休暇は労働者が希望すれば付与されるものであり、使用者がその取得を強制することはできない。しかしそうは言っても会社からすればコスト削減になるので事実上取得強制みたいなことが起こらないともかぎらない、だいたいほとんどの労働者が本来の年休を余らせてるのにさらに代替休暇もらったって意味ないだろ！　せっかく割増率強化したのに尻抜けだ！　……というわけで、代替休暇制度のウケはそんなによくはないようだ。

　ただ、ちょっと見方を変える必要もあるかもしれない。割増賃金は「あんまり長く働かせるとカネが多くかかるよ」というプレッシャーにより間接的に長時間労働抑制を狙った仕組みである（→(4)）。しかし働く側からすれば「残業すればするほど多くも

らえるぞ！」ということなので、本来の目的とは全く逆に、むしろ長時間労働へのインセンティブとなりうる。それでは本末転倒だ。

　評判イマイチの代替休暇制度だが、「長時間労働しても、休息はもらえるけどお金的には別にトクしないよ」という仕組みにすることで、労働者の長時間労働への意欲を殺ぐことを目的とするものだとしたら、そんなに悪い制度でもないのかもしれない。

(3)　「通常の労働時間又は労働日の賃金」

　割増賃金計算の基礎となる「通常の労働時間又は労働日の賃金」とは、月給制の場合は、その月の賃金額を「所定労働時間数」で除した金額である。所定労働時間数が月によって異なる場合——普通は異なることの方が多い——には、１年間における月の平均所定労働時間数が用いられる（労基則19条１項４号）。時給制の場合は時給の額そのものである（同項１号）。要するに「１時間あたりいくらもらってるか」である。

　ただしこの割増賃金計算の基礎となる賃金には、家族手当、通勤手当、別居手当、子女教育手当、住宅手当、臨時に支払われた賃金、そして１箇月を超える期間ごとに支払われる賃金は算入しない（労基37条５項、労基則21条）。

(4)　割増賃金の支払い方法

　カネコさん「あのー、時間外分の割増賃金ってもらってない気がするんですけど……」

　エビハラ部長「キミねー、年俸800万ももらっててなに言っちゃってんの？　キミの大学時代の友達で、どっかほかの会社で残業分全部込みでもそれ以上もらってるヤツいる？」

　カネコ「それは……いないです」

　エビハラ「だろだろ？　ウチは全部込み込みで800万なの！

当然時間外分も！」

　判例は、通常の労働時間の賃金と割増賃金部分との判別が不可能である場合には、割増賃金が支払われたとは言えないとしている（国際自動車（差戻上告審）事件：最判令和２・３・30民集74巻３号549頁、医療法人康心会事件：最判平成29・７・７労判1168号49頁、テックジャパン事件：最判平成24・３・８労判1060号５頁、高知県観光事件：最判平成６・６・13労判653号12頁）。労基法が割増賃金を払わせるのは、それによって時間外労働等を抑制するためである（前掲・国際自動車事件など）。使用者に「そうかあんまり長く働かせるとカネをたくさん払わないといけないのか、じゃあ早く上がらせよう」と思ってもらいたいわけだ。通常の労働時間の賃金と割増賃金部分との判別ができない賃金の払い方をされると、このメカニズムが機能しないのである。したがって「割増賃金も全部込みで800万」もダメ、割増賃金分は別に払えと言われることになる（適用除外（→Ⅲ）や裁量労働制（→Ⅵ２）なら別だが）。ただじゃあたとえ年俸3,000万円でも「割増賃金全部込み」はダメなのか、悩むところだ（実際に裁判官が悩んで会社を勝たせてしまった例として、モルガン・スタンレー・ジャパン（超過勤務手当）事件：東京地判平成17・10・19労判905号５頁参照）。

　これに対し、いわゆる固定残業代、すなわち「基本給月30万、残業手当月５万」のような支払い方法は、通常の労働時間の賃金と割増賃金部分とか判別できるので、一応適法といえる。もちろんその定額支給の部分が時間外労働等に対する対価であることが明確であることが前提だが（「業務手当」が時間外労働等に対する対価であると認めたものとして、日本ケミカル事件：最判平成30・７・19労判1186号５頁）。

　もっとも、以下のようなケースは別だ。

クリハラさん「あのー、先月少なくとも20時間は残業したんですけど……」

下手に判例知ってるコイズミ課長「ハイハイ、だから固定残業代払ってるじゃない！　残業手当って就業規則にも給与明細にも書いてあるよ、趣旨明確だよ！」

クリハラ「……でもいくらなんでも月1,000円はおかしいです！」

　固定残業代が合法となるのは、それが実際に計算した時間外労働等の割増賃金の金額を上回っているかぎりにおいて、である。時間外が5時間の人もいる、10時間の人もいる、15時間の人もいる。でも全員一律（たとえば20時間分相当の）4万円の固定残業代を支給する、というのならOK（不公平だと社内で不満の声は出るかもしれないがそれはそれ）だが、上記のケースのように実際の割増賃金額を下回る（＝足りない分はサービス残業）のはダメだ。

(5)　「時間外労働」と「残業」

　所定労働時間が午前9時から午後5時（間に休憩1時間）の会社で、夕方5時から6時まで「残業」した場合、使用者は労基法上の割増賃金を支払う義務があるか。答え：ない。なぜなら法定労働時間は1日8時間であり、それは超えていないからである。「残業」はあったが、「時間外労働」はなされていないのだ。では5時から7時までの「残業」だったら？　この場合、6時から7時までの「残業」は「時間外労働」である。それについては割増賃金支払い義務がある。しかし5時から6時までの1時間は「時間外」ではない。この「所定労働時間は超えているが法定労働時間は超えていない時間」、ちょっと言い換えると「一応会社的には残業だけど法律上の時間外労働ではない時間」は、「法内超勤」「法定内残業」などと呼ばれる（**次頁図**参照）。

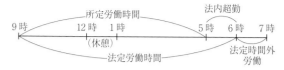

残業 ≠ 時間外労働

もっとも──さらに話がややこしくなるが──「法内超勤」も含め、所定労働時間を超える労働についてはすべて25％増しの手当を支払う、就業規則にそう定めている、という会社も少なくない。つまり労基法の基準よりもいい待遇をしているわけだ。就業規則で定めている以上、それは当然労働契約の内容になっている。仮に使用者が5時から6時までの「法内超勤」について25％増しの賃金を支払わなければそれは労働契約上の義務違反、債務不履行である。しかし労基法37条違反ではないのだ。

休日労働についてもこれと同様である。土日休みの「週休二日制」の会社で土曜日に出勤したとしよう。これは感覚的には「休日出勤」だが、労基法上の「休日労働」ではないかもしれない。労基法上の休日が日曜日であれば、土曜日の労働は法定外休日における労働だ。これについて35％増しの割増賃金を払う法律上の義務はないし、三六協定も必要ない（ただしこれで週の労働時間が40時間を超えれば時間外労働にはなる）。しかし土曜日の出勤についても35％増しの割増賃金を支払う、と就業規則で定めることはもちろん構わない。

なお使用者が「法内超勤」や「土曜出勤」を命ずる場合、三六協定の締結は不要だが、所定労働時間を超えて労働をさせることについての労働契約上の根拠は必要である。基本的には、時間外労働の場合と同様（→ 1(4)）、就業規則上の根拠規定で足りるだろう。

Ⅲ　労働時間等に関する規制の適用除外

　やたらめんどくさい（失礼）労働時間等の規制が適用除外とな
る場合が２つある。第１に、①農・水産業に従事する者、②「管
理監督者」「機密事務取扱者」、③監視・断続的労働従事者につい
ては、労働時間、休憩及び休日に関する労基法の規制が適用され
ない（労基41条）。これらのカテゴリーに属する人たちの働き方は
やや特殊なので、一般の労働者と同じ規制の下に置くのは適当で
ないという考え方である。なお適用除外されるのは「労働時間、
休憩、及び休日」に関する規定のみであり、深夜労働や有給休暇
の規制などは含まれない（深夜労働につき、ことぶき事件：最判平成
21・12・18労判1000号５頁）。

　一番のポイントはやはり、法定労働時間についての規制を受け
ず、時間外・休日労働の規制もかからないということだろう。三
六協定がなくても時間外労働は可能だし、割増賃金の支払いも必
要ない。

　第２に、「働き方改革」で導入された、いわゆる「高度プロフ
ェッショナル制度」（労基41条の２）、通称「高プロ」である。ここ
では、これまでとは全く異なる発想に基づく労働時間規制の手法
が採用されている（なので批判の声も強い）。

1　農・水産業に従事する者

要するに「労働時間なんかにとらわれとったらぁ、田んぼなん

かできんちゃぁ」(富山弁)である。

2 「管理監督者」「機密事務取扱者」

(1) 管理監督者

管理監督者は、一応「労働者」ではあるが労務管理に関しては立場的に「経営者」側なので、もう労働時間規制をかけなくてもいいだろう、ということだ。管理監督者にあたるかどうかは、「課長」とか「部長」とか「店長」などの肩書きではなく、実態に即して判断される(日本マクドナルド事件:東京地判平成20・1・28労判953号10頁)。

> 社長(偽善者)「ウチの会社では、仕事の大切さについての自覚を持ってもらうために、新卒で採用された者も4月からいきなり『課長』という肩書きで働いてもらう」
> 単純な新人(現役)「なんて素晴らしい会社なんだろう! よーし、明日から課長として頑張るぞ!」
> ひねくれた新人(二浪)「なるほど、これで残業手当が節約できるってワケか……」

別に新入社員を「課長」にしてはいけないという法律はないので好きにやればいい。ただ労基法上の「管理監督者」として扱うためには、肩書きが「課長」であるだけではダメだ。「名ばかり」ではなく、管理監督者としての実態が備わっている必要がある——たとえば、出退勤が自由で拘束がない、部下の人事考課に一定の権限がある、経営の機密事項に関与し経営にたずさわる、十分な役職手当が支払われる、などなど(逆に、このような実態があれば、肩書きは「課長」でなくてもよいだろう)。要するに「重役出勤」できる人、ということだ。

夫「今日内示があってね、来月付けで課長になることになったよ」

妻「キャー！　おめでとう！　……で課長になるとどうなるの？　運転手付きの車が毎日迎えに来るとか？　ヨシオくん(性格だけはイイ)のバイオリンの発表会に部下の人たちが花束持って来てくれるようになるとか？」

夫「そうだな、とりあえずはっきりしてるのは、年収がダウンするってことだな……」

　管理監督者には基本的に労働時間規制が適用されない。時間外労働という概念自体がなくなるので、割増賃金も払わなくてよい。要するに残業手当が出なくなるわけだ。代わりに役職手当が出るようになるのが普通だが、だいたいは大した金額ではない。というわけで、課長になると年収が下がる、というのは結構珍しくない出来事なのである（……あまりに手当がショボい場合には、そもそも法的に管理監督者といえるかも怪しくなるのだが）。

(2)　機密事務取扱者

　一言でいえば重役秘書だ。やはり特別の職務手当が支給されることが多い。

3　監視・断続的労働従事者

　監視労働とは、文字通りなにかの「見張り」の仕事である。もしなにか事故が起きれば大変だが、普段はさほどの身体的・肉体的緊張があるわけでもない。断続的労働とは、作業が間欠的に行われ「手待時間」（→Ⅳ2(3)）の多い（目安として半分以上）労働のことである。守衛、電車の踏切番、学校の用務員、団地の管理人など（どれも昭和み強っ！）がこれにあたる。なおこの適用除外には行政官庁の許可が必要である。

4　高度プロフェッショナル制度

「高度にプロフェッショナルだぜ！」「時間に囚われないクリエイティブな仕事だぜ！」といえる特定の業務に従事し、相当高い給料をもらっている労働者については、本人の同意、労使委員会の決議及びその行政官庁への届出、健康確保措置の実施があれば、労働時間、休憩、休日及び深夜の割増賃金に関する規制が適用されない（労基41条の2）。隣の条文（同41条）とは異なり、深夜労働の規制まではずれてしまう。「高度にプロフェッショナル」な業務とは、具体的に（しかしざっくり）言うと、金融商品開発、金融商品ディーリング、アナリスト、コンサルタント、研究開発である（労基則34条の2第3項）（……やたら金融系の業務ばかりなのは、やはり前掲・モルガン・スタンレー・ジャパン事件（→Ⅱ2(3)コラム）の影響？）。また「相当高い給料」とは、労働者の平均給与額の3倍を「相当程度上回る水準」（労基41条の2第1項2号ロ）＝年収1,075万円以上（労基則34条の2第6項）である。

労使委員会とは、労使の代表で構成される委員会であり（→第1部Ⅳ7(3)コラム）、高度プロフェッショナル制度導入のためには委員の5分の4以上の多数による決議が必要である（労基41条の2第1項本文）。いつもの？労使協定ではダメなのだ。

健康確保措置として要求されるのは、年間104日以上（＝土日休みのイメージ？）かつ4週間で4日以上の休日を確保すること、及び、①勤務間インターバル制度（→Ⅱ1(2)コラム）導入＋深夜労働の回数制限、②健康管理時間（在社時間＋事業場外での労働時間）の制限、③2週間連続休暇（労働者が希望する場合は1週間休暇×2回）、④（本人の申出等による）臨時健康診断の実施、の4つのうちいずれか1つの実施である（同項4号5号）。また健康管理時間が一定の水準を超えた労働者については医師による面接指導を行わなければならない（労安衛66条の8の4）。

人事部長（あんまりわかってない）「今度高プロってのできたん
　　だろ？　早速導入だ導入！　うちのディーラーとかに。残業
　　代払わなくていいんだろ？」

人事課長（まあまあわかってる）「はい、でもその代わりですね、
　　労使委員会と本人同意と、さらには健康確保措置で在社時間
　　把握と……」

人事部長（出世はここが限界）「なんだよやたら面倒くさいな！
　　残業代よりコストかかっちゃうじゃねえか！」

　「高プロ」労働者は、管理監督者（労基41条2号）ほど経営側に
近いわけではないのに、割増賃金規制から完全に外れてしまう。
そこでは「長く働かせたらお金が多くかかる（からあんまり働かせ
ないようにしよう）」と使用者に思ってもらって労働者の健康を確
保する、という従来の労基法の規制メカニズムは機能しない。そ
の分健康確保措置に関する規制が重厚になっているわけだ。「高
プロ」労働者については、こういう形で健康確保を図った方がよ
い、と立法者が考えたということだろう。

Ⅳ　労基法上の「労働時間」とは？

1　労基法上の労働時間≠所定労働時間

　これまで労基法の労働時間に関する法的ルールについてさんざ
ん説明してきたが、実はその大前提となる肝心なことについてま
だ触れていない。それは、そもそも「労働時間」とは何か、どう
いう時間が労基法上の「労働時間」なのかである。労基法にはそ
の定義はない。労基法32条以下の各条文の文言からわかるのは、
労基法上の「労働時間」とは、使用者が労働者を「労働させる」
時間である、ということだけである。

　実は、これまで勉強したところにヒントがある。たとえば、労

基法上の「労働者」であるかどうかは客観的に決まり、当事者ど
うしで勝手に決めることはできない（→第1部Ⅲ1(2)）。労基法上
の「賃金」（→第3章Ⅰ）であるかどうかも同様だ。これらのこと
からすると、労基法上の「労働時間」であるかどうかも、客観的
に決まるべきものなのだろうと推測できる。労働者と使用者が勝
手に「この時間は労働時間ってことにしような、でもこっちは労
働時間じゃないってことで」なんて感じで決めることはできない
のだ。

判例もそのことを明言している。すなわち、労基法上の労働時
間とは「労働者が使用者の指揮命令下に置かれている時間をいい、
右の労働時間に該当するか否かは、労働者の行為が使用者の指揮
命令下に置かれたものと評価することができるか否かにより客観
的に定まるものであって、労働契約、就業規則、労働協約等の定
めのいかんにより決定されるべきものではない」（三菱重工業長崎
造船所（1次訴訟・会社側上告）事件：最判平成12・3・9民集54巻3号801頁）。
つまり、就業規則の定める所定労働時間以外の時間でも、「使用
者の指揮命令下に置かれている時間」であれば労基法上の労働時
間なのである。

2　「労働時間性」が問題となるケース

では「使用者の指揮命令下に置かれている時間」とは具体的に
はどのような時間を意味するのか。どのようなケースで労基法上
の労働時間か否か（「労働時間性」）が問題となるのか。

(1)　始業前の行為

課長「オマエ、新人のくせに遅刻してくるとはいい度胸してん
　　　じゃねえか?!」

新人「え、でも就業規則には始業9時ってなってますよね？」

課長「毎日8時半から社長のおコトバをありがたく拝聴（した

フリを）する朝礼があって、そのあと（千葉県ではおなじみ）菜の花体操みんなでやるんだよ。さらに新人は8時には来て全員の机拭いとくことになってんだ」

　朝礼と体操への参加が強制的なものであれば、その時間は原則として労基法上の労働時間と評価されるべきだろう。前掲・三菱重工業長崎造船所（1次訴訟・会社側上告）事件も、「労働者が、就業を命じられた業務の準備行為等を事業所内において行うことを使用者から義務付けられ、又はこれを余儀なくされたときは、当該行為を所定労働時間外において行うものとされている場合であっても、当該行為は、特段の事情のない限り、使用者の指揮命令下に置かれたものと評価することができ、当該行為に要した時間は、それが社会通念上必要と認められるものである限り、労働基準法上の労働時間に該当する」という一般論を示した上で、所定の更衣所での作業服・保護具の装着、更衣所から作業場等への移動、そして粉じん防止のための散水など、始業前の実施が義務づけられた行為に要した時間は労基法上の労働時間であるとした。

(2)　終業後の行為

　判例は、始業前の行為と同様の理屈で、終業時刻後の作業場等から更衣所までの移動、及び保護具等の脱離に要する時間について労基法上の労働時間であると判断した（前掲・三菱重工業長崎造船所（1次訴訟・会社側上告）事件）。しかしその後の洗面や入浴の時間については、義務づけられた行為ではなく、またそれをしなければ通勤が著しく困難になるという事情もなかった、として労働時間性が否定されている（三菱重工業長崎造船所（1次訴訟・組合側上告）事件：最判平成12・3・9労判778号8頁）。

(3)　「手待時間」「休憩（っぽい）時間」「仮眠時間」

　とりあえず下ごしらえが終わった寿司屋の板前が、客が来るのを待ちつつ上目づかいでテレビを見ている時間。つくり笑顔のフ

ァミレスのバイト学生が、あくびをかみ殺しながらレジのそばに
つっ立っている時間。いずれも、実際に作業はしていないが、客
が入ってきたその瞬間に「ヘイらっしゃい！」「いらっしゃいま
せ、○○へようこそ！」である。しかもいつ客が入ってくるかは
わからない。

　このような「スタンバイ」の時間、いわゆる「手待時間」も労
基法上の労働時間であると考えるべきだ。実際に作業はしていな
いが、使用者の指示があれば、あるいはあるきっかけ（客の入店）
があれば実作業を開始できる状態にしておかなければいけない。
これは使用者の指揮命令下にあると評価するのが自然だろう。
「休憩だけど電話番しとけ」と言われた時間も同様だ。完全に自
由に利用できないのだから休憩時間とはいえない。

　守衛やガードマンの夜勤のときの仮眠時間はどうか。寝てるん
だからさすがに労働時間ってわけには……という気もするが、た
とえ仮眠中でも、実質的に手待時間と同様のスタンバイ状態であ
るならやっぱり労働時間だ。判例も、「不活動仮眠時間であって
も労働からの解放が保障されていない場合には労基法上の労働時
間に当たる」とした上で、仮眠時間中に仮眠室における待機と警
報や電話等に対する即時の対応が義務づけられていた場合には労
働からの解放が保障されているとはいえず、その仮眠時間は労基
法上労働時間である、と判断している（大星ビル管理事件：最判平成
14・2・28民集56巻2号361頁。マンションの住み込み管理人の居室での待機
時間についてほぼ同様の判断をしたものとして、大林ファシリティーズ（オ
ークビルサービス）事件：最判平成19・10・19民集61巻7号255頁）。

3　「労基法上の労働時間」が増えたら何かトクするのか？

　ある時間、たとえば所定時間外に実施されていた朝礼と体操の
30分間が「労基法上の労働時間」であるとされた場合、それはど
のような意味を持つのか。その分給料を多くもらえるのか。結論

からいうと、もらえるとはかぎらない。もらえるかもしれないが、もらえないかもしれない。なんだそりゃ?! と言いたくなるだろうが、そこは一言でいえば「契約自由」なのである。つまり、その会社の労働契約が「労基法上の労働時間に応じて給料を払う」という内容のものである（と解釈できる）のであれば給料は増えるが、そうでないなら当然には増えない。少なくとも確かなのは、現行法上「労基法上の労働時間数に応じて賃金を払え」というルールはどこを探してもない、ということである。

　前掲・大星ビル管理事件も、ビルの守衛の仮眠時間を労基法上の労働時間であるとした上で、しかしだからといって「当然に労働契約所定の賃金請求権が発生するものではな」く、賃金がその分増えるかどうかは「当該労働契約において仮眠時間に対していかなる賃金を支払うものと合意されているかによって定まる」のだ、と判示した。その上で、この守衛の労働契約について「仮眠時間に対する対価として泊り勤務手当を支給し、仮眠時間中に実作業に従事した場合にはこれに加えて時間外勤務手当等を支給するが、不活動仮眠時間に対しては泊り勤務手当以外には賃金を支給しない」という内容のものであった、と解釈した。そこでは、月給制の労働者であったこと、不活動仮眠時間における労働密度が必ずしも高くなかったことが考慮されたようである。

●労働時間と賃金の関係

　ただし前掲・大星ビル事件で最高裁は次のようにも述べている。すなわち「労働と賃金の対価関係は労働契約の本質的部分を構成しているというべきであるから、労働契約の合理的解釈としては、労基法上の労働時間に該当すれば、通常は労働契約上の賃金支払の対象となる時間としているものと解するのが相当である……所定労働時間には含められていないが労基法上の労働時間に当たる一定の時間について、明確な賃金支払規定がないことの一事をも

って、当該労働契約において当該時間に対する賃金支払をしないものとされていると解する」のは相当でない。

　要するに、本文中で説明したように、結局は労働契約の解釈次第だが、しかしその解釈にあたっては「労基法上の労働時間なら通常は賃金支払いの対象だろ」という前提に立て、ということだ——そうすると、大星ビル管理事件の結論はむしろ例外的な判断ってことなのかな？

　ただし、結果的に給料が増える場合もある。たとえば、所定労働時間が８時間である会社。始業時刻は９時だったが、実際には８時に来て朝礼や体操に参加することが義務となっていた。そのため８時から９時の「所定外」の１時間も労基法上の労働時間であると判断された。これにより、実際に朝８時に出勤したある１日における労働基準法上の労働時間数が９時間となり、法定労働時間の８時間を超える。ということは時間外労働がなされたことになり、割増賃金が発生するのだ。つまりこのような場合であれば必ず「多くもらえる」ことになる。

V　法定労働時間の「デコボコ化」と「フニャフニャ化」
——変形労働時間制、フレックスタイム制

　週40時間、１日８時間。これを超えたら時間外。これが法定労働時間の原則だが、労基法は一定の要件の下で例外を認めている。それが「デコボコ化」と「フニャフニャ化」である。なかなかナイスなネーミングだと思うのだが、マジメな先生の前では使わない方がいいかもしれない。まあ要するに「週40時間じゃなくてもよい」「１日８時間じゃなくてもよい」という「例外」を認めることなのだが、法定労働時間を「デコボコ」に、あるいは「フニャフニャ」に配分してもよい、ということである。実際の職場、

とくにサービス業の働き方は実に様々である。そう、実際の働き方は結構「デコボコ」だったり「フニャフニャ」だったりするのだ（ここはあまり深く考えず受け入れること）。だったら法定労働時間の規制も少しはそれに配慮しよう、ということである。

1 労働時間の「デコボコ化」——変形労働時間制

変形労働時間制には1か月以内の期間を単位とするもの（労基32条の2）と1年以内の期間を単位とするもの（同32条の4）がある。しかし基本的な考え方は同じだ。4週間を単位とした場合を例にして考えてみよう（**下記図**参照）。

法定労働時間は週40時間である。ところがこの図では1週目と4週目は40時間を超える。ということは、週40時間を超える部分の労働は時間外労働であり、割増賃金の対象となるはずである。しかし労基法32条の2の定めにしたがって変形労働時間制を実施した場合には、4週間平均でみて週あたり40時間を超えていなければ、1日（8時間）あるいは1週（40時間）の法定労働時間を超えて働かせてもよい。つまりこの図でいえば、1週目に40時間を超えた部分（4時間）も4週目に40時間を超えた部分（8時間）も

「デコボコ化」のメカニズム（……というほど偉そうなものでもないが）

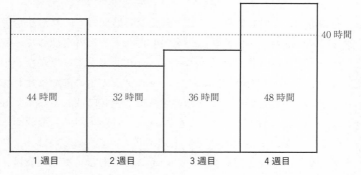

法定労働時間「内」の労働となる。時間外労働にはならない。つまり、割増賃金を支払う必要はない。なぜなら、この4週間を平均すれば、週40時間の枠内だからである（(44＋32＋36＋48) ÷ 4 = 40）。

　原則毎週40時間ずつなのを、労使協定の締結など一定の要件（労基32条の2参照）の下で44、32、36、48と「デコボコ」に配置することを認める。それが変形労働時間制だ。さらにもっと細かく、1週目月曜9時間、同火曜日10時間、同水曜日5時間……2週目月曜6時間、同火曜5時間、同水曜9時間……のように1日単位で「デコボコ化」してもよい。また6か月とか1年という長期にわたってのデコボコ化も可能だ（ただし要件は厳しくなる。労基32条の4参照）。

「ウチの店って木金だけ異常に忙しくね？」
「その代わり月火はやたらヒマ」

　このような場合に都合がいいのが変形制だ。月火の所定労働時間を短くし、その代わり木金は長くすればよい。変形制を実施しないと、月火はみんなやたら手持ち無沙汰になり、木金はやたら時間外労働が多くなるということになる（それでも別にいいっちゃあいいんだが）。もちろん月末月初が忙しく間はヒマとか、ボーナス時期の6月12月は激務だが2月8月は閑古鳥、とかいうパターンでもよい。要するに、1週間、1か月、1年というような単位となる期間内で忙しさや仕事量が大きく変動するような業態にフィットする仕組みなのだ。

　そのほか、早番・遅番などシフトで働く交替制労働や、24時間連続（もちろん休憩は挟むが）勤務など、始業終業時刻が日によって大きく異なる変則的な就労形態の場合にもよく使われている。

2 労働時間の「フニャフニャ化」——フレックスタイム制

フレックスタイム制は労働時間の「フニャフニャ化」を認める仕組みである。変形制同様、法定労働時間の不規則な配分が可能になるのだ——じゃあこっちも「デコボコ化」じゃないかって？

まあそうなんだが（あっさり認める）、ただフレックスタイム制の場合は使用者ではなく労働者がその配分権限を持っており、さらには変形制のように「この日（週）の労働時間は何時間」とあらかじめ決められてもいない。いつ会社に来ていつ帰るか、労働者は（ある程度）自由に決めることができる。要するにそれほど堅苦しくない、柔軟な仕組みなのである。

ある一定期間（清算期間。従来1か月以内であったが「働き方改革」により3か月まで可能に）にこれだけは働かなければならない、という時間数（たとえば1か月に150時間）を定め、労働者がそれを下回らない労働時間だけちゃんと働くかぎり、毎日の出退勤の時間は自由。それがフレックスタイム制だ（労基32条の3）。したがって場合によっては1日8時間あるいは週40時間を超えて働いてしまうかもしれないが、フレックスタイム制が適法に実施されているかぎりそれらの時間は時間外労働とはならない（ただし一定期間あたりの総労働時間が法定労働時間を超えた場合は別）。

いつ行っていつ帰ってきてもよい、という完全フレックスタイム制もあるが、出退勤の時間帯（フレキシブルタイム）が定められていることも多い。たとえば、出勤は7時から10時の間、退勤は15時から18時の間、のように。この例だと10時から15時までは必ず全員が勤務していることになる。この時間帯をコアタイムと呼ぶ。

フレックスタイム制の下では、労働者は自分の生活のリズムや都合に合わせて仕事をすることができる。

「空いた電車でゆっくり座って新聞読みながら出勤したいんで、

毎日朝６時から仕事開始にしてます」

「夕方から習いごとがあるから、金曜日だけは早く来て早く帰
　るの」

「腹が減ったら食い、眠くなったら寝る。いつ会社に行くかは、
　目が覚めてから考える。ハードボイルドなオレは、野獣のよ
　うに生活するのさ……」

　私生活で育児や介護をしなければならない労働者にとっても便
利な仕組みといえるだろう。もっとも、フレックスタイム制に適
さない業態ももちろんある。基本的には専門的・裁量的な職種で
ないとダメだろう。

　面接官「わが社はフレックスタイム制を導入し、従業員の多様
　　な働き方をサポートしています」

　求職者「それは素晴らしいですね！」

　面接官「ただ、フレックスはフレックスなんですけど、毎朝８
　　時から早朝ミーティングで９時からお客さんが来ますので、
　　７時半には出社しておいてください……フレックスなんです
　　けどね」

　求職者「……どこがだよ」

　こういう会社はフレックスタイム制をやるべきではないという
ことだ。

Ⅵ　労働時間のみなし制──事業場外労働・裁量労働

　みなし制というのは、要するに、一定の条件の下で、実際の労
働時間と関係なく、一定の時間労働したものと「みなす」仕組み
だ。実際には今日10時間働いたのに、それが「８時間」とみなさ

れる。そうすると時間外労働はなかったことになる。実際に働いた時間を無視して勝手に「みなす」なんてけしからん！　労働保護法は死んだのか?!（ちょっと大げさ）　という気もしてしまうが、もちろんそれなりの理由があってそうなっているのだ。ではそれはどんな理由なのか。

1　事業場外労働のみなし制

　新聞や雑誌の記者、外回りの営業担当、あるいは在宅勤務者など、あまり会社に来ないで働いているような労働者については、労働時間の管理や算定が困難だ。上司がいつも見張っているわけにもいかない。そこで所定労働時間など一定の時間だけ労働したものと「みなす」ことができるようにしたというわけだ（労基38条の2）。ただ条文から明らかなように、「みなす」のは労働時間を「算定し難い」場合だけである（団体旅行の派遣添乗員につき「労働時間を算定し難い」とは言えないとしたものとして、阪急トラベルサポート（派遣添乗員・第2）事件：最判平成26・1・24労判1088号5頁）。たとえ外で働いていたとしても、たとえばスマホやなにかわからないがとにかく最新鋭の秘密マシーンかなにかで労働時間管理ができているような場合にはこの規定の適用はない。

　事業場外労働のみなし制が適用される場合には、実際の労働時間に関係なく、つまり本当は10時間働いていたとしても、あるいは途中ちょっとパチンコ屋でサボっていたとしても、7時間とか8時間労働したものとみなされる。

2　裁量労働のみなし制

「ヤマダくんは毎日毎日遅くまで残業してエライねー！」
「部長、お言葉を返すようですがヤマダはただ異常に仕事が遅いだけかと」

「なんだキミは！　わが社は昔から遅くまで意味なく会社に残ってるヤツが偉くなってきたんだぞ！　そう、ちょうど私のように……」

　工場でなにかをひたすら組み立てるという単純作業であれば、会社にいる時間が長ければ長いほどできあがる製品数は多くなる（能率は悪くなりそうだが）。店番のアルバイトも、3時間だけ詰めてたヤツより6時間頑張ったヤツの方が2倍大変だと言ってよいだろう。だからこれらの労働に対する報酬も、働いた時間数によって決めるのが合理的だ。

　しかし世の中そんな仕事ばかりではない。労働者が仕事のやり方について非常に大きな裁量を持ち、労働の量よりも質あるいは成果で勝負する、報酬や待遇もまた量より質で決まる。一番わかりやすい例は大学や研究機関の研究者だろう。いかにすぐれた研究をしたかが大事であり、研究室にただ毎日いればエライというものでもない（あんまりいないのも問題だが）。

　その手の裁量的な仕事をしている労働者については、通常の労働時間管理をするのは適当ではないし、そもそもできないだろう。ということで、一定の要件を満たす裁量的な労働に従事する労働者については、実際の労働時間数にかかわりなく、一定の労働時間だけ労働したものと「みなす」ことができるようになっている。それが裁量労働のみなし制であり、専門業務型裁量労働制と企画業務型裁量労働制の2種類がある。

(1)　専門業務型裁量労働制

　研究者、プログラマー、新聞・雑誌・テレビ等の記者、デザイナー、テレビ・映画のディレクター・プロデューサー、コピーライター、公認会計士、弁護士、一級建築士、不動産鑑定士、弁理士 ──「運動が苦手なやや陰キャ小学生がなりたい職業ランキング」でもなければ、「税金をちょっとだけごまかしてそうな人

たちランキング」（不穏当な発言をおわびします）でもない。専門業務型裁量労働制の適用対象となっている職種だ（より正確には、労基則24条の2の2第2項、平9労告7、平14厚労告22、平15厚労告354を参照）。これらの職種は、「業務の性質上その遂行の方法を大幅に当該業務に従事する労働者の裁量にゆだねる必要があるため、当該業務の遂行の手段及び時間配分の決定等に関し使用者が具体的な指示をすることが困難」なので、労使協定の締結・届出を条件に、労働時間のみなし制の適用が認められる（労基38条の3）。

専門業務型裁量労働制が適用されることによる法的効果は、事業場外労働のみなし制の場合と同様だ。実際の労働時間に関係なく、7時間とか8時間労働したものとみなされる。ただし休憩や深夜労働の規制は適用除外されない。また使用者は労働者の健康確保や苦情処理に関する措置を講ずる旨を労使協定に定めなければならない（労基38条の3第1項4号5号）。

(2) 企画業務型裁量労働制

「事業の運営に関する事項についての企画、立案、調査及び分析の業務」についても、裁量労働のみなし制の適用が可能である。営業企画部とか調査部とか、なんかちょっとワケもなくカッコいい感じの（でもそのぶん社内では「アイツら結局なにやってんだ？」と陰口を叩かれやすい）部署の仕事は、労働時間の管理をうるさくしないで労働者の裁量にまかせてやらせる方がよい場合もある。そこでこのような職種も「みなし制」の適用対象となっている（労基38条の4）。これが企画業務型裁量労働制だ。

専門業務型の適用対象者の範囲はその労働者の職種や資格によって明確に画されている。あまり拡大解釈の余地はなさそうだ。しかし企画業務型については、「事業の運営に関する事項についての企画、立案、調査及び分析の業務」という比較的一般的な定義でその適用対象者の範囲が決まっている。それがいい加減に拡大解釈されてしまうのはよくない。

ナガノくん「あのー、なんで私には残業手当が全然つかないん
　　でしょうか……」

シロタ部長「だってね、キミは投資企画部所属だよ?!　部署に
　　『企画』ってついてるんだぜ?　ってことは裁量労働制なん
　　だから、残業代なんて出るワケないじゃないか」

ナガノくん「でもボクはただシロタ部長の言うなりに動いてる
　　だけで、仕事に一切裁量なんてない気もするんですが……」

シロタ部長「ハッハッハ、そんなことないだろ、気のせいだよ気
　　のせい!　……ってことでじゃあ、これ至急コピー取って来て
　　くれ、でそのあと法務行って打合せ、でそのあと……」

　企画部とか調査部に属するすべての労働者が当然に企画業務型
裁量労働制の適用対象になるわけではもちろんない。ということで、
ナガノくんみたいなケースを防ぐために、企画業務型を実施する場
合は専門業務型に比べてハードルが高くなっている。すなわち、法
律上の要件が専門業務型よりも厳しいのだ。まず労使の代表で構成
される労使委員会（→第１部Ⅳ**7(3)**）の設置が必要である。裁量労働
制の具体的な中身はすべてこの労使委員会の５分の４以上の賛成を
得た「決議」で決められる（労基38条の４第１項第２項）。さらに制度の
適用対象とされた労働者の「同意」も必要である（同１項６号。正確
には、「同意を得なければならない」と労使委員会で決議せよ、という規定であ
る）。

　休憩や深夜労働の規制が適用除外されないこと、使用者が労働
者の健康確保や苦情処理に関する措置を講ずる旨を労使協定に定
めなければならないことは専門業務型と同様である（労基38条の４
第１項４号５号）。

●「マルチジョブホルダー」と労働時間規制
　マルチジョブホルダーってなんだか便利グッズの名前みたいだ

がそうではなくマルチにジョブをホールドする人ということで（説明になってない）、要は副業・兼業している人である。MJH（マルチジョブホルダーです）の懲戒の可否という問題は昔からある（→第２部第３章Ⅳ**5**(**2**)）のだが、最近は「事業場が異なる場合も労働時間を通算せよ」という労基法38条１項との関係も議論になっている。論点自体は昔からあり、ただややこしい話なので皆スルーしていたのだが、MJHが実際に増え、政府もそれを後押し、みたいな流れの中で無視できなくなってきた。

　同項の「事業場」は同じ会社の２つの事業場のことを意味すると理解しておけば問題ないが、複数の会社で働くMJHの場合も含むとなるとややこしいことになる。

とりあえずいつも労働者保護っぽい側に立つ偽善者「A社で毎日16時間働くのも、A社とB社で毎日８時間ずつ働くのも、どっちも同様に労働者の健康を害する！　なので38条１項の事業場は当然会社が違う場合も含むとすべきだ！」
いつも問題点だけ指摘して逃げる卑怯者「その場合じゃあ労基法違反の責任はどっちが負うんですかね？　刑罰もかかるわけですし」
最後は苦し紛れの偽善者「……もうじゃあそれはジャンケンだ！　負けた方が刑罰だ！　フェアネスの最終形態、それがジャンケン！」

　どちらもそんなに間違ったことは言っていないというのが悩ましいところだが、ここはもう立法的解決を図った方がいいだろう。なおMJHの増加は社会保険制度においてもいろいろと困難な問題を引き起こしている（労災保険制度の動向について→第６章Ⅰ**2**(**3**)参照）。

● 「働き方改革」と裁量労働制
　「働き方改革」では当初企画業務型裁量労働制の見直し（規制

緩和）も実施される予定であったが、いろいろあって法改正の対象外となった──え、何があったかって？　……そうだね、じゃあ、ググってみようか（いやいや御用学者だから言わないんじゃないよ、常に自発的に情報検索するクセをつけてもらいたいだけだよ！）

第5章　休暇・休業

I　年次有給休暇

「年休」とか「有休（給？）」というヤツだ。残業が多過ぎるのもよくないが、休みなしでずっと働きづめというのはもっとよくない。というわけで労基法は労働者に有給休暇の権利を与えることにした。

1　どれだけ休めるか？——年休権

　使用者は、雇入れの日から起算して6か月間継続勤務し、全労働日の8割以上出勤した労働者に対し、有給休暇を与えなければならない（労基39条1項）。有給休暇の権利は、上記の要件が充足されることにより法律上当然に労働者に生ずる権利である（白石営林署事件：最判昭和48・3・2民集27巻2号191頁）。

(1)　年休の日数

　ではどういう場合に何日休めるのか。言葉で説明しても（条文を読んでも）正直ワケがわからないので**表**にしてみよう。

　4月入社の場合、9月まであまり欠勤せずマジメに働けば（より正確には、マジメに働いているフリをすれば）、10月以降年休を取ることができるようになる。それ以降も「継続勤務」し、かつ「8

年次有給休暇の日数

「継続勤務」	6か月	1年6か月	2年6か月	3年6か月	4年6か月	5年6か月	6年6か月以上
年休日数	10日	11日	12日	14日	16日	18日	20日

割以上出勤」していれば年休の日数は増えていく（同2項）。もちろんこれは最低基準である。実際にはキリのいい4月を区切りに年休日数の算定をする会社も多い。

　パートタイマーやアルバイトなど、所定労働時間及び日数の短い労働者の場合は、その週または年あたりの所定労働日数に応じて、フルタイムの労働者よりも少ない日数の年休が比例的に付与される（労基39条3項、労基則24条の3）。労使協定で定めれば、年休を年5日分までは1日単位ではなく時間単位で与えることも可能である（労基39条4項）。

(2)　「継続勤務」「8割以上出勤」

　「継続勤務」とは要するにずっと勤めているということであり、労働契約に期間の定めがあるかどうかは問題にされない。期間3か月の有期労働契約が1回更新された場合でも「6か月継続勤務」である。

　「8割以上出勤」したかどうかは、簡単にいうと「出勤した日数」÷「全労働日」の計算によりチェックされる。「全労働日」とは「労働者が労働契約上労働義務を課せられている日数」であり（エス・ウント・エー事件：最判平成4・2・18労判609号12頁）、「出勤した日数」とは要するに実際に出勤した日数（当たり前か）及びそうみなされる日数（労基39条8項参照）である。違法に解雇されていた期間など、使用者の責めに帰すべき事由による休業日は原則として「全労働日」「出勤した日数」の双方に含まれる（八千代交通事件：最判平成25・6・6民集67巻5号1187頁）。

(3)　年休日の扱い

　こうしてある1日が年休日となった場合、その日については労働義務が消滅し、しかし働いたのと同じ賃金をもらえるということになる（労基39条9項参照）。

2 いつ休むか？——時季指定権と時季変更権

(1) 年休の時季指定

ではその10日間とか14日間もらえる年休を具体的にいつ使うか。年休権をいつ行使するか。それが年休の時季指定（条文上は「請求」）である（労基39条5項本文）。

> ● 「時期」でなく「時季」
>
> 「時季」は文字どおり「時期」と「季節」双方の意味を含む。本来は、労働者がまず「夏に取りたい」と要望し、それを受けて使用者が労働者間の調整をして具体的にどの「時期」に休ませるか決める、というようなパターンを想定していたらしい（前掲・白石営林署事件参照）。

> ● 何に使うか？——年休自由利用の原則
>
> 年休の利用目的は労基法の関知しないところであり、それを何に使うかは使用者の干渉を許さない労働者の自由である（前掲・白石営林署事件）。労働者は使用者に年休の利用目的を告げる義務もない。「何に使うか言わないと取らせないぞ」も基本違法だが、「今超忙しいので時季変更権行使不可避だが利用目的によっては行使しないでおいてやるぞだから何に使うか言え」というシチュエーションはあるかもしれない（こんなパワハラ口調でなく普通に言った方がいいよ！）。

労働者が年休の時季指定をしたときは、使用者が時季変更権（→(2)）を適法に行使しないかぎり、指定された日の労働義務が消滅する。ちょっと難しく言うと、休暇の時季指定の効果は使用者の適法な時季変更権の行使を解除条件として発生する（前掲・白石営林署事件）。

(2) 時季変更権の行使

使用者は、労働者の請求した時季に有給休暇を与えることが事業の正常な運営を妨げる場合には、他の時季にこれを与えること

ができる（労基39条5項ただし書）。

イチノセくん「7月26日に年休取らせてください」

アサミ課長「26日……ん？　ダメダメ！　取らせられるわけないだろ、その日はキミ担当の例の大事なプレゼンの日じゃないか！」

イチノセ「ハイ、それがプレッシャーで休みたくなりまして」

　要するに、労働者の時季指定に対し「その日はダメ」と言えるということだ。その要件は「事業の正常な運営を妨げる」事由が客観的に存在し、かつ使用者が時季変更権を行使することである。なお、条文上「他の時季に……」となっているが、別にその場で他の年休日を具体的に指定しろということではない。

　では「事業の正常な運営を妨げる場合」とはどのような場合か。一般論としていえば「その日にオマエがいないって、そりゃマジでヤバイだろ、代わりもいないし」ということだろう。

ヒラ「すいません、来週年休取りたいんですけど」

ちょっとウザ口調の課長「ダメダメ！　キミはウチの営業の要なんだから、休まれたら『事業の正常な運営』を妨げられちゃうよーん」

ヒラ「それじゃオレ永久に休めないじゃないですかっ！　タナカはしょっちゅう休んでるのに……」

課長「だってアイツがいなくてもウチの事業は正常に動いちゃうんだよーん」

　できるヤツほど休めないというのではおかしな話だ。使用者は職場のみんなが年休を取れるように配慮する必要がある。判例も、使用者は労働者が指定した時季に休暇を取れるよう「状況に応じた配慮」をすべきであり、たとえ勤務割（シフト）が組まれたあとであっても、勤務割を変更して代替勤務者を配置するための

「通常の配慮」くらいはしろ、と述べている（弘前電報電話局事件：最判昭和62・7・10民集41巻5号1229頁）。

　ただし1か月などの長期連続休暇が事前調整なしに請求された場合には、その長期休暇が事業運営にもたらす影響については「蓋然性に基づく判断」をせざるを得ず、したがって使用者に「ある程度の裁量的判断」の余地を認めざるを得ない（時事通信社事件：最判平成4・6・23民集46巻4号306頁）。

> 「来週から東京で研修なんだけどさー、超めんどくさいわー」
> 「オマエまだ年休残ってるだろ？　研修期間に思いっきりそれ取っちゃうってのどうだ？」

　残念ながら？使用者はそこまでの配慮をする必要はない。判例も、業務上必要な教育訓練や研修の期間中の年休請求については、労働者がそれを受けなくても「予定された知識、技能の修得に不足を生じさせないものであると認められない限り」、使用者は時季変更権を行使することができる、としている（日本電信電話事件：最判平成12・3・31民集54巻3号1255頁）。「受けなくても別に大して問題ない研修」というのはさすがにないはずだ──少なくとも建前上は……。

3　計画年休──労使協定による時季指定

　年休は労働者個人の権利であり、労働者個人が時季指定をするというのが原則だ。しかしそれだとどうもなかなかみんな年休を取らない。やっぱりちゃんと休んでもらうには、その個人的権利という部分をちょっと犠牲にしてもらって、年休を集団的・計画的に割り振れるようにした方がいいのではないか──ということで誕生したのがこの計画年休制度である。使用者は、個々の労働者の有給休暇日数のうち5日を超える部分については、過半数組合または過半数代表者との労使協定に定めることにより、集団

的・計画的に付与することができる（労基39条6項）。

　要するに、労使協定で「8月13日〜15日は夏期一斉休暇！」と定めれば、その事業場の労働者については8月13日、14日、15日の3日間が年休日となる。私はいやですと言ってもダメ。強制的にその日に年休を取らされてしまう。このような一斉休暇のパターンだけでなく、Aさんは8月1週目、Bさんは2週目、Cさんは3週目……などのように「勤務割」ならぬ「年休割」に基づいて休暇を付与することもできる。

　ただ自分の年休が全部計画年休にされちゃうのもちょっとかわいそうだ。というわけで、計画年休制度の対象にできるのは「5日を超える部分」のみ。つまり最低5日は労働者個人で自分の自由に使える。しかしそれ以外の部分については、もしかしたら自分の意思とは違うところで消化させられるかもしれないということである。

●計画年休協定はちょっと違う？

　労使協定は免罰的効果しかない、というのが原則である（→第1部Ⅳ**7(1)**）。しかし計画年休協定の場合、他に労働契約上の根拠がなくても、そこで時季指定された日が原則そのまま年休日となる。その意味で三六協定などほかの労使協定とはちょっと性格が違う、といえそうだ。

4　使用者による時季指定

毎日忙しい労働者「あれ、気がつけば今年も有休取れなかった的な……」

現場を知らない学者「労働者の権利として保障されていますので、ちゃんと行使しましょう！　取れるのに取らないから悪いんです。使用者の時季変更権もそんな簡単には……」

労働者（呆れ顔）「そう言うけどさー、そんな簡単じゃないんだ

よ現場は！」

　すでに見たように、年休の時季指定は労働者が行うのが原則である。その権利を労働者が行使しないのだからしょうがない。ただ実際には、みんな忙しくしてる職場の雰囲気からしてなんとなく言い出しづらいとか、そもそも仕事の状況からとても無理だとかいうことで結局年休を取らずに終わってしまうということも少なくない。でそれでも、権利はあったのに行使しなかったんだからしょうがない、で終わるというのがこれまでの法制度であった。

　それだと年休消化が全然進まない、計画年休制度もそこまでは利用されない、んじゃもう年休取得は労働者個人の権利という枠組みは捨てて、使用者に年休付与義務を課すべきだ、という主張はかねてからあったが、これがついに（部分的にだが）2018年の「働き方改革」で実現した（2019年4月から施行）。すなわち、使用者は、10日間以上の年休権を有する労働者については、その労働者が自らの時季指定（→2）によりあるいは計画年休制度（→3）により取得した年休が5日に満たない場合には、基準日（年休権が発生した日）から1年以内に、自らの時季指定により年休を付与しなければならない（労基39条7項8項）。この場合に付与すべき年休の日数は、「5日から労働者が自らあるいは計画年休制度により取得した年休日数をマイナスした日数」である。つまり、労働者がすでに3日年休を取っていれば、使用者の時季指定義務は2日分ということになる。これが付与できなければ労基法違反＝刑罰（同120条）の対象となりうる。

●年休付与義務でさてどうなる？
　使用者による時季指定という新しい仕組みの導入により、現場では何が起こるだろうか。

上司「なんだ君、今期まだ年休2日しか取ってないじゃないか！明日から月末までの3日間、全部年休として時季指定だ……でないとヤバイよ刑罰くらっちゃうよ」

部下「えーでも明日超大事な契約が……」

　基準年度末にこんなことになったら困るので、会社としては年度初めの早い時期にさっさと年休を与えておきたいところだ。

上司「刑罰コワイんで、君10月の頭から5日間年休な。時季指定します」

部下「いやですよ、10月は結構忙しいし、それにいきなり年休減っちゃうじゃないですか。春頃長く休みたいんで、5日は絶対自分で取りますんで」

上司「そうか、それじゃやめとくか……」

　使用者は、自ら年休の時季指定を行う場合には、時季に関する労働者の意見を聴取し（労基則24条の6第1項）、かつその意見をできるかぎり尊重するよう努めなければならない（同2項）。しかしそうやって労働者の希望を尊重した結果、

上司「なんだ君、今期まだ年休2日しか取ってないじゃないか！5日は絶対自分で取るんじゃなかったの！」

部下「すいません結局なんだかんだで。しかしまあ、思いどおりに事が運ばないのが世の中でございまして……」

　みたいなことになったらややこしい。こんな事態を防ぐためには計画年休制度を導入しておいた方がよさそうだ。

5　年休の繰越し

　年休権の時効は2年である（労基115条）。4月に発生した年休は翌年度中に消化しないと消滅してしまう。要するに1年だけ繰

り越せるということだ。

6　年休の取得と不利益取扱い

「ウチはそのへんの会社とは違うからね、年休は取りたいだけ
　取っていいんだよ」
「やったー！」
「ただしね、全く他意はなくて、ただ情報として事実を伝える
　とね、年休全部消化して偉くなったヤツはいまだかつていな
　いんだよね……」

　年休を取ったことを理由に不利益な取扱いをされてはたまらない。労基法がその権利を保障している以上、年休取得を理由とする不利益取扱いは原則違法・無効である（労基附則136条参照）。年休取得日を欠勤扱いとした上で計算した「出勤率」を昇給の可否の決定や賞与額の算定に用いることは許されない（日本シェーリング事件：最判平成元・12・14民集43巻12号1895頁、エス・ウント・エー事件：最判平成4・2・18労判609号12頁）。ただし判例は、年休の「権利の行使を抑制し……（労基）法が労働者に右権利を保障した趣旨を実質的に失わせるものとまでは認められない」不利益取扱いであれば許容するという立場を取っているようである（沼津交通事件：最判平成5・6・25民集47巻6号4585頁）。
　なおこの「権利の行使を抑制……」という枠組みは、労基法上の産前産後休業（労基65条）や育児介護休業法上の勤務時間短縮措置の適用を理由とする賞与算定上の不利益取扱いのケースでもほぼ同様に用いられている（東朋学園事件：最判平成15・12・4労判862号14頁）。

II 育児・介護休業

1 立法の経緯など（を徒然なるままに……）

(1) 「1.57ショック」

育児介護休業法は、元々「育児休業法」として誕生した。働くお母さん……だけでなくお父さん（これを忘れると袋叩きだ！）のための法律だ。

なぜこの法律ができたのか？　一言でいえば「1.57ショック」である。この数字は、1989年の「合計特殊出生率（1人の女性が一生に生む子どもの数の平均）」だ。男性は子どもが産めない（たぶんこの本が出た時点ではその状況に変化はないと思うのだが……）から、理論的にはこの数字が2以上でないと人口はどんどん減っていくことになる。

当時の偉いオジサン（オバサンもいたと思うが）たちはこの数字に大きなショックを受けた。そのうちこの麗しき国日本がなくなっちゃうぞ！　と思ったのだろう、少子化対策を講じなければ！という政策の流れが一気にできあがった。少子化対策というとなんかそれっぽいが、要は「女ども、もっと産めよ！」ってことだ。まともな女性なら「私たち白色レグホーン（ニワトリです）じゃないんだから」と思うはずだ。

なぜ女性は子供を産まないのか？　いろいろ理由はあるだろう。しかし、働く女性が増えているのにそういう女性が子供を産める環境が整っていない、というのが理由の1つであることは確かだ。そこで「やっぱり女は働くな！　家庭に戻れ！」とオジサンたちが大合唱するかと思ったが、さすがにそうはならなかった（ホントはそう思ってたのかもしれないが）。「女性が働きながらも子供を持てるようにしていこう」ということになり、1991年に育児休業法が制定されたのである。

(2)　その後の改正

「介護は在宅でのケアを中心に」という政策の流れに沿って、1995年の改正により介護休業制度が創設され、法律の名称が現在のものとなった。その後も頻繁にかつ切れ目なく改正が行われ、現在では育児・介護休業そのものだけではなく、子の看護休暇や勤務時間短縮措置など、育児・介護を行う労働者の「仕事と生活の調和（work-life balance）」をはかるための各種措置について全般的に定める「両立支援基本法」的な位置づけの法律となっている。直近では2021年にも大きな改正がなされた。

2　育児休業

　1歳未満の子を養育する労働者は、その申し出により育児休業（育介2条1号）を取ることができる（同5条）。女性だけでなく男性労働者も、そして正社員だけでなく一定の要件（同条1項ただし書）を満たす有期雇用労働者もこの休業をすることが可能だ。事業主は労働者の育児休業の申出を原則として拒めない（同6条1項）。ただし、勤続1年未満の労働者などについては、労使協定で定めれば申出拒否も可能である（同項ただし書）。

　休業は子が1歳（保育所の空きがないなど一定の場合には2歳）になるまでというのが原則である（同5条1項3項4項）。ただし父母がともに育児休業を取得する場合には子が1歳2か月になるまでの育児休業も可能である（同9条の2）。いわゆる「パパ・ママ育休

プラス」である。

　また従来育休の分割取得は、子の出生後8週間以内に父親が育休を取得した場合などを除き原則不可であったが、2021年改正（2022年10月施行）によりママでもパパでも2回までの分割取得が可能となった（同6条2項）。さらに同改正では、出生後8週間以内に4週間（2分割も可）まで、パパは通常の育休とは別の「産後パパ育休」（出生時育児休業）を取得できるようになった（同9条の2）。さらにさらに、1歳以降の育休再取得なども一定の場合に可能となったため、共働き夫婦がそれぞれの仕事の状況等に応じて、たとえばパパがママの出生時・退院時に2週間育休、その後4週間仕事に復帰して、お母さんが実家に帰ったので再度2週間育休、その後しばらくパパは仕事ママは育休、でもママが仕事に復帰することになったので今度はパパが育休、しかしちょっとしんどくなったのでママが再度育休、パパは仕事に復帰……みたいなフレキシブルなやりくりが可能となった。

●最近のトレンドは「イクメン」促進策

　パパ・ママそれぞれが取れる育児休業の最長期間は原則1年だが、パパもママも休業するなら子が1歳2か月まで休業できる。たとえば、ママが1年取って仕事に復帰、その後パパが2か月だけ取る。あるいはパパもママもきっちり7か月ずつ、でもよい（「奥さん」という言葉を使わないポリシーの夫婦が選びそうなパターン?）。2人の休業が重なってもよいので、ママが出産後1歳まで、パパは8か月から1歳2か月まで、でもよい。これが「パパママ育休プラス」である。この措置の狙いは、言うまでもなく、夫婦揃っての、実際には父親の育児休業取得促進だ。要するに、

　「2人で取れば長く休めんのかよ、んじゃ俺も取るぜ!」

　というパターンを期待しているわけだ。いや失礼、育休を取る

ようなパパならきっともっと優しく、丁寧に、

　「2人で取れば休業可能期間が長くなるんだね、じゃあボクも取るよ！」

　という感じだろうか。
　「パパプラ」も「産パパ」も（略しすぎてもはや意味不明）、少子化になんとか歯止めを、そのためには男性の育児参加のさらなる促進だ！　ということで創設されたのは言うまでもない。「産パパ」期間については労使協定を締結すれば労働者が合意した範囲で休業中に就業することも可能とされている（育介9条の5第2項）が、これも「産パパ」を取りやすくして少しでも職場でパパの肩身が狭くならないようにするためである（「休業中に就業って矛盾してない？」という声はスルー）。このほか2021年改正では、事業主に対し、育休や産パパの申出がしやすくなるよう研修を実施し相談体制を整備しろ（同22条）、本人あるいは配偶者の妊娠・出産の申出があったら育休関連の制度をちゃんと周知して利用の意向を確認しろ（同21条）、大企業なら育休等の取得状況を公表しろ（同22条の2、2023年4月施行）などの義務も新たに課された。これらもまたパパの育休取得を促すための措置なのだろう。
　ところで、男性の育児参加促進はいいとしても、パパのための特別な育休って、女性差別じゃないの？　という気もするが、そこはうまくできている。法律上はパパしか取れないとは一切書いてない。しかしママにとって産後8週間は労基法の定める「産休」（労基65条2項→第1章4(1)コラム）期間なので、「育休」を取る必要はないのである。

　育児休業中も産後パパ育休中も無給で構わない。ただし雇用保険制度から育児休業給付として休業前賃金の67％（180日経過後は50％）相当までの補助がある（雇保61条の6以下）。

イヤミな課長「いやースズキくん、ようやく育児休業から復帰かー、長い休暇だったねー！　もう戻って来ないかと思ったよ。っていうかいっそ戻って来ないなら来ないでもよかったんだけどね……でこれを機にキミは配転になったから」

スズキ「え？　どういう部署ですか？」

課長「なかなかやりがいのあるポジションだぞ。今度新設された、育児介護休業濫用防止対策室副室長だよ」

スズキ「イヤミかよ……しかも室長じゃなくて副室長だし」

　本当にこういう部署が新設されればそれはそれで面白いのだが……とにかく事業主は、労働者が育児休業や産後パパ育休の申出をしたことまたはそれらを取得したことなどを理由に解雇その他の不利益な取扱いをしてはならない（育介10条）。なお介護休業や子の看護休暇の申出・取得などについても同様の規定がある（同16条・16条の4など）。

3　介護休業

　要介護状態（育介2条3号）にある家族（同条4号）を介護する者は、対象家族1人につき通算93日（3回まで分割も可能）まで、申出により介護休業（同2条2号）を取得することができる（同11条）。男女問わずまた有期雇用労働者でも取得可能であること、事業主は労働者の申出を原則として拒めないこと、休業中は無給が原則だが雇用保険から一定の補助（介護休業給付。休業前賃金の67パーセント）があること──ほぼすべて育児休業と同様である（同条1項・12条1項2項、雇保61条の4、同附則12条）。

　介護はもしかしたら何年も続く可能性がある。そう考えると3か月（93日）というのは短い気もするが……ただじゃあ1年とか2年とかだったら十分かというとそうでもないわけで、キリがない。要するにこれは「親が突然倒れたりした場合には、この3か

月で今後の介護の体制を考えてね」という制度なのだ。

4　子の看護休暇

建前は立派な課長「皆さん、もっともっと有給休暇をじゃんじゃん取りましょう！　欧米では100％消化が当たり前です」
子持ち社員「でも万が一子どもが病気になったら、って思うとやっぱ有休残しておかざるを得ないんだよね……」

　働くお母さん、お父さんとしては当然の心構えなのだろうが、有給休暇は本来休養、レジャーのために使うべきものだ。子どもの病気やけがの場合には別枠の休暇があってよいだろう、ということで導入されたのがこの制度だ。小学校就学前の子を養育する労働者は、申出により1年に5日（子が2人以上の場合は10日。半日単位でも取得可）まで、病気・けがをした子の看護のために休暇を取得することができる（育介16条の2。労使協定による除外について同16条の3第2項参照）。
　事業主は労働者の子の看護休暇の申出を拒めない（育介16条の3第1項）。年休の場合（→Ⅰ2(2)）とは異なり、「仕事に差し支えるから」と時季変更権を行使することはできない。

5　介護休暇

　すでに述べたように（→3）、介護休業は介護に必要な全期間をカバーする趣旨の制度ではなく、最初に体制を整えるためのもの。仕事をしながら親の介護をしているが、親の具合がちょっと悪くなったので何日か仕事を休みたい、というようなケースには対応できない。そこで導入されたのが介護休暇制度である（育介16条の5）。通院の付き添いなどのために、要介護状態の対象家族が1人であれば年5日、2人以上であれば年10日まで取得できる

（半日単位でも取得可）。要するに、子の看護休暇の介護版だ。

6 勤務時間の短縮等の措置

　事業主は、３歳未満の子を養育する労働者が希望した場合には、短時間勤務制度の適用を認めなければならない（育介23条１項・同則34条１項）。

> セコ山社長「短時間勤務制度を利用するんだね、じゃあ１日６時間労働だ」
> ワーキングママ「ありがとうございます！　助かります」
> セコ山「でも毎日２時間は残業してもらうけどね」

　これでは意味がない。というわけで、併せて所定外労働の免除を認める規定も新設された（育介16条の８）。なお、小学校就学前の子を養育する労働者については、育児目的休暇の導入などの措置を講ずるよう努力する義務が事業主に課されている（同24条１項）。

　このほか、介護責任を負う労働者についての短時間勤務等の措置義務と各種努力義務も規定されている（同23条３項・24条２項）。所定外労働の免除も認められる（同16条の９）。

> ●子なし差別?!
> 　子どもを産み育てながら働くのが大変なのは言うまでもないが、ただ少なくとも法律上は結構様々なサポートがある。１歳までは育児休業、その後も勤務時間短縮等の措置。時間外・深夜労働も拒める（育介17条・19条→第４章Ⅱ２(4)）。転勤においても配慮される（同26条→第２部第２章Ⅰ３(2)）。少子化の時代、「子どもを持った方がトク」ということにしておかないといけないのだから、これくらいの措置は当然なのかもしれない。しかし他方で、現実の職場には、このしわ寄せをもろに受けて過重労働になっている「子なし」労働者がいるのかもしれない。

第6章　労災補償

　繰り返しになるが（→第1部Ⅱ1）、職場で起きた労災事故や仕事を原因とする病気（職業病）、すなわち業務上の災害について、労働者が使用者の民法上の責任を追及するのは（不可能ではないが）結構大変だ。そこで労災保険制度が登場し、故意・過失の立証なしに迅速な給付を行い、労働者保護を図る……というのが労災保険制度に関する「お約束のストーリー」だ。ただ故意・過失の立証は不要でも「業務上」の災害であることの立証は必要なんだけどさ。まあとにかくこの章ではその労災保険制度の枠組みの紹介が中心になる。

　ところで、民事損害賠償だけじゃ労働者保護に欠けるので労災保険が誕生した、のは確かなのだが、実はややこしいことに、現行法上は業務上の災害について民事損害賠償を請求すること「も」可能なのだ。「業務上の災害については労災保険がカバーするのでもう民事損害賠償の請求はできません」というルール（諸外国にはそういう法制もある）だったら勉強するのが簡単なのだが、残念ながら――いや残念とか言っちゃいかん、現行法上はある業務上の災害に関して労災保険の請求をすること「も」できるし、民事損害賠償を請求すること「も」可能なのだ。

　ではある業務上の災害で100万円の損害が生じた場合、労災保険から100万円、民事損害賠償として100万円、合計200万円受け取ることができるのか？　しかしそれだったら二重取りだ、というわけで今度は労災保険給付と民事損害賠償給付の「調整」のための法的ルールが定められている。そしてこれがまた結構厄介。

　というわけで、労災補償については、労災保険、民事損害賠償、そして両者の調整、という大きな3つの柱を勉強しなければなら

ない。そこでは労働法、社会保障法、そして民法の知識が必要だ。マスターするのは大変だが、しかしその分マスターしたあとは結構楽しい。ちょうど筆者の趣味であるサーフィンのように……すいません、ちょっとカッコつけてみました。波に乗ったことはありません、時代の波にもきっと乗ってません……

I 労災保険

1 労災保険制度の枠組み

労働者災害補償保険法（労災保険法）に基づく社会保険制度である労災保険制度は、業務災害に関する保険給付、通勤災害に関する保険給付、そして社会復帰促進等事業の３つの事業からなる（労災保１条参照）。労働者を使用する事業は原則として労災保険の適用を受ける（同３条１項）。ここでの「労働者」の概念は労基法上の「労働者」（→第１部Ⅲ 1(2)）と同一であるとされる（横浜南労基署長（旭紙業）事件：最判平成８・11・28労判714号14頁）。このほか一部の「自営業者」は労災保険に任意に「特別加入」することが可能である（同33条以下）。

制度の財源は事業主が負担する労災保険料で賄われる（労働者側の負担はない）。保険料率は業種毎に異なり、過去３年間における業務災害及び通勤災害の災害発生率などを考慮して厚生労働大臣が定める（労保徴12条２項）。実際の保険料率は毎年変わりうるのだが、要するに労災が発生しやすい、実際多く発生している（あるいは給付が多くなされている）業種ほど保険料率が高く設定されている。お役所の資料をそのまま載せるのも芸がないので、労災保険料率の「ランキング」を作ってみた（労保徴則16条１項、別表１）。

労災保険料率「ランキング」？（2018年度〜）

2017年度		2018年度	事業の種類	労災保険料率 （%）
1	→	1	金属鉱業、非金属鉱業 （石灰石鉱業またはドロマイト鉱業を除く） または石炭鉱業	8.8
2	→	2	水力発電施設、ずい道 （＝トンネル）等新設事業	6.2
3	→	3	林業	6.0
4	→	4	採石業	4.9
5	→	5	船舶所有者の事業	4.7
6	→	6	定置網漁業または海面魚類養殖業	3.8
7	→	7	その他の窯業（一般）または土石製品製造業	2.6
7	→	7	その他の鉱業	2.6
9	→	9	船舶製造または修理業	2.3
11	↗	10	海面漁業 （定置網漁業または海面魚類養殖業を除く）	1.8
11	↗	10	陶磁器製品製造業	1.8
・		・	・	・
・		・	・	・
		last	通信業、放送業、出版業、金融業、保険業など	0.25

　災害発生率の高い業種の保険料が高いのは当然といえば当然だ。しかし考えてみると、同じ業種、たとえば建設業でも、労災が発生しないように社内の安全対策をコストもかけて一生懸命頑張っているモリト建設と、全くなにもしていないミズマチ建設とで保険料率が一緒というのもおかしな話だ。せっかく良心的だったモリト建設が「どうせ頑張っても意味ないから、安全対策手を抜くか」と堕落しちゃうのはいいことではない。そこで、頑張ったところにその見返りがいくように、つまり各企業の労災事故を減らすための努力を促すために、災害発生率を低く抑えればその分保険料率を下げてもらえる仕組み（メリット制）が導入されている（労保徴12条3項）。もちろん、逆に労災がたくさん発生してしま

うと保険料率は上がってしまう。

2　業務災害

(1)「業務上」とは？

「業務災害」とは、「業務上の負傷、疾病、障害又は死亡」である（労災保7条1項1号）。「業務上」の災害なら労災保険給付が出るが、業務外のものだと出ない。では「業務上」とは？　これについては法令上どこにも定義規定はないので、解釈によるしかない。これをキレイに定式化してくれている判例は今のところないが、労働基準監督署での実務上の解釈基準も参考に敢えて思い切ってまとめると、だいたい次のような感じになりそうだ。

①　「業務上」の災害とされるためには、業務と傷病等との間に「一定の因果関係」があることが必要である

②　この「一定の因果関係」は、しばしば「業務起因性」あるいは（条件的な因果関係だけではダメという意味で）「相当因果関係」と呼ばれる

③　「業務起因性」あるいは「相当因果関係」があるとされるためには、「労働者が労働契約に基づいて事業主の支配下にあることに伴う危険が現実化したものと経験則上認められること」が必要である

④　「労働者が労働契約に基づいて事業主の支配下にあること」は、しばしば「業務遂行性」と呼ばれる

●業務遂行中じゃなくても

「業務遂行性」は、その定義からも明らかなように、実際に作業中でない場合でも認められる。職場での休憩中でもよいし、出張先への移動中でもよい。その意味では（全然業務を遂行してなくてもよいのだから）「業務遂行性」という用語は適当でないのかも

しれない（……ちなみにこういう場合「これだとミスリーディング（misleading）だね」というとインテリっぽい。覚えておこう）。

　ただし、一応作業中であっても、私的な逸脱行為がありその結果災害に遭ったというようなケースでは業務遂行性を認めることはできないだろう。たとえば仕事中の同僚とのケンカが原因で労働者が死亡したような場合だ（倉敷労基署長事件：最判昭和49・9・2民集28巻6号1135頁）。

　なんだかややこしいが、要するに、この仕事をしている（業務遂行性）と、この仕事をしていない場合に比べてある災害に遭うリスク（危険）が高まると一般的に言える。そして実際にその災害に遭ってしまった（現実化）、ということだ。たとえば、自転車で外回りの営業中、車にぶつけられてケガをした。外回りの営業という仕事だから自転車に乗らざるを得なかったのであり、そのために交通事故に遭うリスクが高まっていた。そして不幸にも実際にそれが現実化してしまった。これは紛れもなく業務災害だ。

　では、仕事中に大きな地震が来てケガをしてしまったというのはどうか。大地震に遭うリスクは、仕事をしていようがいまいが、たぶん同じだ。たまたま地震が来たのが仕事中だっただけだ。その仕事をしていたから地震に遭うリスクが高まっていたとはいえない。ということはそのケガは業務災害とはいえない。そう考えると、自然災害の場合は原則として業務起因性は認められないということになるだろう。

●自然災害でも労災？

　ただし例外もありうる。たとえば、雷の調査中（そんな仕事がホントにあるのかどうか知らないが……）だった研究者が落雷に打たれたら？　漁船で操業中の漁師が津波にさらわれたら？　これらは紛れもなく自然災害だが、しかしその災害に遭うリスクが仕事によって高まっているといえるので、業務起因性を認める余地は十分にあるだろう。

なお、2011年の東日本大震災では、多くの被災した労働者に対し労災保険給付が支給された。非常に大規模な地震であり、ほとんどの労働者は仮に仕事中でなくても被災していた（＝業務により高まったリスクの現実化とは言い難い）と考えられるが、（おそらく政治的な判断により）その点はほぼスルーされたようである。

(2)　「業務上の疾病」（職業病）

> 営業一筋40年のベテラン社員「いやあ、人と目が合うととりあえず笑顔つくっちゃうんだよ、こりゃあ職業病だね」
> 新人「でも別に困らないですよね、その病なら」
> ベテラン「いやあ、孫とにらめっこしても全然勝てなくてね」

　外回り中の交通事故とか作業中に機械に手を挟んだとか、そういうわかりやすい？「アクシデント」の結果としての災害が業務上のものかどうか、という判断はそんなに難しくない。しかし、この仕事を長いことずっとやってたら、こういう症状が出てきた、こういう病気になった、というようなパターン、すなわちいわゆる「職業病」のケースは厄介だ。目立った「アクシデント」があるわけではないので、結局のところ医学的な因果関係を立証しなければならない。しかしそれは一介の労働者にとってはなかなか大変だ。

　そこで現行法では、労働基準法施行規則の別表１の２が「業務上の疾病」の範囲を定めている（**次頁表**参照）。

　この「別表」（正確にはその１号〜10号）に列挙された状況での作業に従事する労働者が、そこに規定された疾病にかかった場合には、原則として業務起因性が推定されることになる。つまり、労働基準監督署の方で、その疾病は業務が原因ではない、あるいは

「業務上の疾病」（抜粋）

「業務上の疾病」（抜粋）

業務内容 （この作業をしている人が……）	疾病 （この病気になったら……）
紫外線にさらされる業務	前眼部疾患または皮膚疾患
赤外線にさらされる業務	網膜火傷、白内障等の眼疾患又は皮膚疾患
著しい騒音を発する場所における業務	難聴等の耳の疾患
重量物を取り扱う業務、腰部に過度の負担を与える不自然な作業姿勢により行う業務その他腰部に過度の負担のかかる業務	腰痛
さく岩機、鋲打ち機、チェーンソー等の機械器具の使用により身体に振動を与える業務	手指・前腕等の末梢循環障害、末梢神経障害又は運動器障害
粉じんを飛散する場所における業務	じん肺症等
石綿にさらされる業務	肺がん又は中皮腫
長期間にわたる長時間の業務その他血管病変等を著しく増悪させる業務	脳出血、くも膜下出血、脳梗塞、高血圧性脳症、心筋梗塞等
人の生命にかかわる事故への遭遇その他心理的に過度の負担を与える事象を伴う業務	精神及び行動の障害又はこれに付随する疾病

別に原因がある、という立証をしないかぎり、保険給付がなされる。要するに立証責任の転換がなされるわけだ。

(3)　「過労死」の労災認定

　いわゆる「過労死」の場合の具体的病名は、脳出血、くも膜下出血、脳梗塞、心筋梗塞などである。これら脳・心臓疾患も「業務上の疾病」として列挙されてはいる（**表**参照）が、「長期間」で「長時間」の「血管病変等を著しく増悪させる」業務というのが具体的に何を指すのかまでははっきりしない。実際の認定は通達（令３基発0914-1「血管病変等を著しく増悪させる業務による脳血管疾患及び虚血性心疾患等の認定基準について」）の定める基準に沿って行われている。

●脳・心臓疾患の厄介さ

　「重い物持ち上げる→腰痛」みたいな感じで、「大学教授→勉強しない学生へのイライラにより脳梗塞多発」というような法則が医学的に成立するなら話はラクだ。しかし実際には、そもそも日本人の3分の1は、過労気味であろうとなかろうと、これらの脳・心臓疾患で死ぬことになっている。そしてその発症には、過労だけでなく、加齢、肥満、飲酒、喫煙など様々な原因が複合的に寄与する。「過労死しやすい仕事」をシンプルに定式化するのは無理なのだ。

　前掲の通達（2021年に改正された）によれば、ある脳・心臓疾患が以下のような経過で発症した場合には、業務上の疾病として取り扱う。

① 　動脈硬化等による「基礎的病態」（血管病変、動脈瘤、心筋変性等。いわゆる「基礎疾患」）が、

② 　「業務による明らかな過重負荷」（長期間の過重業務、すなわち時間外労働が発症前1か月間に100時間超、または発症前2～6か月間に月平均80時間超が目安。ただし労働時間以外の負荷要因がある場合はこれに満たなくてもよい。このほか発症前おおむね1週間以内の短期間における過重業務や発症直前の異常な出来事でも可）により、

③ 　「その自然経過を超えて著しく増悪」した

　要するに、脳動脈瘤があり、これは年を取るにつれて悪くなる。しかし仕事が精神的あるいは肉体的にあまりにしんどいため、その脳動脈瘤の悪化度合いが通常よりも激しくなってしまった。こういう場合は業務起因性あり、ということになる。判例も大筋ではこのような基準を用いた判断をしている（横浜南労基署長（東京海上横浜支店）事件：最判平成12・7・17労判785号6頁）。なお、複数の会社で雇用されていた労働者（複数事業労働者。労災保1条）が被災

したが、単独の勤務先での負荷だけでは労災認定できないという場合には、すべての勤務先での負荷を総合的に評価して労災認定の可否が判断される（2020年改正）。

(4) 過労自殺

過重な業務→うつ病→自殺のいわゆる過労自殺も業務上の災害となりうる。労災保険法は「故意」による死亡の場合は給付を行わないとしている（労災12条の2の2）が、自殺行動を誘発しやすいといううつ病の特質を考えれば、上記のようなケースを故意による死亡と評価すべきではないだろう。裁判例も、業務による過労とうつ病との間に因果関係がある場合には、そのうつ病が誘発した自殺の業務起因性を認めている（豊田労基署長〔トヨタ自動車〕事件：名古屋高判平成15・7・8労判856号14頁など）。

3 通勤災害

通勤災害とは、「労働者の通勤による負傷、疾病、障害又は死亡」である（労災保7条1項3号）。そして「通勤」とは、労働者が、就業に関し、住居と就業の場所との間の往復「など」の移動を、合理的な経路及び方法により行うことである（同条2項）。「など」に含まれるのは、たとえば就業場所が2か所ある場合のその間の移動や、単身赴任者が週末に赴任先のアパートから home, sweet home（あるいは人によっては地獄？）に帰る際の移動である。

労働者「出勤途中に塀を乗り越え損なってケガをしましたので、労災を申請します」

労基署「塀を乗り越えてる時点で『合理的な経路及び方法』とはいえないのですが……」

労働者「でも今度社内の運動会で障害物競走がありまして、その練習も兼ねていたんですけど……」

4　保険給付の種類

　「業務災害」と「通勤災害」について説明した。「このような災害が起きれば給付がなされますよ」ということであるから、要するに労災保険給付が支給される「要件」である。とすると次は、ではその場合にどのような内容の給付がなされるか、という話になる。「要件」の次は「効果」だ（法律の本みたいでいやな展開だなー……法律の本なんだけどさ）。**表**をつくってみたのでこれをみて欲しい（より正確には労災保12条の8以下、同21条以下参照）。

主な労災保険給付

業務災害	通勤災害	給付の内容
療養補償給付	療養給付	治る（＝治癒する）までの治療
休業補償給付	休業給付	働けなくなったため出なかった賃金額の一部、治るまで
障害補償給付	障害給付	治ったが後遺障害が残った場合、障害等級に応じて
遺族補償給付	遺族給付	被災者死亡の場合に遺族に支給
葬祭料	葬祭給付	葬式費用
傷病補償年金	傷病年金	障害が重い場合には1年半で休業補償から移行
介護補償給付	介護給付	介護費用

　なおこのほか複数業務要因災害（複数事業労働者についての複数の業務を要因とする災害）については独自の保険給付がある（同7条1項2号、2020年改正）。

Ⅱ　いわゆる「労災民訴」

　この章の最初で述べたように、現在の日本の法制では、労災の被災者あるいはその遺族は、業務上の認定を得て政府に労災保険を請求するだけでなく、使用者や第三者に対して民事損害賠償請求をすることもできる。

1 民事損害賠償の法的枠組み

(1) 不法行為

　労働者またはその遺族が、民法709条により、会社の故意・過失によって労災が発生し、それによって損害を被ったとして会社を訴える。これが一番単純なパターンだ（代表的な判例として、電通事件：最判平成12・3・24民集54巻3号1155頁を参照）。同僚の行為が原因で労災事故が発生、それに巻き込まれたというようなケースでは、会社の使用者責任（民715条）の追及という方法もある。

　また労災事故は使用者以外の第三者の故意・過失によって引き起こされる場合もある。たとえば営業で外回り中に車にぶつけられたようなケースだ。このような場合もこの加害者たる第三者の不法行為責任の追及ができる。

(2) 安全配慮義務違反

　もう一つのやり方が、契約関係における債務不履行責任（民415条）の追及である。労働契約関係における、使用者の「安全配慮義務」違反の責任を追及するのだ。労働契約上の付随的義務として、使用者は労働者の生命や安全に配慮する義務を負っている（労契5条参照）のに、それを怠った結果この労災事故が起きた。だからその損害を償え、という訴えだ。

限りなくブラックに近い企業「メンタルの問題抱えてるならちゃんと言ってくれないと困るんだよな！　そうとわかってればもっと早いとこ追い出し部屋に……じゃなかった、もっと早くいろいろ対策取れたのに！」

押しに弱い労働者「すいません、でもやっぱなかなか言いづらくて……そんなこと言ったら追い出し部屋みたいなところに送られるんじゃないかと心配で……」

　使用者は、メンタルヘルス関連など、労働者からの申告が期待

し難い問題については、労働者からの申告がなくても十分な注意を払うべき安全配慮義務を負う（東芝（うつ病）事件：最判平成26・3・24労判1094号22頁）。

　　被災労働者「現場の安全確保措置が不十分だから大ケガしちゃったじゃないですか……安全配慮義務違反で損害賠償請求をさせて頂きます！」

　　元請会社「お言葉だけどね、キミはウチが直接雇ってる労働者じゃなくて下請けの下請けのさらにまた下請けの労働者じゃないか。そもそもキミとの間には労働契約関係自体がないんだからね、安全配慮義務とか言われても……」

　しかしこの元請会社の言い分はおそらく通らない。判例によれば、安全配慮義務とは「ある法律関係に基づいて特別な社会的接触の関係に入った当事者間において、当該法律関係の付随義務として当事者の一方又は双方が相手方に対して信義則上負う義務」である（自衛隊車両整備工場事件：最判昭和50・2・25民集29巻2号143頁）。つまり直接労働契約関係がなくても、「ある法律関係に基づいて特別な社会的接触の関係」に入ってさえいれば十分なのだ。

2　労災保険給付と民事損害賠償の調整

　では労災保険給付と民事損害賠償の間の調整はどのようなルールで行われるのか。「二重取り」はどの程度許されるのか。

(1)　「加害者」が「使用者」の場合

　使用者は、労災にあった労働者に政府から労災保険給付が支給された場合には、その支給された金額の限度で、その労働者に対する民法上の損害賠償責任を免れる（労基84条）。ちょっとわかりにくいかもしれないが、労基法84条1項と2項を「連結」させるとそのように読めるはずだ。

たとえばB社に勤めるAさんが仕事中にケガをした。損害額は100万円。これが労災と認定され、労災保険給付が100万円出た。B社にも過失があったのでAさんはB社に損害賠償請求ができそうだ。しかし労基法84条により100万円については民法上の損害賠償責任が免除されるので、B社は損害賠償を支払う必要はない。

　ということは逆に、反対解釈すれば、労災保険給付の金額を超える損害については、使用者はなお損害賠償の責任を負う、ということである。上記の例で、Aさんの損害額が100万円ではなく150万円であったとしよう。そうすると、150万円−100万円＝50万円についてAさんはB社に損害賠償請求ができる。

●民事損害賠償の「出る幕」とは

　現行法における労災保険給付の水準は結構高いが、それでも民事上の損害額に及ばないことも多い。たとえば、障害補償給付は被災者の後遺障害の等級に応じて金額が決まる。労災で片手の親指を失った場合、障害等級は9級となり、その労働者の給与水準によって決まる給付基礎日額の391日分の一時金が支給される（労災保則別表1）。つまり年収が同じ労働者なら同じ金額が支給されるということだ。

　ではその被災労働者が、一般事務の内勤社員であった場合と、ピアニストであった場合とを比較して考えてみよう。2人の年収が一緒なら障害補償給付の額は一緒だ。しかし民事上の損害という観点からすると、親指がなくなったことによる逸失利益はおそらくピアニストの方が大きいのではないだろうか。つまり、内勤社員については労災保険給付で十分損害が塡補されるが、ピアニストについては全然足りない、ということが起こりうるわけだ。そうするとそこに民事損害賠償の「出る幕」がなおあるということになる。

　なお慰謝料については（事案によっては結構な金額になるが）そもそも労災保険では全くカバーされない（→(3)）ので、「出る幕」があるというか、もはや違う劇場の演し物と言うべきだろう。

(2) 「加害者」が「第三者」の場合

　Ａさんが営業の外回り中にＢ運転の車にぶつけられてケガをした。政府から労災保険給付が100万円支給されたが、民事上の損害額は150万円である。この場合には、政府がＡさんのＢに対する損害賠償請求権を100万円分だけ代位取得する（労災保12条の4

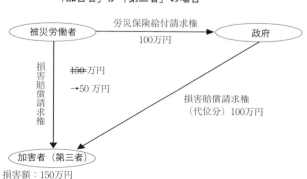

「加害者」が「使用者」の場合

被災労働者 ── 労災保険給付請求権 ──→ 政府
　　　　　　　　　　　100万円

損害賠償請求権　150万円 →50万円

加害者（使用者）········保　険　料

損害額：150万円
最終負担額：50万円（＋保険料）

「加害者」が「第三者」の場合

被災労働者 ── 労災保険給付請求権 ──→ 政府
　　　　　　　　　　　100万円

損害賠償請求権　150万円 →50万円

損害賠償請求権（代位分）100万円

加害者（第三者）

損害額：150万円
最終負担額：150万円

第１項。なお同２項も参照）。残り50万円についてはなおＡさんがＢに対して損害賠償請求できる。つまりＢはどっちみち150万円の損害賠償責任を負うのだが、支払う相手が100万円政府、50万円Ａさんと別々になるということだ。

(1)と(2)で説明したことを**図**（前頁）にして比較してみよう。「加害者」としての使用者は150万円損害を与えたのに50万円しか払っていない。なんだかトクしているような感じもするが、その分はこれまで払った、あるいはこれから払う労災保険料でカバーされているのだ。もうちょっと言えば、日本中の使用者が労災保険制度を通じてみんなでこのリスクを分担しているのである。

(3)　調整の対象

労基法84条２項に「同一の事由」とあることからもわかるように、労災保険給付と民事損害賠償の調整がなされるのは、同じ性格を持った保険給付と損害賠償の間のみである。要するに、たとえば精神的損害に対する損害賠償である慰謝料。労災保険給付にはこれと同じ性格を持った給付は存在しないので、調整の問題は生じない。どんなに多額の労災保険給付をもらったとしても、なお使用者あるいは第三者に対する慰謝料はそれとは別に全額請求できることになる。

判例も、労災保険の休業補償給付及び傷病補償年金について、民事損害賠償との調整は財産的損害のうち消極損害との間についてのみ行われ、積極損害や慰謝料についてはその対象外であるとしている（青木鉛鉄事件：最判昭和62・7・10民集41巻5号1202頁）。

●年金給付の場合に生じる問題

労災保険給付はすべてが一時金で支給されているわけではない。中には年金給付の形で、すなわち毎年何万円ずつという形で「分割払い」されるものがある。この場合に民事損害賠償との調整をどうするかは実にやっかいな問題だ。なぜなら、民事損害賠償請

求がなされ損害額が確定した時点で、「すでに支払われた」給付
と「今後支払われるであろう」給付とが存在するからである。この
「今後支払われるであろう」部分も民事損害賠償額から前もっ
て控除すべきか？　重要な論点だが、このややこしい問題は本書
を「卒業」したあとに考えてもらうことにしよう（仁田原・中村
事件：最判昭和52·5·27民集31巻3号427頁、三共自動車事件：最判
昭和52·10·25民集31巻6号836頁、労災保附則64条参照）──決
して逃げたわけではない、勇気ある撤退のつもりだ、念のため！

第4部

労働組合の持つパワーとは？──労使関係法

クミアイってどうなの?

　若い読者は知らないだろうが、ものすごく昔「連想ゲーム」という人気テレビ番組があった。もしその答えが「労働組合」だったら、キャプテン（と呼ばれていたはずだ、確か）はどんなヒントを出すだろう?　「勤労者」「団体」「権利」と3つ言えばとりあえず答えは出そうだ。では一発目のヒントだけで正解（これは10点だった、ちなみに）してもらうにはどんなヒントがいいだろう?　「ユニオン・ショップ」?「チェック・オフ」?……これじゃあ大学で労働法の授業取ってるヤツしかわからない。一般市民でもわかるようなヒントというと……そうだ、「団体交渉」は?　あるいは「連合」?

　もし「落ち目」「ダサイ」とかで答えがサッと出ちゃったら組合関係者はがっかりだろうが、それももしかしたら冗談のレベルではないかもしれない。統計では、労働組合に加入する人の割合が年々減ってきているのだ。全労働者のうち労働組合に加入している人の割合（組織率）は2021年6月時点で16.9パーセントである。1980年頃までは30パーセントを超えていたのに（ちなみに、この本全体のページ数に占めるこの第4部の割合もだいたい現在の組合組織率くらいにしておいた）。

　なぜ組合組織率が下がったか。すでに専門家による詳しい分析がたくさんなされているが、簡単にまとめればおそらく理由は3つ。第1に、経済がサービス化し第三次産業に従事する者の割合が増えたこと。サービス業は元々労働組合の組織率が低い上に、正社員じゃなくてパートタイマーやアルバイトを多く使う。でそういう人たちは多くの場合会社の正社員の組合には入れてもらえない。第2に、労働者の意識変化。個人主義的で、集団で群れる

ことをいやがる傾向が強くなってきた。第3に、そういう状況で
あったにもかかわらず、労働組合自身が組織拡大の努力を怠った
こと。

●シュウカツの勝ち組＝組合員？

　統計によれば、大企業ほど労働組合の組織率が高い。また業種
別では、公務関係、金融、保険などの組織率が平均を大きく上回
る。製造業は25パーセント前後だが、サービス業や小売・飲食
業はぐっと低くなる。

　要するに、大学生の就職人気ランキングで上位に来るような会
社にうまいこと（間違って？）潜り込んだ場合は、労働組合員に
なる可能性も高くなるということだ。シュウカツの「勝ち組」に
なるためには組合活動への意欲が必要かも?!　……まあもちろ
ん大学生の就職ランキングほどアテにならないものはないし、そ
もそもメガバンクに就職できたら将来ずっと安泰ってこともない
のだが。

実はおトク？な労働組合

　このように、最近どうも旗色の悪い労働組合。しかしこれから
勉強していくと、労働組合は人気がない割にはいろんなパワーや
特権を持っていることがわかる。数の力、というのはもちろんだ。
1人じゃなかなか会社に言えないことも、みんなで団結して組合
を通してなら会社に言える。給料あげてくれないならやめます、
と1人で言いにいっても、ああどうぞやめてください、と言われ
るのがオチだ。しかし組合を作ってみんなで言いにいけば、会社
に対して結構な圧力になる。そういう集団としてのパワー、数の
力が働くことは言うまでもない。しかしそれだけではない。法律
も、労働組合がそういうパワーを発揮できるように様々な後押し
をしているのだ。では、元をたどれば憲法に行き着くそのパワー、
それはいったいどんなものか。

I 「クミアイ」を作る権利——団結権

「勤労者の団結する権利」は憲法で保障されている（憲28条）。労働者は誰でも労働組合を自由につくれる。役所の許可などは必要ない（自由設立主義）。不当労働行為の救済申立てをする場合などには労働委員会の資格審査という手続を経る必要がある（労組５条１項）が、それを受けなくても法律上は立派な労働組合である。

もっとも、ただ団体を作っていいですよ、というだけだったら実はそんなにありがたくはない。大学のサークルだってネット上のコミュニティだって、作るのは勝手なのだから。しかし趣味のサークルとは違って、労働組合には後で説明するような様々な特権、パワーがある。法律上、他の団体にはできないことができるのだ。そういう「スペシャルな」団体なのに、自由につくってよい、というのは結構ナイスな話だ。たとえば警察というのは相当スペシャルなパワーを持った団体だが、警察を自由につくってよいなんてことはもちろんない（できたら大変だ）。でも労働組合ならOK。これは結構すごいことかもしれない。

ここでは労働組合の結成や運営に関する法的ルールをざっとみておこう。

1 ユニオン・ショップ協定

(1) 原則——加入・脱退の自由

労働組合への加入も脱退も、基本的には労働者の自由である。ただし加入に関しては、労働組合の側が職種の違いなどによって加入資格を制限することも可能である。それは組合の自治の範囲内ということになる。したがって、正社員だけ、あるいは総合職だけ、という組合でも構わない。その代わり、正社員の組合に入れてもらえなかった人達が別の組合をつくることも妨げられない。

同様に、労働組合を脱退するのも組合員の自由である（東芝労働組合小向支部・東芝事件：最判平成19・2・2民集61巻1号86頁）。

　　「あの……組合費がもったいないので、組合抜けたいんですけ
　　　ど……」
　　「なんだと!?　ダメダメ、そういう抜け駆けは許されないぞ。
　　　それに組合規約をよくみてみろ、ちゃんとそこに、脱退する
　　　場合は代議員会の承認が必要、って書いてあるだろ」

　このような規約は、組合員の脱退の自由を不当に制限するものとして無効と解されている。脱退するときは予告しなさい、くらいならよいが、脱退自体を代議員会等の承認にかからせることはできないのだ。

(2)　例外（?）──ユニオン・ショップ協定による加入強制

　ただここに現行法上重要な例外が1つある。それがユニオン・ショップ協定だ。労働組合としては、組織をできるだけ拡大したい。つまりたくさんの人に入ってもらいたい。そうでないと使用者相手の団体交渉で有利な立場に立てない。そこで労働組合は、みんなに入ってもらうために、いろいろな手段を講じる。組合主催の新人歓迎会なんかもその一例だ──どっかの大学のサークルの勧誘みたいに、井の頭公園でたくさん飲ませてそのどさくさで入れちゃったりするのだろうか（昭和の話かな?）。

　しかしその中でおそらく一番強力なのがユニオン・ショップ協定の締結だ。使用者が、労働組合と締結した労働協約において、その労働組合に加入しない者、及びその組合の組合員でなくなった者は解雇する、と約束する。それがユニオン・ショップ協定だ。

　　「いろいろめんどくさい上に組合費まで取られるなんて冗談じ
　　　ゃないわ、ワタシは組合入らないことにします!」

「そうですか……でもね、組合に入らない人は解雇されること
　になってるんだよ」
「解雇……ってクビ?!　そんなあ……」

　せっかく入った会社なのに、クビになんてなったら大変だ。じ
ゃあしょうがないから入るか、ということになる。まさにそうい
う効果を狙った仕組み、それがユニオン・ショップ協定だ。実際
統計をとってみると、「労働組合に加入した理由」のトップは
「ユニオン・ショップ協定があったから」というのが圧倒的であ
る。もしこれがなかったら、労働組合の組織率はさらに低下して
いたかもしれない。
　組合に入らないと解雇なんて、ずいぶんすごい制度だなあ、そ
んな協定結んでるところなんてあんまりないんじゃないの?
──と思うかもしれないが、いやいやどうして、実は統計によれ
ば日本の労働組合の半数以上がユニオン・ショップ協定を結んで
いるのだ。とくに大企業ほど多い。ただその多くは、「原則とし
て解雇する」「解雇する。ただし会社がとくに必要と認める場合
には解雇しないことができる」など、「逃げ道」が用意された文
章になっている(「尻抜けユニオン」などという──ちょっと間抜けな呼
び名だ)。そして実際にも、じゃあ本当に組合を抜けた者を解雇す
るかというと、そこまではしないという会社(そしてそれを容認す
る組合)が多い。じゃあなんのためにユニオン・ショップ協定を
結ぶんだ、意味ないじゃないか、という気もするが、たとえ解雇
しなくても、ユニオン・ショップ協定があれば「会社も一目置い
てる組合だ」という証明にはなる。組合加入者を増やし、脱退者
を減らすそれなりの効果はあるだろう。

(3)　ユニオン・ショップ協定の有効性
　組合側からみれば、ユニオン・ショップ協定は確かに組合組織
の維持・強化に役立っている。では労働者の側からみて、そこに

法的な問題はないのか。組合に入りたくない人の組合に入らない自由、あるいは脱退する自由（「消極的団結権」という）が制限される。また組合には入りたいが、この組合じゃイヤだ、別のに入りたい、という自由（組合選択の自由）も侵害される。それでいいのだろうか？

　現在の判例・多数説は、少なくとも前者の「自由」についてはそれでもよい、と考えているようだ。判例（三井倉庫港運事件：最判平成元・12・14民集43巻12号2051頁）は、ユニオン・ショップ協定による組合加入強制は「労働者の組合選択の自由及び他の労働組合の団結権を侵害する場合」には許されない、とする。そして、ユニオン・ショップ協定のうち、

① 　協定締結組合以外の他の労働組合に加入している者
② 　協定締結組合から脱退しまたは除名されたが、その後他の労働組合に加入するかあるいは新たな労働組合を結成した者

以上２つのカテゴリーに該当する者についての解雇義務を定める部分は公序に反し無効であると結論づける。ユニオン・ショップ協定が全面的に無効である、いかなる場合も許されない、とは言っていない。そうすると具体的には、ユニオン・ショップ協定のうち、

① 　協定締結組合にも、またそれ以外の他の労働組合にも加入していない者
② 　協定締結組合から脱退しまたは除名されたが、その後他の労働組合にも加入せず、また新たな労働組合を結成することもしない者

についての解雇義務を定める部分は法的に有効であることにな

る（日本食塩製造事件：最判昭和50・4・25民集29巻4号456頁も参照）。要するに「非組合員」であれば解雇される可能性があるということだ。組合をつくる権利（積極的団結権）は誰にでも平等に保障されるべきなので、他の組合に加入したり他の組合をつくったりした労働者にまでユニオン・ショップ協定の効力が及んでしまうのはおかしい。しかし組合をつくらない・入らない権利（消極的団結権）の保障は積極的団結権の保障に劣後する、というのが現行法の、すなわち憲法28条の考え方である──これが学説上一般的な説明だ。

●ユニオン・ショップ協定無効説のススメ

　要するに、ユニオン・ショップ協定締結組合を抜けたり除名されたりした場合は、さっさと他の組合に入るか、あるいは自分でつくるかした方がよいということだ。そうしないと解雇されてしまうかもしれないから。

　しかしよく考えてみて欲しい。組合をやめたというだけで、どこの組合にも入らないというだけで解雇される──これは、とにかく解雇を厳しく制限する、それなりの理由がなければ解雇はさせない、という日本の労働法の基本的スタンスと果たして整合しているのだろうか。非組合員であるというだけで解雇なんて、どう考えても「社会的に相当」とは言えないだろう。学説にも、憲法13条などを根拠にユニオン・ショップ協定無効説を唱える有力説があるが、別に憲法を持ち出さなくても通常人の感覚で考えればわかることである。

　ユニオン・ショップ協定を一応有効としておかないと労働組合が廃れてしまうかも？　確かにそうかもしれない。しかしたとえそうでも、労働者を理不尽な解雇から守るのが仕事の労働組合が、自分の組合をやめたヤツは即解雇しろと要求するなんて、やっぱりおかしい。

2 組合費とチェック・オフ

(1) 組合費

　世の中カネだというと怒られるが、労働者の権利を守るのにもやっぱりカネがかかる。そこで労働組合は規約で定めた組合費を組合員から徴収する。組合費の支払いは組合員の基本的な義務である。

　集めたお金をどう使うかは、基本的には組合の自由である。組合の目的の範囲内であればよい。そして前述のように（→第1部Ⅲ3(1)）、労働組合は政治運動や社会運動「も」やることができるので、そのような活動に組合費を使うことも一応可能ということになる。ただしそれも無制限ではない。

　組合幹部「今度の選挙では、組合として○○党のイシダ候補を
　　　応援します」
　組合員「賛成！　賛成！　やっぱり政治を通じて社会のシステ
　　　ム自体を変えていくことが労働者の労働条件向上につながる
　　　んだよね！」
　幹部「えー、つきましては、1人あたり3,000円ずつのカンパ
　　　を……」
　組合員「反対！　反対！　大反対！　そんなカネ取るなら投票
　　　してやんねえぞ！」

　判例は、特定の候補者の所属政党に寄付するために徴収する臨時組合費について、組合員は納入義務を負わないと判断している（国労広島地本事件：最判昭和50・11・28民集29巻10号1698頁）。組合が組織として支持政党や統一候補を決定した上で選挙運動を推進することは構わないが、組合員個人にこれへの協力を強制したり、費用を強制的に徴収したりというところまではできない、というのが判例の考える「落としどころ」のようだ。

(2) チェック・オフ

　労働法、とくに労組法関係は意外とカタカナ用語が多いなあ……それはともかく、チェック・オフとは、いらなくなった本やCDを買い取ってもらえるところ、ではない（それはブックオフ）。労働組合と使用者との協定に基づき、使用者が組合員である労働者の賃金から組合費を控除して、それをまとめて組合に引き渡すことである。要するに組合費の天引き制度だ。

　チェック・オフを有効に実施するには、まず労基法24条の全額払い原則違反にならないようにしなければならない。つまり、使用者と過半数組合または過半数代表者との間の書面による協定（労使協定）が必要である（済生会中央病院事件：最判平成元・12・11民集43巻12号1786頁）。さらにそれ以外に、組合費の天引きと支払いに関する委任についての契約上の根拠が必要である——なぜなら、前述のように、労使協定には原則として免罰的効果（→第1部Ⅳ7(2)）しかないからである。

　そして、判例（エッソ石油（チェック・オフ）事件：最判平成5・3・25労判650号6頁）によれば、使用者と労働組合との間にチェック・オフ協定が労働協約として締結されているだけでは、この契約上の根拠とはならない。使用者が有効なチェック・オフを行うためには、それに加えて、使用者が個々の組合員から、賃金から控除した組合費相当分を労働組合に支払うことにつき委任を受けることが必要である。つまり、労働協約の規範的効力（→Ⅲ1）では委任契約を根拠づけられない。個々の組合員の委任が必要であり、仮に個々の組合員がチェック・オフの中止を申し出れば使用者はこれを中止しなければならない、というのが判例の立場である。

3　使用者の便宜供与

　日本の労働組合の多くは企業別組合である。したがって組合活動の多くは職場単位で、職場内で行われる。もちろん会社の施設

は労働組合のものではない。会社の財産である。組合がそこを当然に使う権利を持っているわけではない。え、ウチの社屋は賃貸だって？　まあその場合でも、その管理権限はやっぱり会社が持っているはずだ。

　しかし実際には、多くの職場で企業内組合活動が実施されており、使用者もそれを前提に以下に述べるような様々なサポートをしている。これは要するに、使用者から労働組合への便宜供与、つまり「はからい」だ。そう書くとなんだか恩着せがましいが、組合が使用者との交渉によって勝ち取ったものと言い換えてもよいだろう。ちなみにチェック・オフ（→2(2)）も使用者による便宜供与の1つのパターンといえる。

(1) 在籍専従

　労働組合の役員が従業員としての地位を保持したまま組合の業務に専従することを指す。会社の仕事はしないで組合の仕事だけをやる。ラクでいいなー、などと思ったら大間違い、仕事がたくさんあるから専従が必要なのだ。多くの企業別組合でこの制度が実施されているが、使用者に在籍専従を認める法的義務があるわけではない。

(2) 組合事務所の貸与

　大きな組合だと、自社ビルならぬ自組合？ビルを所有している場合もある。しかし多くの企業別組合は、使用者から企業内で組合事務所の貸与を受けている。丸の内に1部屋借りたら結構な家賃のはずだが、組合事務所の賃料は一般に非常に低く抑えられている。タダだったりもする。

　団結して使用者に対抗する組織がその「敵」からタダで部屋借りてるっていうのも考えてみれば変な話だが……労組法もこういう現実を考慮し、使用者による最小限の広さの事務所の供与は労働組合の欠格事由たる経理上の援助にはあたらず、また不当労働行為にもあたらないとしている（労組2条2号但書・7条3号但書）。

もちろん、在籍専従同様、使用者に事務所を貸与する法的義務があるわけではない。

Ⅱ 「話し合いに応じろ」と要求する権利
——団体交渉権

1 団体交渉の意義

　団体交渉とは、文字どおり団体で（使用者と）交渉することだ。個々の労働者が個別に交渉しても大した圧力にはならないが、みんなで団結して労働組合を結成、この組合を通じて集合的に取引をすると、かなりのパワーアップだ。個別交渉だと切り崩されるかもしれないが、みんなが一つになって「イヤならストしちゃうかもだぜ」と言いつつ交渉すればより有利な条件を勝ち取れる可能性が高まる。しかしどんな団体にもこの権利があるわけではない。

　秘書「専務、労働組合が団体交渉を要求しています」
　専務「うーむ……組合が来ちゃったらしょうがない、団体交渉権があるからな。しょうがない、オレが出て行こう」
　労働組合「私たちは、社長に是非この手芸作品発表会に来て頂きたいのですが……」
　専務「ん？　なんか組合の要求にしちゃあヘンだな……」
　労働組合「ハイ、私たちは趣味の手芸サークル『労働組合』です」
　専務「ややこしい名前つけんなっ！」

　手芸サークルの代表が社長に会わせろと言っても常に会えるわけではない。そういう法的権利はない。しかし団体交渉権を持つ（本物の）労働組合が交渉したいと言ったら、経営サイドは交渉

のテーブルにつかなければならないのだ。

●複数組合主義か排他的交渉代表制か

　日本では、大きなところも小さなところも、すべての労働組合が等しく団体交渉権を保障されている。職場に複数の組合があれば、それぞれが団体交渉権を持つので、使用者は（要求されれば）そのすべてと交渉する義務を負う。いわゆる複数組合主義だ。もし職場に10個の組合があったら団体交渉の手間が大変だ。使用者としては正直組合の数は少ない方がありがたい。そこにユニオン・ショップ協定（→Ⅰ1）を締結する使用者側のメリットがあるともいえる。

　これに対してアメリカは排他的交渉代表制を採用している。その職場の過半数の労働者の支持を得た労働組合だけが使用者との団体交渉権を取得する。そしてその組合が職場の全労働者の労働条件を決める。個別交渉での「抜けがけ」はできない。「勝者がすべてを独り占め（winner-take-it-all）」のアメリカらしいシステムだ。

　なお、こうしてみると団体交渉はただ労働者側にとってだけ都合のいい制度のようだが、実は使用者側にもメリットはある。労働者1人1人といちいち交渉しなくても、労働組合と交渉して話がまとまり、労働協約を締結すれば組合員全員の労働条件をいっぺんに決めることができる。またその後しばらく（協約の有効期間中）労使間の平和が維持される。

●労使協議制

　多くの企業で、労使協議と呼ばれる労使間の話し合いの機会が持たれている。一般にそこでは団体交渉に比べよりインフォーマルな協議が行われているようだ。組合のない職場で団体交渉の代わりをしているケースもあるが、組合のある職場でも労使協議は広く行われている。団体交渉はせず労使協議だけで話が済んでいる場合もあるし、団体交渉とともに（たとえば事前折衝のような位

2 誠実交渉義務

　使用者は、労働組合と「誠実に」交渉しなければならない。単に誰かが出てきて話を聞くだけとか、最初から相手の話も聞かずに「合意する気はないから」と宣言しちゃうなんてのではダメ。これを誠実交渉義務と呼ぶ。使用者の団体交渉に応じる義務とは、要するに労働者の代表者と誠実に交渉する義務のことなのである。では「誠実に」とはどういうことか。夫婦とか恋人なら「隠し事をしない（＝うまいウソをつく）」「浮気をしない（＝隠れてやる）」というようなことだろうが、使用者としてはどうすればよいのか。どこまでやればよいのか。これまでの裁判例の蓄積により、だいたい次のような感じだとされている。

　すなわち、使用者は「労働組合に対し、自己のよって立つ主張の根拠を具体的に説明したり、必要な資料を提示するなど……のような誠実な対応を通じて合意達成の可能性を模索する義務」がある（中労委（株式会社シムラ）事件：東京地判平成9・3・27労判720号85頁）。ただしもちろん、誠実交渉義務の具体的内容はその交渉の経緯によって変わりうる。たとえば、労働組合が賃金に関して具体的な要求をせず、合意を求める努力もしていないにもかかわらず、賃金制度に関する資料の提示を求めているような場合には、使用者がそれに応じなくても誠実交渉義務違反とはいえない（中労委（日本アイ・ビー・エム）事件：東京地判平成14・2・27労判830号66頁）。

　またあくまでも「交渉」義務であって「合意」あるいは「譲歩」の義務ではない。「労使双方が当該議題についてそれぞれ自己の主張・提案・説明を出し尽くし、これ以上交渉を重ねても進展する見込みがない段階に至った場合には、使用者としては誠実交渉義務を尽くしたといえる」ので、団体交渉を正当に打ち切る

ことができる（前掲・中労委（株式会社シムラ）事件）。

3　団交事項

組合「会社に対し、団体交渉を申し入れます」

会社「うーん、団体交渉権のある労働組合がそう言ってきたな
　　　らしょうがない、交渉のテーブルにつきましょう。で、議題
　　　は？」

組合「はい、乃木坂46は今後どうしていくべきなのか、です」

会社「なんだよそりゃ！　そんなの知るか！　賃金とか待遇の
　　　話だろ、フツーは！」

組合「でも社員の大半はヲタクでして、どうせ大して上がるは
　　　ずもない賃金よりも乃木坂の今後の方に強い関心が……」

　使用者は労働組合との団体交渉に誠実に応じなければならない。
しかしいかなるトピックについても交渉のテーブルに出て行かな
ければならないというわけではない。まず、使用者に処分可能性
のない事項（たとえば政治的な問題……そして乃木坂の今後も）につい
ては団体交渉をしても意味がない。使用者がどんなに譲歩しても
政治的な問題が解決するわけではない（乃木坂の運命も変わらない）
のであるから。また、そもそも労働組合とは、主として「労働条
件の維持改善」のために組織された団体であり、使用者と団体交
渉を行い、労働協約を締結し、場合によっては争議行為に訴える
権利を有する。とすれば、使用者がそれについて団体交渉に必ず
応じなければならない事項（義務的団交事項）は、やはり何らかの
形で労働者の「労働条件」に関わる事項、あるいは団体交渉その
他の団体行動に関わる事項であることが必要であろう。

　よく問題になるのが、生産計画、工場・事業所の閉鎖・統廃合、
経営者の人事など、いわゆる「経営専権事項」（と経営者側が意識

的に呼んでいるもの）である。もちろん、どこの工場を閉めるとか誰を社長にするとかいうことは、経営者たる使用者が自らの経営責任と判断の下に決定する事項である。しかし同時に、これらの事項は労働者の労働条件と「密接な関連を有する事項」（栃木化成事件：東京高判昭和34・12・23判時217号33頁）であったり、「労働条件を左右する部分」（日本プロフェッショナル野球組織（団体交渉等仮処分抗告）事件：東京高決平成16・9・8労判879号90頁）を有していたりすることが多い。そのかぎりにおいてはやはりこれらの事項も義務的団交事項となると考えられる。

　なお、義務的団交事項とはいえない事項について、使用者が任意に団体交渉に応じることはもちろん差し支えない（だから乃木坂の今後についても……）。

Ⅲ　会社から「一筆取る」権利
──労働協約締結権

　団体交渉の結果、労働組合と使用者が一定の合意に達したとする。この場合に締結されるのが労働協約である。要するに組合と会社の「合意」であり「契約」である。もちろん、会社の手芸サークルだって会社と何らかの「合意」をすることは可能だ。しかし労働協約は単なる「合意」「契約」ではない。それが労組法14条の要件を満たす場合には、同16条により規範的効力という特別の効力を持つことになる。このような「契約」を締結する権限があるのは労働組合だけだ。そう、労働協約締結権限もまた、労働組合だけが持つスペシャルなパワーなのである。

●協約締結権限
　言うまでもなく、労働協約へのサインや押印は権限のある者が

行わなければならない。組合規約上組合の代表として業務を統括する地位にある執行委員長であっても、当然に協約締結権限を有するわけではなく、組合大会や執行委員会などによる権限付与が必要である（山梨県民信用組合事件：最判平成28・2・19民集70巻2号123頁）。

1 規範的効力

　ではその特別の効力とはどのようなものか。実はこれについてはすでに第1部で触れているので、ここでは簡単におさらいをしておくことにしよう。

　個々の労働組合員の労働契約のうち、労働協約に定まる労働条件その他に関する基準に違反する部分は無効となり、無効となった部分はその協約が定める基準が取ってかわる（労組16条）。これが規範的効力である。労働組合という「団体」が決めたことが、その団体の構成員である「個人」の労働条件、すなわち個々の労働契約の内容になるのだ（→第1部Ⅳ **5(1)**）。

　そして、労働協約の定める基準は、それを下回る労働条件を定める労働契約はもちろん、それを上回る内容の労働契約をも無効とし、それに取ってかわる。つまり「有利性原則」は原則として否定される（→第1部Ⅳ **5(2)**）。ただし、労働協約に書いてあることであっても、場合によっては個々の組合員を拘束しない、すなわち労働条件にならない場合もある。これが「協約自治の限界」である（→第1部Ⅳ **5(3)**）。

　また、新たな労働協約の締結によって従前の労働条件が不利益に変更される場合であっても、個々の組合員に対する規範的効力は原則として否定されない（朝日火災海上保険（石堂・本訴）事件：最判平成9・3・27労判713号27頁）。労働組合が団体交渉を経て合意したことは、労働者にとって不利に変更された部分も全部ひっくるめて、原則として労働者（組合員）を拘束すると考える。それが現

行法のスタンスであるといえる（→第2部第5章Ⅲ1）。

2　債務的効力

　規範的効力が労働協約の「特別な」効力だとすれば、債務的効力は「特別じゃない」「フツーの」の効力といえる。要するに「契約」としての効力である。契約である以上、当事者はそこに定められた権利義務に拘束される。組合事務所を貸すという会社の義務、それに対して月5万円払うという組合の義務。ストライキをする前に必ず予告をするという組合の義務。在籍専従を年に2人認めるという会社の義務。ユニオン・ショップ協定によって使用者が負う解雇義務（ただし筆者の考えだとそもそもそういう義務は発生しないのだが。→Ⅰ1(3)）、などなど。

　もしこれらの義務が履行されなければ、労働組合は使用者に、あるいは使用者は労働組合に「義務を履行せよ」と要求できる。またその不履行によって損害が生じれば損害賠償請求もできる。

●規範的「部分」と債務的「部分」
　「規範的効力」「債務的効力」のほか、「規範的部分」「債務的部分」という言葉もしばしば用いられる。規範的効力を有するのが規範的部分であり、これはわかりやすい。要するに「労働条件その他の労働者の待遇に関する基準」（労組16条）が定められた部分だ。
　では債務的効力を生じるのが債務的部分、かというと、ややこしいことにそうではない。労働協約は全体として債務的効力を有するのだ。たとえば「賞与は3か月分」と定めた部分は、明らかに規範的部分であり規範的効力も生じるが、同時にこの部分は債務的効力も有する。考えてみればそりゃそうだ、使用者はこの条項によって組合に対し「組合員の賞与は3か月分払うよ」と約束している。これを支給しなかったら、組合に対する約束違反、債務不履行だ。

では債務的部分とは？　これは、労働協約中の規範的部分以外の部分、つまり債務的効力「しか」生じない部分を指す。要するに、個々の労働者の労働条件に関係のない部分である。組合事務所貸与の条件、非組合員の範囲、ユニオン・ショップ、団体交渉の手続など、団体的労使関係運営のルールを定めた部分である。

まとめると……「規範的部分」は「規範的効力」も「債務的効力」も有する。「債務的部分」は「債務的効力」のみを有する、ということだ。

3　労働協約の拡張適用── 一般的拘束力

労働協約の効力はその協約を結んだ労働組合の組合員にしか及ばないというのが原則である。そりゃそうだ、組合員じゃないのに労働組合が決めたことに勝手に拘束されたら大変だ。ところが、実はその大変なことが起きる可能性がある。労組法が、労働協約の拡張適用という仕組みを用意しているのである（労組17条・18条）。

すなわち、「一の工場事業場」に常時使用される「同種の労働者」の４分の３以上がある１つの労働協約の適用を受けることになった場合には、その工場事業場に使用される他の同種の労働者、つまり非組合員に関しても、その協約が適用される（労組17条）。組合員じゃないのに、組合が決めたこと（労働協約）の適用を受けることになるかもしれないのだ。このような効力を、労働協約の（事業場単位の）一般的拘束力と呼ぶ。

(1)　誰のための規定？

そもそもなぜ、誰のためにこのような規定が存在するのだろうか。結論からいうと、「みんなのため」である。第１に、拡張適用によって職場の労働条件の統一が図られる。（全体の４分の３以上を占める）多数組合との話がまとまれば職場全体の労働条件を決められる。これは使用者にとってプラスだ。第２に、（全体の４分の１未満の）少数労働者にもメリットがある。拡張適用により、

少数労働者は多数組合が決めたことに「タダ乗り」できる。組合費を払っていないのに、組合の仕事は全然分担してないのに、多数組合が勝ち取った条件を適用してもらえるのだ。逆に多数組合からみれば面白くない話ともいえるが。

しかし第3に、実は多数組合にもメリットはある。多数組合が決めたことがその職場全体の労働条件になるので、少数労働者は労働力を「安売り」できなくなる。たとえば、多数組合の労働協約に「賞与は3か月分」とあれば、たとえ少数労働者が「2か月分でいい」と言っても通らない。もし同じ職場に賞与3か月分の集団と2か月分の集団がいたら、どうしても安い方に引っ張られてしまうだろう。次の交渉でさらに上を目指すのも難しそうだ。要するに拡張適用は「値崩れ防止」の役割を果たすのだ。

判例も、労組法17条の目的を「当該事業場の労働条件を統一し、労働組合の団結権の維持強化と当該事業場における公正妥当な労働条件の実現を図ること」であるとしている（朝日火災海上保険（高田）事件：最判平成8・3・26民集50巻4号1008頁）。短いフレーズだが、使用者のため（＝労働条件統一）、少数者のため（＝公正妥当な労働条件の実現）、そして多数組合のため（＝団結権の維持強化）、と三方にちゃんと気配りがなされている。

(2) 拡張適用の要件

「一の工場事業場」とは、文字どおり個々の「工場」「支店」などを意味する。「同種の労働者」かどうかは、基本的にはその労働協約の適用対象者を基準として判断される。たとえばパイロットの労働協約なら職場にいるパイロットの数を数える、事務系と技術系双方の労働者を対象とする協約なら両方とも全部数える、ということだ。

(3) 何が起こる？——拡張適用の効果

拡張適用の要件が満たされると、「他の同種の労働者」、すなわち少数非組合員にもその労働協約が適用されるようになる。「賞

与は３か月分」と協約にあれば、基本的には非組合員も３か月分の賞与を請求する権利を得ることになる。ただし拡張適用されるのは規範的部分のみである。

> 組合幹部「あれ？　ちょっとちょっと、オマエ組合員じゃないだろ？　なんで勝手に組合事務所で合コン開催してんだよ？」
>
> 非組合員「だってさー、おたくの組合、頑張って勧誘したおかげで職場の労働者の４分の３以上押さえることになったんでしょ？」
>
> 幹部「確かにそうだけど……それとこの合コンとどういう関係が??」
>
> 非組「拡張適用だよー！　組合事務所を使う権利が非組合員にも拡張適用されたわけさ」
>
> 幹部「なるほどー……ってあのね、債務的部分は拡張適用されないの！　それにそもそも合コン用スペースじゃないんだよ！」

少数組合が存在したら？

４分の１未満の少数者が労働組合を組織していた場合はどう考えたらよいだろう。学説・裁判例の見解は分かれているが、現行法が複数組合主義を取り、どんな小さな組合にも団体交渉権を保障している（→Ⅱ1）以上、少数組合員には拡張適用の効力は及ばないと考えるべきだろう（拡張適用否定説）。しかし拡張適用肯定説や折衷説（少数組合が労働協約を締結している場合のみ拡張適用を否定）も有力である。

有利性原則は？　不利益変更は？

では、少数労働者が組合を組織していなければ、常に拡張適用の効力が及ぶのか。拡張適用によってその未組織少数労働者の労

働条件が引き下げられることになってもよいのか。組合員の場合はまあしょうがない。自分の加入している組合が決めたことなのだからそれに従うのがスジともいえる。だから協約より有利な労働条件を個別交渉で勝ち取ることは通常できない（有利性原則が否定されるため→第1部Ⅳ5(2)）し、また新たな労働協約の締結により労働条件が不利益に変更される場合も原則としてはそれを受け入れなければならない（→第2部第5章Ⅲ1）。

　しかし未組織少数労働者の場合は、組合の意思決定にそもそも関与していない、できない。他人が勝手に決めたことで労働条件が切り下げられてしまう、そう考えるとちょっとかわいそうだ。このような観点から、学説上は拡張適用の場合には有利性原則を認める、つまり少数者にとって有利な内容の労働協約のみが拡張適用される、という立場が有力である。

　最高裁も一応この点には配慮しているようだ。判例（前掲・朝日火災海上保険（高田）事件）は次のように述べる。すなわち、第1に、労働協約上の基準の一部が未組織の同種労働者の労働条件より不利益であったとしても、その不利益な部分の規範的効力は原則として妨げられない。つまり、一般的拘束力は、それが少数労働者に不利になる場合でもなお及ぶ。労組法17条の文言上なんの限定もないこと、労働条件の統一が同条の趣旨であることなどがその根拠とされている。

　第2に、しかし「当該労働協約を特定の未組織労働者に適用することが著しく不合理であると認められる特段の事情があるとき」には、労働協約の規範的効力は少数未組織労働者には及ばない。未組織労働者は労働組合の意思決定に関与する立場にないし、また組合の方も未組織労働者の労働条件改善のために活動する立場にはないからである。そしてこの「特段の事情」の有無は、「労働協約によって特定の未組織労働者にもたらされる不利益の程度・内容、労働協約が締結されるに至った経緯、当該労働者が

労働組合の組合員資格を認められているかどうか等に照らし」て判断される。

　要するに判例の立場は、未組織少数労働者にとって不利となる場合でも労働協約が拡張適用されるのが原則だが、「特段の事情」がある場合には拡張適用が否定される、というものである。

> ●訂正しお詫び申し上げます
> 　労組法18条の地域的一般的拘束力につき、第6版までは「ほとんど使われないのでこの際無視する」と記載しておりましたが、最近この規定が発動され、家電量販店の年間所定休日に関する労働協約が茨城県で拡張適用されました（中労委令和3・8・4「労働協約の地域的拡張適用に関する決定を求める申立て」に係る決議、厚生労働大臣決定令和3・9・22）。軽率な表現を渋々お詫びするとともに、皆様のご意見・ご指摘を表面上は真摯に受け止め、今後このようなことがなきよう努めるフリをします。

Ⅳ　「非常時の武器」と「平常時の備え」の権利
——団体行動権

　憲法が労働組合に保障する団体行動権は、ストライキその他の争議行為をする権利（争議権）、そして組合活動をする権利（組合活動権）の2つに分かれる。争議行為とは、ストライキ（同盟罷業）、スローダウン（怠業）、ピケッティング（詳しい説明は後ほど）など、労働組合が団体交渉でその要求を通すための圧力手段として行う、使用者の業務の正常な運営を阻害する行為である（労調7条参照）。

　職場を正常じゃない状態にしちゃうっていうんだから、まさに「非常時」の行為だ。なんでそんな「職場を正常じゃない状態にしちゃう」スゴイ権利が労働組合に認められるのか。それはやはり、たとえそういう「非常時」の武器をもってしてでも、団体交渉

が進展するならその方が望ましい、という考え方によるのだろう。

これに対し組合活動とは、労働組合が「業務の正常な運営を阻害せずに」行う、ビラ配布・貼付、組合集会など「平常時」の行為である。

1 「正当な」争議行為についての法的保護

団体交渉をしてもどうも歩み寄らない。そのような場合に労働組合が行使することを認められているのが争議権だ。もし会社のテニスサークルのメンバーが、「もっと長時間テニスコートを使わせろ」と要求して「ストライキ」をしたら？　それはただの欠勤だ。あんまりやっていると懲戒処分の対象になってしまうかもしれない。のみならず、もしそれで会社の業務に支障が出てなにか損害が生じたら、その賠償を請求されるかもしれない。しかし労働組合が「もっと給料上げろ」と要求して「正当な」ストライキその他の争議行為をするのであれば、そのような心配は不要である。それが労働組合の特権だ。では正当な争議行為についてはどのような法的保護があるのか。

(1) 牢屋に入らなくてよい──刑事免責

労働組合の「正当な」争議行為については刑法上の違法性が阻却され刑罰が科されない（労組1条2項、刑35条）。これを刑事免責という。争議行為は、時には強要、威力業務妨害、住居侵入、不退去などの犯罪の構成要件を満たしうるが、それらが「正当な」争議行為である場合には罪を問われずに済む。

●ホントにあるのか？　争議行為の刑事免責

　条文の構造からすると「労働組合以外の団体がこれをやったら犯罪だが、労働組合がやる場合は犯罪でない」という行為がある、ということになるが、実際にはそういう行為はあまり多くなさそうである。暴力をふるえば（当たり前だが）その時点でもう「正

294

当な行為」ではない（労組1条2項但書）。住居侵入については労働組合の行為であろうとなかろうとそもそも「正当な理由」があれば罪は問われない（刑130条参照）。強要は「生命、身体、自由、名誉若しくは財産に対し害を加える旨を告知」した時点で「正当な」行為ではない感じがする（刑223条）。あとありうるとすれば威力業務妨害罪（刑234条）だろうか。ただこれも何をもって「威力」とみるかによるだろう。

　これまでの裁判例をあたってみても、「その行為は犯罪の構成要件を満たすが、でも労働組合の行為なので無罪」というキレイな？判決はほとんど見あたらない（控訴審や上告審では結局有罪、というパターンも多い）。結局、刑事免責は実際上はあまり適用される余地はないが、ただ立法者としては、それをわかりつつも「労働組合の行為については刑罰規定の発動は慎重にね」というメッセージを送りたかったということかな？

(2) カネも払わなくてよい──民事免責

　ストライキとは、要するに労働契約上労働義務を負っている労働者がみんなで示し合わせて働かないことだ。これをフツーにやったら、労働契約違反、債務不履行である。それによって損害が出れば労働者はそれを賠償する責任を負うのがスジだ。また労働組合あるいはその幹部も、労働義務違反という違法な行為を指導したということで不法行為責任を問われうる。

　しかしここで民事免責の登場だ。使用者は、「正当な」争議行為については労働組合またはその組合員に対し損害賠償請求をすることができない（労組8条）。「正当な」争議行為については債務不履行や不法行為の責任が免除されるのだ。仮に損害が出ていても、賠償する必要はない。プロ野球選手がストをしたため試合が中止になり、3万人分の入場料収入が入らないという損害が球団に発生した。でもこのストが正当なものであったなら、組合やプロ野球選手個人がこれを賠償する必要はない。

「損害は出たけど、賠償しなくていいよ」なんて夢のような話だが、しかし考えてみれば、民事免責がなければ会社相手のストなんて怖くてとてもできない。現行法の争議権保障を意味あるものにするためには必要な規定といえるだろう。

(3) 「制裁」も受けない——不利益取扱いからの保護

労働者が正当な争議行為に参加したこと、あるいはそれを指導したことなどを理由とする解雇や懲戒処分その他の不利益取扱いは許されない（労組7条1号）。そのような処分は法的には無効となる。

2 争議行為の「正当性」とは？

このように、「正当な」争議行為は法的に保護される。正当でなければ保護されない。では「正当」かどうかはどのように判断されるのか。これはなかなか一言でいうのは難しいが、だいたい次のような基準が用いられる。すなわち、正当な争議行為とは、

① ちゃんとした労働組合が（主体）
② 労働条件の維持・向上のために（目的）
③ 使用者の権利を尊重しつつ（態様）
④ 団体交渉と予告を経て（手続）

行うものである。

(1) ちゃんとした「主体」

要するに、団体交渉の主体となりうるものでなければならないということだ。労組法上の労働組合であれば問題はない。この要件を満たさないものの代表例が、いわゆる「山猫スト」だ。組合員の一部が組合の正式な承認を得ずに独自に行うストのことである。勝手に個人行動する「山猫」（あくまで比喩ニャのだ、念のため）が法的に団体交渉の主体となり得ない以上、争議行為の正当性も

否定される。

(2) ちゃんとした「目的」

判例は、政治的な目的のための争議行為は、憲法28条の保障とは無関係であり、正当性がないとする（三菱重工業長崎造船所事件：最判平成4・9・25労判618号14頁）。学説には反対説もあるが、政治的な問題でストをされても使用者としてはどうしようもない（＝団体交渉で譲歩のしようがない）わけで、やはり判例の立場が妥当だろう。たとえそう解釈しても、労働組合は「平常時」の組合活動として政治活動や社会活動をすることはできる（→第1部Ⅲ3(1)）のだからまあそれくらいで十分だ。

いわゆる「経営専権事項」（→Ⅱ3）に関する要求を掲げて行う争議行為は、それが労働者の労働条件の維持・向上という目的につながるものであれば正当性は否定されない。

(3) ちゃんとした「態様」

以下では争議行為の種類ごとに「正当性」の基準を検討するが、最初にすべての種類の争議行為に関わる一般的な基準を2つほど挙げておく。

第1に、どんなにヒドイことを言われても手を出したら負け。刑事免責については明文（労組1条2項）があるが、民事免責と不利益取扱いについても同様だ。その争議行為が少しでも暴力的な性格を帯びた時点でその正当性は否定される。第2に、使用者の法的権利、とくに財産権を尊重すること。たとえスト中でも、会社やその施設は使用者のもの、あるいは使用者に管理権のあるものなのだ。

ストライキ

要するに仕事をしないことだ。労務の不提供である。「ただ」仕事をしない「だけ」、と言うのもおかしな話だが、暴力的な要素はないし、また使用者の財産権を侵害するものでもないので、

原則として正当性が認められる。

スローダウン（怠業）
作業の速度を意識的に落とし、わざとだらだらやる。

組合「これからわが組合は怠業の争議行為に入るぞ！」
使用者「いつもと同じ作業スピードじゃないか……」

　これもストライキと同様の理由で原則として正当性が認められる。しかし機械を壊して作業を遅らせるというようなのはダメだ。

ピケッティング
　ピケッティングとは、文字どおり「ピケ（picket）」を張ること。スト中の労働者が会社の入り口で監視、呼びかけ、説得その他の働きかけを行うことを指す。もちろん「カワイイ子いるかなー」と見張っているわけではない。ストライキの維持・強化のために、他の労働者、取引先業者、顧客、あるいは使用者側の人間に対し、就労や取引等をやめるよう呼びかけるためである。要するに「オレたちはスト中です、だから使用者側に協力しないでください、就労や取引されたらストしてる意味がなくなります」と訴えるわけだ。
　ではどの程度までのピケなら正当性が認められるのか。最高裁は、スト中のタクシー会社における、非組合員によるタクシーの運行を阻止するために車庫前で座り込む行為について、「説得活動の範囲を超え」ており、正当な争議行為ではないとした（御國ハイヤー事件：最判平成4・10・2労判619号8頁）。基本的には言論による「平和的説得」しかできないということだろう。

(4) ちゃんとした「手続」
　争議行為は、団体交渉を進展させるために認められた手段であ

●使用者の争議行為──ロックアウト

　ロックアウトとは、使用者が事業場を閉鎖して労働者を閉め出してしまうことである。判例によれば、「衡平の見地から見て労働者側の争議行為に対する対抗防衛手段として相当と認められる」ロックアウトは使用者の正当な争議行為といえるので、そのロックアウトの期間中使用者は対象労働者に対する賃金支払義務を免れる（安威川生コンクリート工業事件：最判平成18・4・18民集60巻4号1548頁）。

る。したがって、団体交渉を全く経ない争議行為には原則として正当性がない。使用者が団体交渉においてある要求を拒否した、あるいはそもそも団体交渉のテーブルに着くこと自体を拒否した、それがあって初めて争議行為に訴えることができるのである。

　また労働協約上あるいは慣行上、争議行為を行うことについて労働組合側に予告義務が課せられていることが多い。この予告をしないで抜き打ち的に行う争議行為にも、原則として正当性がないと考えるべきである。

3　組合活動についての法的保護と「正当性」

(1)　刑事免責・民事免責・不利益取扱いからの保護

　「平常時」の「正当な」組合活動について刑事免責及び不利益取扱いからの保護が及ぶことは法文の文言上明らかである（労組1条2項・7条1号参照）。問題は民事免責だ。労組法8条の文言からすると適用否定説の方が素直だが、憲法28条を根拠に、民事免責は組合活動にも及ぶ、というのが学説上の多数説だ。もっとも、そもそも組合活動は「平常時」に行われるものである。後で述べるように「仕事に差し支えのない」ものでなければならない。つまり本来的に「損害」は出ないはずなのである──「正当な」ものであるかぎりは。

(2) 組合活動の「正当性」とは？

　争議行為は「非常時」に行われるが、組合活動は「平常時」に行われる。当然正当性判断の基準も違ってくる。争議行為の場合と比較すると、主体、目的、手続についてはまああんまりうるさく言われない。「主体」に関しては、別に組合内の少数派の活動でもよい。「目的」に関しても、前述のように（→2(2)）広く政治活動や社会活動も組合の目的の範囲内の活動といえるので、まあほぼ無限定と言ってよい。「手続」についても同様、基本的には好きにやれそうだ。組合員っぽい人が、組合の目的っぽい目的のために、とくに予告せずにやってもなお正当性は失われない。

　ただし、態様に関してだけは別だ。「平常時」の活動である以上、とにかく「業務の正常な運営を阻害しない」こと、これが絶対条件だ。要するに、労使慣行として許されているような場合を除き、原則として就業時間外に、仕事に差し支えない範囲で――すなわち、労働義務、職務専念義務などの労働契約上の義務に反することなく――行なわなければならないのだ。また、たとえ就業時間外でも、誠実義務違反にあたるような態様であればその組合活動は正当なものとはいえない。

リボンなどの着用

二日酔いの社長「なんだなんだ？　今日は社員みんなで鉢巻なんかして！　鉢巻闘争か!?　違法な組合活動だぞ！」
密かに転職計画中の秘書「社長、今日は社内運動会ですが……」

　労働者がリボン・腕章・鉢巻などを着用したまま就労するという組合活動のスタイル？がある。リボン闘争、鉢巻闘争などと呼ばれる。このような組合活動に正当性はあるか。判例は、リボン闘争は就業時間中に行う組合活動なので正当性はない、とした高

裁判決の結論を支持した（大成観光事件：最判昭和57・4・13民集36巻4号659頁）。学説上は、職務専念義務と「何ら支障なく両立し、使用者の業務を具体的に阻害することのない」リボン闘争であれば正当性を認めうるとした、上記判例の伊藤補足意見を支持する声が強い。要するに、顧客に接することのない業務に従事する労働者が、同僚が気にならない程度の大きさのリボンを着用して仕事をする、そのくらいならいいじゃん！　ということだ。

ビラ貼り

　どこにどんなビラを貼るにせよ（社外なら別だが）、許可を得ずに行う場合には使用者の所有権あるいは施設管理権を侵害する行為であり、正当性はないと評価せざるを得ないだろう。刑法上の器物損壊罪にも該当しうる。判例も、企業別組合が従業員詰所のロッカーに許可なくビラを貼ったというケースにおいて、企業の物的施設を利用したこのような組合活動は、「その利用を許さないことが当該物的施設につき使用者が有する権利の濫用であると認められるような特段の事情がある場合」を除いては、使用者の施設管理権を侵害し、企業秩序を乱すものであって、正当な組合活動とはいえない、と判断した（国鉄札幌運転区事件：最判昭和54・10・30民集33巻6号647頁）。

> 「こらこら、更衣室に組合のビラなんか貼っちゃダメだ！　施設管理権の侵害だぞ」
> 「え、でもテニスサークルとか手芸サークルのビラはたくさん貼ってあるのに黙認ですよね？　組合だけ差別するんですか？」
> 「うーん……実はそうなんだ。組合を差別してるんだウチの会社は（キッパリ）」
> 「潔いにもほどがあるんだよ……」

こういうケースは施設管理権の濫用といえるだろう。組合にだけ会議室を使わせてくれない、などというような場合でも同様だ。しかし逆にこのような「特段の事情」がないのであれば、「企業別組合なんだから当然に企業内の施設を使う権利があるんだ、会社もそれを受忍する義務があるんだ」というわけにはいかないだろう。

ビラ配り

職場でのビラの配布は、許可なしに行えばやはり使用者の施設管理権と衝突しうる。しかしビラ配布はビラ貼りと違って一時的に終わる行為なので、業務遂行に具体的支障のない形で、すなわち休憩時間や始業前・終業後などに平穏に行うのであれば正当性を認めてよいだろう（倉田学園事件：最判平成 6・12・20民集48巻 8 号1496頁を参照）。ただしビラの内容は問題となりうる。会社を誹謗中傷するような内容のものは誠実義務違反であり、正当性は認められない。

4　争議行為と賃金

(1)　争議行為参加者の賃金―― no work, no pay の原則

労働者がストに参加した場合、労務の提供はできない（当たり前だ）。したがってその反対給付である賃金請求権は消滅する。労働者が自分の意思で労務を提供しないのだから反対給付である賃金が出ないのは当然――いわゆるノーワーク・ノーペイ（no work, no pay）の原則だ（→第 3 部第 3 章 I (3)）。ただもちろんこれは契約解釈上の原則であって、これと違う内容の契約だということであればそれはそれで構わない。

では具体的に賃金のどの部分がもらえなくなるのか。たとえば住宅手当や家族手当はどうか。スト中だからって家を借りなくなるわけでもないし、家族を養わなくなるわけでもない。そう考え

ると、これらの手当は全額支給してあげてもいいような気もする。学説上も、労務の提供に直接対応しないこれらの手当はストがなされた場合でもカットすべきでないという見解がある（いわゆる賃金二分論）。

　しかし判例は、スト中の賃金がカットされるのか、カットされるとしたらどの部分なのかは「労働協約等の定め又は労働慣行の趣旨に照らし個別的に判断」すべきである、とした（三菱重工業長崎造船所事件：最判昭和56・9・18民集35巻6号1028頁）。要するに、家族手当あるいは住宅手当だから絶対にストでも減額できない、ということではなく、それらの手当もストの期間に応じて減額するという労働慣行が成立しているなら、個々の契約内容がそう解釈できるなら、その慣行なり契約のとおりに処理してよいということだ。

(2)　争議行為不参加者の賃金──「部分スト」「一部スト」

　バイト「店長！　なんで今日全然仕事始まんないんすか？」
　店長「うん、実は組合がストに入ってね、出荷本部の方が止まっちゃったから食材が届かないんだよ」
　バイト「クミアイ？　マジっすか？　今どきそんなのやってるヤツいんすか？　しかもストって、超ダサでマジヤバいっすよー。いったいどんなヒマなヤツらがそんなのやってんすかねぇ？　いっぺん顔みてみたいっすよ」
　店長「そっか、今ちょうどみてるぞ……」

　会社の仕事というのはいろんな工程に分かれ、しかし流れとしてつながっている。そのどこかが止まれば当然他にも影響が出る。ということは、自分がストに参加しなくても、仕事上結果的にストの影響を受けることはありうる。たとえば、自分の入っている組合の他の組合員がストに入った（部分スト）ために、あるいは

自分が入っていない組合がストに入った（一部スト）ために、自分も仕事ができなくなった。これらの場合、賃金はもらえるのだろうか。

判例によれば、部分ストでも一部ストでも、残念ながら？もらえない。労働者の一部によるストが原因でスト不参加労働者の労働義務の履行が不能となった場合は、使用者が不当な目的の下でことさらストライキを行わしめたなどの「特別の事情」がないかぎり、そのストは「債権者の責めに帰すべき事由」（民536条2項）に該当せず、スト不参加労働者は賃金請求権を失うからである（ノース・ウエスト航空事件：最判昭和62・7・17民集41巻5号1350頁）。使用者が譲歩すればストは回避できたはず、だからスト不参加労働者が働けなくなったのは「債権者の責めに帰すべき事由」によると考えるべきだ、という見解もありうるが、最高裁はそうは考えなかった。「どの程度譲歩するかは使用者の自由であるから、団体交渉の決裂の結果ストライキに突入しても、そのことは、一般に使用者に帰責さるべきものということはできない」ということになる（前掲・ノース・ウエスト航空事件）。

(3) 争議行為不参加者と休業手当

では部分スト・一部ストの場合にスト不参加労働者が休業手当（労基26条）をもらうことはできるか。前述したように（→第3部第3章Ⅲ）、同じ「帰責事由」でも労基法26条の方が民法536条2項より広いので、賃金はもらえないが休業手当はもらえる、という場合がありうることになる。部分ストや一部ストによる休業はこれに該当するのだろうか。

判例は、部分ストについて、もっぱら労働組合が「自らの主体的判断とその責任に基づいて行つた」ものであり、「会社側に起因する経営、管理上の障害」とはいえず、したがって労基法26条にいう「使用者の責に帰すべき事由」にはあたらない、とした（ノース・ウエスト航空事件：最判昭和62・7・17民集41巻5号1283頁。ちな

みに(2)の事件とは一応別の事件。民集のページが違うことに注意！）。これに対し一部ストの場合は、最高裁の判例はないが、学説上はスト不参加者に休業手当請求権が生じるという見解が有力である。

V　ある意味これもスペシャルなパワー
　　　　　　　　　　──不当労働行為救済制度

　ここまでみてきたように、労働組合は団体交渉権や争議権などのスペシャルなパワーを法的に保障されている。これを侵害されたら、裁判所に行って救済を求めることもできる。

　しかし労組法は（それに飽き足らず?!）、そのような組合の権利を侵害する行為を不当労働行為と名付けて、その救済について特別の手続をつくり、労働委員会という特別の機関を用意した。この手続により、労働組合及びその構成員である労働者は、労働組合の結成やその活動に関連してなされた使用者の一定の行為の除去を求めることができる。労働組合と組合員しか利用できない手続であり、その意味では労働三権に続く「第4のパワー」といえる……労働協約締結権も入れれば「第5のパワー」か？　では不当労働行為救済制度とはどのようなものか。

1　不当労働行為とは？

　法律上一般的な定義はない。不利益取扱い、団交拒否、支配介入……要するに労組法7条1号から4号に列挙されている行為の総称である。敢えてまとめるなら、労働組合の結成やその自主的な活動を妨げる可能性のある使用者の行為、ということにでもなるだろうか。

　なぜ裁判所とは別に労働委員会が設置され、不当労働行為救済制度という特別な手続が存在するのか。学説上は諸説あるが、簡

単に言えば次のような感じだ——裁判所では「過去の後始末」を、労働委員会では「未来を見据えた手打ち」を。裁判所の手続というのは、要するに過去の事実に基づいてこういう権利があったとかこの義務はなかったとかを決めるものである。まさに過去の後始末だ。

これに対し不当労働行為救済制度は、将来に向けて労使関係の正常化をはかることを主眼とする。私法上権利や義務があったとかなかったとかいうことにあまりとらわれず、将来に向けて労使関係が健全化するために妥当な解決方法はなにかを考え、未来に向けて「手打ち」をさせる。そういう独自の目的があるからこそ、通常の裁判手続とは別の手続として存在するのだ。言い換えれば、そういう独自の目的を達成するためには、通常の裁判手続ではダメなので、不当労働行為救済手続が整備されているのだ。

2 不利益取扱い

不利益取扱いとは、労働者が①労働組合の組合員であること、②労働組合に加入しもしくはそれを結成しようとしたこと、または③労働組合の正当な行為をしたことの「故をもつて」、使用者がその労働者に対し解雇その他の不利益な取扱いをすることである（労組7条1号本文前半部分）。使用者がこのような不利益取扱いをすると不当労働行為となる。なお労働者が労働委員会等への救済申立てをしたことなどを理由とする不利益取扱いも禁止されている（同条4号）。

(1) 不利益取扱いの態様

要するに、「組合員だから昇格させない」「クミアイ作りそうだから解雇」「（正当な）ストしたから懲戒処分」「（正当な）組合活動したから転勤」なんてのはダメだってことだ。

部長「おめでとう、栄転だよ！　キミを歯舞支店長に任命だ」

組合委員長「北方領土に支店なんてありましたっけ？」
部長「今はまだなかったかもしれないが……まあ細かいことは
　気にすんな、これから作ってもいいわけだし。とにかく異例
　の大抜擢だ、頑張ってくれたまえ」

　支店長に栄転というところだけをみれば「不利益」取扱いとは
言えないかもしれないが、転勤や昇進で組合活動ができなくなる
という意味ではなお不利益取扱いに該当する、というのが一般的
な考え方である。
　組合員であることを理由とする採用拒否も当然ここでいう「不
利益取扱い」にあたると学説は考えてきた。しかし判例は、労組
法7条1号本文は前段が採用「後」の話、後段（黄犬契約→(3)）が
採用「前」の話という構造になっているという理由から、「雇入
れの拒否は……特段の事情がない限り、労働組合法7条1号本文
にいう不利益な取扱いに当たらない」とした（北海道旅客鉄道・日
本貨物鉄道事件：最判平成15・12・22民集57巻11号2335頁→第2部第1章Ⅰ1
(4)）。

(2)　「故をもつて」

　労働組合員が解雇されたらすべて不当労働行為……というわけ
ではもちろんない。労働組合員であること、組合活動をしたこと
の「故をもつて」、つまりそのことを「理由・原因・動機とし
て」不利益取扱いをするのがいけないのである。このことを俗に
――いや俗にではなく一般に――不当労働行為には「不当労働行
為意思」が必要である、という。不当労働行為意思は不当労働行
為の成立要件なのだ。

社長「私が労働組合を嫌悪してるなんてとんでもない、むしろ
　労働組合を愛しています、可愛くてしょうがないとさえ言え
　ます」

労働委員会「そうですか？　でもその割には組合員だけ昇給ゼ
　　ロなんてちょっとおかしくないですかねえ？」
社長「いやまあそれは、可愛さ余って憎さ百倍とでも申しまし
　　ょうか……」

　「意思」というくらいだから最終的には主観、内心の問題だ。
労働委員会の実務では、使用者（「側」の人間）の日頃の態度や
言動、それまでの労使関係の状況などから不当労働行為意思を
「推認」することが多いとされる。

動機の競合
　たとえば、組合の中心人物が不正行為をして解雇された。それ
は一応解雇理由に該当する行為であった。しかし他方で、会社は
労働組合活動の中心であるその人間をなんとか排除したいと思っ
ていたことも確かであった。このように動機が競合している場合、
不当労働行為意思はあるといえるか。

社長「オマエはクビだ！」
組合委員長「そんなの不当労働行為だから許されないぞ！」
社長「いやいや、不当労働行為なんかじゃないぞ。オマエ先週、
　　備品の鉛筆を家に持って帰っただろ。会社財産の窃盗、だか
　　ら解雇だ……決して、組合がいっつもいろいろとうるさくて、
　　団体交渉でもなかなかこっちの条件をのんでくれなくて、で
　　もってオマエがその組合の委員長で、オマエがいなくなった
　　らだいぶうるさくなくなるだろうなあ、って思ったからじゃ
　　ないぞ！」

　一般的には、「仮に同じことを他の同じ地位・職責の労働者が
やった場合にもやっぱりその解雇や懲戒処分がなされたはずだ」

と言えないのであれば、不当労働行為意思を認定すべきであろう。

第三者による強要

　使用者の取引先など、その労使関係からすれば「第三者」である者が労働組合を嫌悪し、「あのうるさい活動家を解雇しないと取引停止するぞ！」と脅しをかけた。使用者は取引を停止されては大変なのでその活動家を解雇した。この場合、解雇したのは取引停止を防ぐためであり、組合活動が理由ではないから不当労働行為意思はない、といえるだろうか。

　判例はこれを否定する。すなわち、組合活動を排除しようという第三者の意図は、使用者がそのような第三者の意図を知ってその要求に応じた以上、使用者の「意思に直結」し、使用者の「意思内容を形成」する（山恵木材事件：最判昭和46・6・15民集25巻4号516頁）。

(3)　黄犬契約

　労働者が労働組合に加入しないこと、もしくは労働組合から脱退することを雇用条件とすること（黄犬契約）も不当労働行為となる（労組7条1号本文後半部分。なお同号但書も参照）。ちなみになんで「黄色い犬」かというと、yellow（ここでは「臆病な」あるいは「卑怯な」の意味）dog contract を直訳してしまったからである。

3　団交拒否

　使用者が、その雇用する労働者の代表者との団体交渉を正当な理由がなくて拒むことは不当労働行為となる（労組7条2号）。雇用関係がすでにない元従業員であっても「使用者が雇用する労働者」にあたるとされる場合がある。解雇後企業外部の労働組合（ユニオン、合同労組）に加入して解雇の効力を争う場合（いわゆる「駆け込み訴え」）がその典型パターンだ。元従業員が解雇後6年以上経ってから加入した組合であっても団交拒否はできないとした裁判例もある（日本鋼管鶴見造船所事件：東京高判昭和57・10・7労判

　　カスミさん「組合に加入しました。団交に応じてください！」
　　ルカワ人事部長「……失礼ですがどなたですか？」
　　カスミ「知らなくても無理はないですね、実は私、５年前にこ
　　　の会社で解雇され……」
　　ルカワ「ああそうですか、そういうことなら団交には応じない
　　　といけないですね。ちゃんとわかってますよ」
　　カスミ「……たサクラギさんの友達なんですが」
　　ルカワ「帰れ！」

「拒む」とは「誠実に交渉しない」という意味をも含む。要す
るに誠実交渉義務を尽くさなければ団交拒否の不当労働行為が成
立するのだ（→Ⅱ2）。また「正当な理由」とは、たとえば「それ
は義務的団交事項ではない」などである（→Ⅱ3）。

4　支配介入

　使用者が、労働者の労働組合結成やその運営を支配もしくはそ
れに介入することは不当労働行為となる（労組7条3号本文前半部
分）。また、使用者が労働組合の運営経費の支払いについて経理
上の援助を与えること（経費援助）も、労組法7条3号但書の例
外にあたる場合を除き禁止される（同号本文後半部分）。労働者の
代表として使用者と対峙する組織であるはずの労働組合。その自
主性が使用者の「弱体化工作」（なんか物々しい響き……）によって
損なわれないようにするための規定だ。
　具体的には、組合の結成や加入を思いとどまらせようとする、
組合からの脱退勧奨をする、別の親睦団体を結成させる、組合の
中心人物を配転したり解雇したりする（これは不利益取扱いにも該当
する）、組合活動を妨害したり監視したりする、役員選挙に干渉

する、会社施設の利用を正当な理由なく拒否する……などなど、いちいち挙げればきりがない。要するに「労働組合弱体化工作と評価しうるすべての行為」だ。

●支配介入と不当労働行為意思

支配介入については、不利益取扱いの場合と異なり、法文上不当労働行為意思がその成立要件とされていない。支配介入の意図は不要のようにもみえる（山岡内燃機事件：最判昭和29・5・28民集8巻5号990頁参照）。しかしよく考えてみると、「支配」及び「介入」という概念自体が一定の主観的意図の存在を前提に成立している。というわけで、結論的には不当労働行為意思の存在が要求されているのと同じことになりそうだ。

なお、社長や役員などが直接脱退勧奨などを行えばもちろん不当労働行為だが、部長や課長などの中間管理職の行為であっても、使用者との意思連絡に基づくものであれば使用者の行為とみなされる。さらに判例は、一定レベル以上の中間管理職が「使用者の意を体して」支配介入を行った場合には、使用者との間で具体的な意思連絡がなくても使用者の不当労働行為となるとする（中労委（JR東海〔新幹線・科長脱退勧奨〕）事件：最判平成18・12・8労判929号5頁）。

社長「判例によれば、私がキミに命令したワケじゃなくても、キミが私の『意を体して』支配介入をすれば、それは会社の不当労働行為になるらしい」

部長代理「そうなんですか」

以心伝心社長「そこでキミに言っておくが、私はまあ確かに組合はそんなに好きじゃないが、しかしだからと言って決して私の『意を体して』なにかしたりしちゃイカンよ、わかったね！　絶対しちゃイカンよ、絶対」

勘のイイ部長代理「わかりました（うーん、これはやっぱやれってこ
とだよなあ……）」

(1) 使用者の意見表明

社長「オレは組合なんてキライなんだよ、あんなもん入るのは
ロクなもんじゃねえぜ」
組合員「その発言は支配介入の不当労働行為ですね」
社長「キライなもんキライって言ってなにが悪い！」

このような発言は支配介入に該当するか。使用者にも意見表明
の自由、言論の自由はもちろんあるが、発言がなされた状況やそ
の際に推認される使用者の意図によっては支配介入が成立する可
能性もある。ケースバイケースの微妙な判断にはなるが、人事権
限のある者が、公式の場で、組合の内部運営方針への具体的働き
かけと不利益の示唆をしていれば確実にアウトだろう。

(2) 施設管理権の行使

企業内の施設を組合活動に利用させないことは支配介入となり
うるか。判例によれば、施設を利用させるかどうかは原則として
使用者の自由であり、施設管理権の濫用であると認められるよう
な特段の事情がある場合を除き、使用者が施設の利用を許諾しな
いからといって直ちに不当労働行為が成立するわけではない（オ
リエンタルモーター事件：最判平成７・９・８労判679号11頁）。どっかでみ
たような文章だ。そう、ビラ貼りに関する国鉄札幌運転区事件：
最判昭和54・10・30民集33巻６号647頁（→Ⅳ３(2)）の判旨そのもの
だ。

要するに判例は、組合活動の正当性も支配介入の不当労働行為
の成否も同じ基準で判断されるという立場なのだ。ただこれにつ
いては、不当労働行為救済制度が独自の意義（例の「労使関係の将

来に向けての正常化」だ）を持った制度である以上、労働組合が私法上施設利用権限を有するといえるかどうかと不当労働行為が成立するかどうかは別の問題として考えるべきだ、という批判もある。

(3) 大量査定差別

使用者が、組合弱体化の意図の下、賃上げや昇格など人事考課において少数組合の組合員を組合ぐるみで差別し査定を低くすることをいう。不利益取扱いにも該当しうる。

少数組合「ウチのメンバーだけいっつもボーナス査定が最低ランクっておかしいじゃないですか?!」

社長「いやいや、なに言ってるんだ、失敬だな！　偶然だよ、あくまでウチは公正に、業績に応じてボーナス決めてるから」

少数組合「でもウチを抜けたヤツはみんなとたんに査定が２ランクもアップしてるんだ、そんなのやっぱおかしいぞ！」

社長「それはほら、キミたちは組合活動にかまけて全然仕事しないけど、抜けたら思う存分働けるってことじゃない？」

査定という企業内部の手続が関わるためなかなか立証は厄介だが、判例は、①少数組合員とそれ以外の勤務成績に「全体として」差異がなかったにもかかわらず、人事考課率については「全体として」顕著な差異が生じていたこと、②会社が少数組合を嫌悪し差別する行動を繰り返していたこと、③少数組合を脱退した者の人事考課率が脱退後急に平均レベルまで上昇したことなどから、少数組合員の査定が低いのは組合所属を理由とするものであると判断し、不利益取扱い及び支配介入の不当労働行為の成立を認めた（紅屋商事事件：最判昭和61・1・24労判467号 6 頁）。基本的に「全体として」の比較で足りるとするやり方なので、「大量観察

方式」と呼ばれる。

(4) 併存組合との団体交渉

　複数組合主義をとる現行法では、どんな小さな組合でも団体交
渉権と労働協約締結権を保障されている（→Ⅱ1）。したがって使
用者は「各組合に対し、中立的態度を保持し、その団結権を平等
に承認、尊重すべき」である。合理的理由なく組合間で差別的な
取扱いをすることは支配介入の不当労働行為となりうる（日産自
動車（残業差別）事件：最判昭和60・4・23民集39巻3号730頁）。

　しかし、複数の組合のうち1つが圧倒的に大きく、もう1つは
ホントに小さな組合、というような場合、使用者としてはまず多
数組合との団体交渉に重点を置くのが合理的だし、またそうせざ
るを得ない。要するに「複数組合併存下においては、使用者に各
組合との対応に関して平等取扱い、中立義務が課せられていると
しても、各組合の組織力、交渉力に応じた合理的、合目的的な対
応をすることが右義務に反するものとみなさる（原文ママ）べき
ではない」のである（前掲・日産自動車事件）。

　使用者「多数組合にも同じ時期にこの条件を提示したんですが、
　　あっちは合意してくれました」
　少数組合「ウチはのめませんね……」
　使用者「そうですか、でも多数組合とはこれでいくことになっ
　　てるんで、こっちも譲れませんね、絶対これでいかせてもら
　　います」

　使用者のこのような態度も、上記判例の考え方でいけば支配介
入にはあたらないことになる。

5　不当労働行為の救済手続

(1)　都道府県労委での初審手続

　不当労働行為の対象となった（と思った）労働者または労働組合は、都道府県の労働委員会に救済申立てをすることができる。労働委員会は、それぞれ同数の使用者委員（使用者団体が推薦）、労働者委員（労働組合が推薦）、そして公益委員（学者や弁護士など）で組織される（労組19条1項）。

　申立てを受けた都道府県労委は調査、審問を行い（同27条1項）、公益委員による合議を経て、申立てに理由ありということであれば救済命令を、理由なしということであれば棄却命令を発する（同27条の12第1項）。実際には多くの事件が和解で終わる。

申立期間

　申立ては、不当労働行為とされる行為の日（「継続する行為」の場合はその終了した日）から1年以内にしなければならない（労組27条2項）。1年とはずいぶん短い気もするが、これもまた不当労働行為制度が「将来に向けて労使関係の正常化」をはかるものだから、である。1年以上も前のことなんかもう気にせず、もっとこれからのことを考えようぜ、ということだ（安っぽい青春ドラマみたいだが）。

　少数組合「去年4月の査定において明らかにわが組合に対する差別がありますので、不当労働行為の申立てをします」
　使用者「フッフッフ……なんだか脳天気なこと言ってるねえ。去年の4月ってもう1年半も前じゃないか、不当労働行為の申立ては1年以内にしないといけないんだよ。まあもちろん元々差別なんかしてないわけだけどね、こっちは。まあもう過去のことはいいじゃないか、腹を割って話をしよう！　労使関係の将来に向けての正常化のために」

しかし判例によれば、大量査定差別の事件において、年度初めの査定でその後1年間の賃金額が決まる場合には、「査定とこれに基づく毎月の賃金の支払とは一体として一個の不当労働行為をなす」ので、「右査定に基づく賃金が支払われている限り不当労働行為は継続する」ことになる（紅屋商事事件：最判平成3・6・4民集45巻5号984頁）。つまり、4月の査定に差別があるという申立ては、年度終わりの翌年3月の賃金支払日から1年以内であれば可能なのである。もしこの使用者みたいなことを言われても、簡単に丸め込まれてはいけないのだ。

救済命令の種類

不利益取扱いの解雇について原職復帰命令やバックペイ（解雇期間中の賃金相当額の支払い）命令、団交拒否について「この事項について誠実に団体交渉せよ」という誠実交渉命令、そして支配介入について具体的な支配介入行為の禁止命令やポスト・ノーティス（「もうしません」的な文書の掲示）命令などがよく発せられる。労働委員会は裁判所ではないので、事件の内容に応じて柔軟に、適切と考えられる救済命令を発する権限があるのだ。

判例も、不当労働行為救済手続につき、「使用者の多様な不当労働行為に対してあらかじめその是正措置の内容を具体的に特定しておくことが困難かつ不適当であるため、労使関係について専門的知識経験を有する労働委員会に対し、その裁量により、個々の事案に応じた適切な是正措置を決定し、これを命ずる権限をゆだねる趣旨に出たもの」であり、したがって「労働委員会の裁量権はおのずから広きにわたることとなる」と述べている（第二鳩タクシー事件：最大判昭和52・2・23民集31巻1号93頁）。

命令の効力

救済命令はあくまでも労働委員会という行政庁の「行政処分」

であり、私法上の効力があるものではない。ちょっとややこしいが、たとえ解雇が不当労働行為なので原職復帰、という命令が出たとしても、それでその解雇が「私法上」無効となるわけではない。

(2) 救済命令の限界

もちろん、労働委員会の権限が無制限であるわけではない。「そんなヒドイことする会社は社長以下全員国外追放」なんて救済命令は出せないのだ。判例によれば、救済命令の内容に関する労働委員会の裁量権の行使が、不当労働行為制度の趣旨、目的に照らして是認される範囲を超え、または著しく不合理で濫用にわたると認められる場合、そのような救済命令は違法とされる（前掲・第二鳩タクシー事件）。では具体的にはどのような救済命令ならOKで、どのような命令だとNGなのか。

バックペイと中間収入の控除

原職復帰とバックペイを命じるときに、解雇期間中に他で稼いだいわゆる「中間収入」をバックペイの額から控除すべきかどうか。解雇期間中の未払い賃金の話（→第2部第4章 I 5(3)）と似ている……というかほとんど同じだが、あれはあくまで私法上の処理の話、こっちは労働委員会がどこまでやれるかという話である。

判例は、バックペイ金額の決定にあたっては、労働者個人が被った経済的損害の償い、そして組合活動一般に対する侵害の除去という2つの観点を総合考慮しなければならないとした（前掲・第二鳩タクシー事件）。要するに、前者の観点からすれば中間収入を控除すべきであるが、後者の観点からすれば控除を行わない余地が認められるということだ。

ポスト・ノーティスと陳謝

労働委員会「ポスト・ノーティスを命じます……文言は『当社

は……深く陳謝します』です」

使用者「『陳謝』を強制されるのはおかしいぞ。憲法問題だ。
　　　だいたいこっちは不当労働行為が悪いなんて全然思ってない
　　　んだからな！」

労働委員会「では『当社は……ホントは労働組合なんて大嫌い
　　　だし今回のことも全然悪いとは思ってないが、しかしとりあ
　　　えず表面的には陳謝します』ではどうですか？」

　判例は、「深く陳謝する」というポスト・ノーティス命令を適
法であるとした。なぜならこの表現は「同種行為を繰り返さない
旨の約束文言を強調する趣旨に出たもの」であり、陳謝の意思表
明を強制するものではないからである（オリエンタルモーター事件：
最判平成3・2・22労判586号12頁）。

> ●合意成立の見込みがなくても？
> 　判例によれば、使用者が誠実交渉義務に違反する不当労働行為
> をした場合に、当該団交事項に関し合意成立の見込みがないとき
> でも、労働委員会は誠実交渉命令を発することができる（山形大
> 学事件：最判令和4・3・18民集76巻3号283頁）。合意できそうに
> ない場合でも労使が交渉のテーブルに着くことだけでも意味はあ
> る、将来の労使関係正常化のためにはそれをやらせた方がいい、
> 見込みないとは言え絶対的に合意確率ゼロじゃないわけだし、と
> 労働委員会が思ったなら（もちろん思わなくても違法ではない）そ
> れを尊重しましょう、ということだろう。

(3)　中労委での再審査手続

　初審命令に不服な当事者にはその先の手続もある。都道府県労
委の判断に対しては、中央労働委員会（中労委）に再審査の申立
てをすることができる（労組27条の15）。中労委は、都道府県労委
の処分（命令）を取り消し、承認し、もしくは変更する完全な権
限を有する（同25条2項）。

⑷ 裁判所での取消訴訟

　都道府県労委や中労委の命令は行政処分である。したがって、それらの命令に不服のある当事者は、行政事件訴訟法に基づき取消訴訟を提起することができる。再審査を経ずに直接都道府県労委命令の取消訴訟を提起することもできる。労働委員会の所在地を管轄する地方裁判所が第１審裁判所となる。

　そう、場合によっては「前菜→スープ→魚→肉→デザート」ではなくて「都労委→中労委→東京地裁→東京高裁→最高裁」のフルコース「五審制」もありうるということである──「将来に向けて労使関係の正常化をはかるための簡易迅速な手続き」にしては時間がかかり過ぎるような気もするが……

事項索引

あ

安全配慮義務 ……………………………24, 264

い

育児介護休業法……………………………… 247
育児休業……………………………170, 248
育児休業給付 ……………………………… 250
育児時間 ………………………………… 170
育児目的休暇 …………………………… 253
慰謝料……………………………………… 268
遺族給付 …………………………………… 263
遺族補償給付 ……………………………… 263
一部スト …………………………………… 303
一般的拘束力 ……………………………36, 289
委任契約 …………………………………… 14
インターバル制度………………………209, 221

う

請負契約 …………………………………14, 154

か

解雇……… 11, 61, 91, 161, 166, 169, 239
解雇回避努力義務…………………96, 98, 100
介護休暇 …………………………………… 252
介護休業 ……………………………170, 251, 252
介護休業給付 ……………………………… 251
介護給付 …………………………………… 263
戒告 ………………………………………… 80
解雇権濫用法理………11, 28, 93, 94, 123
介護補償給付 ……………………………… 263
解雇予告 …………………………………… 92
解雇予告手当 ……………………………92, 192
解雇理由の証明書 ………………………… 117
会社分割 …………………………………… 71
解約権留保付労働契約 …………………… 57
拡張適用 …………………………………… 289

家族手当 ……………162, 191, 214, 302
合併 ………………………………………… 71
家内労働者 ………………………………… 18
過半数組合 ………29, 38, 40, 195, 210
過半数代表者 ……………29, 38, 40, 195
仮眠時間 …………………………………… 224
過労死 ……………………………………… 260
過労自殺 …………………………………… 262
「環境型」マタハラ……………………… 169
監視・断続的労働…………………………… 220
間接差別 …………………………………… 167
管理監督者 ……………………………219, 222

き

企画業務型裁量労働制……41, 234, 236
期間の定めのある労働契約→有期労働
　契約
企業秩序 ……………………………76, 87, 205
企業別組合 ……………………………21, 33, 280
ギグワーカー ……………………………… 17
危険有害業務 ……………………………170, 171
偽装請負 ……………………………………151, 156
起訴休職 …………………………………… 74
規範的効力 ……………………………33, 128, 287
希望退職 …………………………………… 98
基本給 ……………………………135, 136, 152
機密事務取扱者 …………………………… 220
義務的団交事項……………………………285, 310
休業給付 …………………………………… 263
休業手当 ……………151, 192, 197, 304
休業補償給付 ……………………………263, 268
休憩 ……………………………………203, 221
休憩自由利用の原則 ……………………… 205
休日 ……………………………………205, 221
休日労働 ……………170, 206, 207, 208
休職 ………………………………………… 73
教育訓練 ……………………………142, 166

競業避止義務 …………………… 115
強行的効力 ……………………… 26
強制貯金の禁止 ………………… 186
強制労働の禁止 ………………… 180
業務委託 ………………………… 154
業務請負 ………………………… 154
業務起因性 ……………………… 257
業務災害 …………………… 92, 257
業務上の疾病 ……………… 259, 261
業務処理請負 …………………… 154
業務遂行性 ……………………… 257
業務命令権 ……………………… 24
協約自治の限界 …………… 36, 287
均衡待遇 …………………… 134, 136
均等待遇 …………………… 134, 161
勤務時間の短縮等の措置 ……… 253

く

組合活動 …………………… 299, 312
　――の正当性 …………… 300, 312
組合活動権 ……………………… 293
組合事務所 ………………… 281, 288
組合選択の自由 ………………… 277
組合費 …………………………… 279
組合民主主義 …………………… 22

け

軽易業務転換 …………………… 169
経営専権事項 ……………… 285, 297
計画年休 …………… 242, 244, 245
刑事免責 ……………… 13, 294, 299
継続雇用制度 ……………… 111, 144
継続する行為 …………………… 315
慶弔給付 ………………………… 192
経費援助 …………………… 22, 310
契約自由の原則 ………………… 6, 7
経歴詐称 ………………………… 83
結婚退職制 ………… 163, 172, 173
減給 ……………………………… 80
健康確保措置 ……………… 221, 222
健康管理時間 …………………… 221
兼職・兼業 ……………………… 88

原職復帰命令 …………………… 316
けん責 …………………………… 80
限度時間 ………………………… 207

こ

コアタイム ……………………… 230
合意解約 ………………………… 108
合意に基づく相殺 ……………… 196
公益通報 ………………………… 90
降格 ………………………… 60, 166
合同労組 ………………………… 21
黄犬契約 ………………………… 309
高度プロフェッショナル制度
　………………………… 41, 218, 221
坑内業務 ………………………… 170
高年齢者雇用安定法 ……… 50, 111
高年齢者就業確保措置 ………… 112
公民権行使の保障 ……………… 181
合理的配慮 ………………… 50, 177
子の看護休暇 …………………… 252
個別的労働関係法 ……………… 4
雇用関係法 ……………………… 4
雇用契約 ………………………… 14
雇用政策法 ……………………… 5
雇用平等 ………………………… 160
婚姻による差別 ………………… 172

さ

在籍専従 ………………………… 281
最低賃金 ………………………… 200
債権的効力 ……………………… 288
「債務の本旨」に従った労務提供… 192
採用 ………………………… 45, 161
　――の自由 ……………… 45, 162
採用内定 ………………………… 53
　――の取消 …………………… 55
裁量労働制 ………………… 232, 236
産後パパ育休 ……………… 249, 251
産前産後休業 ………… 92, 169, 170
三六協定 …… 206, 207, 208, 210, 217

し

時間外労働
　…………… 170, 206, 207, 208, 210, 216
時季指定権 ………………………………… 240
始期付解約権留保付労働契約 ……… 54
時季変更権 ……………………………240, 252
事業場外労働 ……………………………… 232
事業譲渡 ……………………………………… 73
事業主 ………………………………………… 18
自主性 ………………………………………… 21
次世代法（次世代育成支援対策推進
　法）……………………………………… 27
時効 ………………………………………… 201
辞職 ………………………………………… 109
施設管理権 ……………………………… 312
支配介入 ………………………………… 310
社会復帰促進等事業 ……………201, 255
就業規則 ……… 29, 36, 88, 113, 118, 137,
　142, 191, 210
　──の変更 ………………………… 119
自由設立主義 …………………………… 274
住宅手当 …… 137, 162, 191, 214, 302
集団的労働関係法 ………………………… 4
出勤停止 …………………………………… 81
出向 ……………………………………… 66, 98
　──と復帰命令 ……………………… 69
出産手当金 ……………………………… 171
出生時育児休業 ……………………… 249
試用 ………………………………………… 56
障害給付 ………………………………… 263
障害者雇用促進法 ………………50, 176
障害補償給付 ……………………263, 266
昇格 ………………………………………60, 166
消極的団結権 …………………………… 277
使用者 ………………………………18, 157
使用者責任 ……………………………… 264
昇進 ………………………………………60, 166
傷病休職 …………………………………… 74
傷病手当金 ……………………………… 74
傷病年金 ………………………………… 263
傷病補償年金 ……………………263, 268

消滅時効 ………………………………… 202
賞与 ……………… 135, 136, 138, 152, 192
職業病 ……………………………………… 259
職務内容同一・短時間・有期雇用労働
　者 ………………………………………… 142
所定労働時間 …………………………… 203
ジョブ型雇用 …………………………… 100
深夜労働 …………………………212, 218, 221

す

ストライキ …………………20, 295, 297
スローダウン …………………………… 298

せ

誠実義務 ………………………………89, 302
誠実交渉義務 ……………284, 310, 318
誠実交渉命令 …………………………… 316
性別による差別 ……………………… 165
整理解雇 …………………………………… 96
生理休暇 ………………………………… 171
絶対的必要記載事項 …………………… 30
セクハラ（セクシャル・ハラスメント）
　……………………………170, 174, 187
全額払いの原則 …………………195, 280
前借金相殺の禁止 …………………… 185
専門業務型裁量労働制 ……………… 233

そ

争議権 …………………………………… 293
争議行為 ………………………………… 294
　──と賃金 …………………………… 302
　──の正当性 ………………………… 296
創業支援等措置 ……………………… 112
葬祭給付 ………………………………… 263
葬祭料 …………………………………… 263
相対的必要記載事項 …………………… 31
相当因果関係 …………………………… 257
即時解雇 ……………………………… 82, 92

た

待遇に関する説明義務 ……………… 140
退職金 …… 31, 82, 113, 138, 162, 192, 201

退職時等の証明……………………… 117
代替休暇………………………212, 213
大量観察方式 ………………………… 313
大量査定差別………………313, 316
団結権 ………………………………… 274
団交拒否 ……………………………… 309
短時間勤務制度……………………… 253
短時間労働者………………………51, 133
男女雇用機会均等法……48, 50, 99, 163
男女同一賃金の原則 ……………… 162
男女平等取扱い法理………………28, 163
団体交渉……………… 20, 129, 157, 282
団体交渉権 …………………………… 282
団体行動権 …………………………… 293

ち

地域的一般的拘束力 ………………… 293
チェック・オフ……………………… 280
中央労働委員会……………………… 318
中間搾取の排除……………………… 180
中間収入………………………102, 317
懲戒 …………………………………… 76
懲戒解雇………………………81, 113
懲戒権 …………………………… 24, 77
　──の濫用 ……………………28, 78
懲戒事由 ……………………………… 83
懲戒処分 ……………………… 76, 77
　──の種類 ………………………… 80
直律的効力 ……………………26, 200
調整的相殺 …………………………… 196
直接払いの原則……………………… 194
賃確法 ………………………………… 187
賃金……………… 142, 162, 191, 302, 303
　──債権の放棄…………………… 197
　──の立替払制度………………… 200
　──の非常時払い ……………… 201

つ

通貨払いの原則……………………… 193
通勤災害………………………12, 262
通勤手当………………136, 138, 192, 214
通常の労働者と同視すべき短時間・有

期雇用労働者…………………… 135

て

定年制………………………110, 166
手待時間 ……………………… 224
転籍 …………………………… 69

と

同一労働同一賃金………………135, 140
特別条項………………………207, 208
特例子会社 ………………………… 179
都道府県労働委員会……………… 315
取消訴訟………………………… 319

な

内々定………………………… 53, 56
内部告発 ……………………………… 89

に

妊娠、出産等による差別 ………… 168
任意的記載事項……………………… 31

ね

年休（年次有給休暇）……………… 238
　──の繰越し…………………… 245
年少者………………………171, 172
年齢差別………………………48, 99, 111

の

ノーワーク・ノーペイの原則
………………………80, 192, 302

は

賠償予定の禁止……………………… 183
排他的交渉代表制……………………… 283
配転………………………28, 60, 98, 100
派遣労働者 … 4, 5, 15, 131, 132, 140, 146
働き方改革……132, 135, 207, 209, 218, 230, 236, 244
鉢巻闘争 ……………………………… 300
バックペイ ………………………316, 317
パートタイム・有期雇用労働法（パー

ト・有期法、パー有法）……130, 132
パートタイム労働者（パートタイマー）
　………………4, 131, 162, 167, 239
パート労働法 ………………………… 132
パパ・ママ育休プラス …………248, 249
ハラスメント ………………………… 187
パワハラ（パワー・ハラスメント）
　………………………………187, 189

ひ

引き抜き ……………………………… 116
ピケッティング………………………… 298
秘密保持義務 ……………………… 24, 89
ビラ配り ………………………………205, 302
ビラ貼り ………………………………301, 312

ふ

複数業務要因災害……………………… 263
複数組合主義 …………………………283, 314
複数事業労働者………………………261, 263
福利厚生施設 ………………………… 141
付随的義務 ………………………24, 89, 264
不当労働行為 …………………13, 51, 305
　——意思 …………………………307, 311
　——の救済手続 …………………51, 315
　——の救済命令 …………………316, 317
部分スト ……………………………… 303
プラットフォームワーカー …………… 17
不利益取扱い …………………………246, 306
フレキシブルタイム ………………… 230
フレックスタイム制 …………………227, 230

へ

平均賃金 ………………………………104, 192
便宜供与 ……………………………… 280
変形労働時間制 ………………………227, 228
変更解約告知 ……………………… 71, 98

ほ

法源 ……………………………………… 23, 40
法定外休日 ………………………………206, 217
法定雇用率 ………………………… 50, 179

法定内残業 …………………………… 216
法定労働時間 ………………………… 203
法内超勤 ……………………………… 216
ポジティブ・アクション …………… 173
ポスト・ノーティス …………………316, 318
母性健康管理措置……………………169, 171
母性保護 ………………………………165, 169, 170
本採用拒否 …………………………… 57

ま

マタハラ（マタニティ・ハラスメント）
　………………………………168, 170, 187
マルチジョブホルダー ……………… 235

み

身元保証契約 ………………………… 51
民事免責 …………………………13, 295, 299

む

無期転換 …………………………132, 143, 183
無期労働契約 …………………………… 92, 110

め

メリット制 …………………………… 256
メンバーシップ型雇用 ……………… 100
免罰的効果 …………………38, 40, 209, 280

や

雇止め …………………………132, 145, 167
山猫スト ……………………………… 296

ゆ

有期雇用労働者………51, 105, 108, 131,
　133, 162, 167, 248, 251
有給休暇 ………………………………218, 252
有期労働契約 ……59, 91, 104, 105, 107,
　108, 109, 181, 183
有利性原則 …………………34, 287, 291
諭旨解雇 ……………………………… 82
諭旨退職 ……………………………… 82, 86
ユニオン・ショップ協定…………… 274

り

リボン闘争 ……………………………… 300
留学費用返還請求 ……………………… 184
療養給付 ………………………………… 263
療養補償給付 …………………………… 263

ろ

労契法 ……………………………………… 26
労災保険 …………………………12, 201, 255
労災保険給付 …………………………… 263
　──と民事損害賠償の調整 ……… 265
労災保険料率 …………………………… 256
労災補償 …………………………… 12, 254
労災民訴 ………………………………… 263
労使委員会 …………………… 41, 221, 235
労使関係法 ………………………………… 4
労使慣行 ………………………………… 37
労使協議制 ……………………………… 283
労使協定 ……… 38, 152, 195, 205, 206, 207,
　212, 213, 221, 234, 239, 242, 243, 248,
　252, 280
労働委員会 …………………… 274, 305, 315
労働基準監督官 ………………………… 11
労働基準監督署 ………………………… 11
労働基準監督署長 ……………………… 29
労働協約 … 100, 113, 118, 191, 194, 280,
　286

　──の改訂 …………………………… 127
　──の規範的部分 ………………… 288
　──の債務的部分 ………………… 288
労働組合 … 20, 21, 33, 125, 129, 149, 273
労働契約 …………… 13, 24, 37, 181, 217
　──の期間 ………………………… 181
労働契約申込みみなし制度 …… 151, 156
労働憲章 ……………………………… 180
労働災害 ………………………………… 8
労働時間 ………………………… 221, 222
　──のみなし制 …………………… 231
　──把握義務 ……………………… 209
労働時間等設定改善委員会 ………… 41
労働施策総合推進法 ……………… 49, 188
労働市場（の）法 ……………………… 5
労働者 ………………………………… 13
労働者供給 …………………………… 153
労働者派遣 …………………………… 146
労働条件の変更 ………………… 73, 118
労働条件明示義務 …………………… 141
労働審判 ……………………………… 23
労務指揮権 …………………………… 24
ロックアウト ………………………… 299

わ

割増賃金 ……… 212, 217, 221, 222, 228

判例索引

昭和29～40年

最判昭和29・5・28民集8巻5号990頁〔山岡内燃機事件〕……………………………………………… 311
東京高判昭和34・12・23判時217号33頁〔栃木化成事件〕………………………………………… 286
最判昭和35・3・11民集14巻3号403頁〔細谷服装事件〕……………………………………………… 93
最大判昭和36・5・31民集15巻5号1482頁〔日本勧業経済会事件〕…………………………… 196
最判昭和37・7・20民集16巻8号1656頁〔米軍山田部隊事件〕…………………………………… 104

昭和41～50年

最判昭和43・3・12民集22巻3号562頁〔小倉電話局事件〕………………………………………… 195
最判昭和43・8・2民集22巻8号1603頁〔西日本鉄道事件〕………………………………………… 86
最大判昭和43・12・25民集22巻13号3459頁〔秋北バス事件〕………………………………110, 122
最判昭和44・12・18民集23巻12号2495頁〔福島県教組事件〕…………………………………… 196
最判昭和45・7・28民集24巻7号1220頁〔横浜ゴム事件〕…………………………………………… 87
奈良地判昭和45・10・23判時624号78頁〔フォセコ・ジャパン・リミティッド事件〕
…… 115
最判昭和46・6・15民集25巻4号516頁〔山恵木材事件〕……………………………………………… 309
最判昭和48・1・19民集27巻1号27頁〔シンガー・ソーイング・メシーン・
カムパニー事件〕……………………………………………………………………………………………………… 197
最判昭和48・3・2民集27巻2号191頁〔白石営林署事件〕…………………………………238, 240
最大判昭和48・12・12民集27巻11号1536頁〔三菱樹脂事件〕………45～47, 57, 58 ,161
最判昭和49・7・22民集28巻5号927頁〔東芝柳町工場事件〕…………………………………… 105
最判昭和49・9・2民集28巻6号1135頁〔倉敷労基署長事件〕…………………………………… 258
最判昭和50・2・25民集29巻2号143頁〔自衛隊車両整備工場事件〕……………………… 265
最判昭和50・4・25民集29巻4号456頁〔日本食塩製造事件〕…………………………94, 278
最判昭和50・11・28民集29巻10号1698頁〔国労広島地本事件〕…………………………… 279

昭和51～60年

最判昭和51・7・8民集30巻7号689頁〔茨城石炭商事事件〕……………………………………… 185
広島高判昭和52・1・24労判345号22頁〔下関商業高校事件〕………………………………… 117
最判昭和52・1・31労判268号17頁〔高知放送事件〕…………………………………………………… 95
最大判昭和52・2・23民集31巻1号93頁〔第二鳩タクシー事件〕…………………………316, 317
最判昭和52・5・27民集31巻3号427頁〔仁田原・中村事件〕…………………………………… 269
最判昭和52・8・9労経速958号25頁〔三晃社事件〕…………………………………………………… 114
最判昭和52・10・25民集31巻6号836頁〔三共自動車事件〕……………………………………… 269
最判昭和52・12・13民集31巻7号974頁〔目黒電報電話局事件〕…………………………85, 205
最判昭和54・7・20民集33巻5号582頁〔大日本印刷事件〕…………………………54, 55, 58
東京高判昭和54・10・29労判330号71頁〔東洋酸素事件〕……………………………………… 96
最判昭和54・10・30民集33巻6号647頁〔国鉄札幌運転区事件〕……………76, 301, 312
最判昭和55・7・10労判345号20頁〔下関商業高校事件〕………………………………………… 117
最判昭和56・3・24民集35巻2号300頁〔日産自動車事件〕……………………………………… 163
最判昭和56・9・18民集35巻6号1028頁〔三菱重工業長崎造船所事件〕………………… 303

最判昭和57・4・13民集36巻4号659頁〔大成観光事件〕……………………………… 301
東京高判昭和57・10・7労判406号69頁〔日本鋼管鶴見造船所事件〕…………………… 309
東京地決昭和57・11・19労判397号30頁〔小川建設事件〕……………………………… 88
東京高判昭和58・5・25労判411号36頁〔アール・エフ・ラジオ日本事件〕………… 63
最判昭和58・9・8労判415号29頁〔関西電力事件〕………………………………78, 87, 89
最判昭和58・9・16労判415号6頁〔ダイハツ工業事件〕………………………………… 78
最判昭和58・10・27労判427号63頁〔あさひ保育園事件〕……………………………… 98
最判昭和58・11・1労判417号21頁〔明治乳業事件〕…………………………………… 85
最判昭和60・4・5民集39巻3号675頁〔古河電気工業・原子燃料工業事件〕………… 69
最判昭和60・4・23民集39巻3号730頁〔日産自動車（残業差別）事件〕……………… 314

昭和61～63年

最判昭和61・1・24労判467号6頁〔紅屋商事事件〕……………………………………… 313
最判昭和61・3・13労判470号6頁〔電電公社帯広局事件〕……………………………… 32
最判昭和61・7・14労判477号6頁〔東亜ペイント事件〕………………………62, 64, 86
最判昭和61・7・15労判484号21頁……………………………………………………… 310
最判昭和61・12・4労判486号6頁〔日立メディコ事件〕……………………………… 105
最判昭和62・4・2労判506号20頁〔あけぼのタクシー（民事・解雇）事件〕……… 104
最判昭和62・7・10民集41巻5号1202頁〔青木鉛鉄事件〕…………………………… 268
最判昭和62・7・10民集41巻5号1229頁〔弘前電報電話局事件〕…………………… 242
最判昭和62・7・17民集41巻5号1283頁〔ノース・ウエスト航空事件〕………198, 304
最判昭和62・7・17民集41巻5号1350頁〔ノース・ウエスト航空事件〕…………… 304
最判昭和62・9・18労判504号6頁〔大隈鐵工所事件〕………………………………… 109
最判昭和63・2・16民集42巻2号60頁〔大曲市農協事件〕…………………………… 125

平成元～10年

最判平成元・9・7労判546号6頁〔香港上海銀行事件〕………………………………… 36
最判平成元・12・7労判554号6頁〔日産自動車村山工場事件〕………………………… 63
最判平成元・12・11民集43巻12号1786頁〔済生会中央病院事件〕…………………… 280
最判平成元・12・14民集43巻12号1895頁〔日本シェーリング事件〕………………… 246
最判平成元・12・14民集43巻12号2051頁〔三井倉庫港運事件〕……………………… 277
最判平成2・6・5民集44巻4号668頁〔神戸弘陵学園事件〕…………………………… 59
最判平成2・11・26民集44巻8号1085頁〔日新製鋼事件〕…………………………… 196
東京高判平成3・2・20労判592号77頁……………………………………………………… 84
最判平成3・2・22労判586号12頁〔オリエンタルモーター事件〕…………………… 318
東京地判平成3・2・25労判588号74頁〔ラクソン等事件〕…………………………… 116
最判平成3・6・4民集45巻5号984頁〔紅屋商事事件〕………………………………… 316
最判平成3・9・19労判615号16頁〔炭研精工事件〕…………………………………… 84
最判平成3・11・28民集45巻8号1270頁〔日立製作所武蔵工場事件〕……………86, 211
最判平成4・2・18労判609号12頁〔エス・ウント・エー事件〕………………239, 246
福岡地判平成4・4・16労判607号6頁〔福岡セクシャル・ハラスメント事件〕……… 175
最判平成4・6・23民集46巻4号306頁〔時事通信社事件〕…………………………… 242
最判平成4・9・25労判618号14頁〔三菱重工業長崎造船所事件〕…………………… 297
最判平成4・10・2労判619号8頁〔御國ハイヤー事件〕……………………………… 298
最判平成5・3・25労判650号6頁〔エッソ石油（チェック・オフ）事件〕………… 280

最判平成5・6・25民集47巻6号4585頁〔沼津交通事件〕················ 246
大阪高判平成5・6・25労判679号32頁〔商大八戸ノ里ドライビングスクール事件〕··· 38
最判平成6・6・13労判653号12頁〔高知県観光事件〕···················· 215
最判平成6・12・20民集48巻8号1496頁〔倉田学園事件〕················ 302
最判平成7・2・28民集49巻2号559頁〔朝日放送事件〕··················· 19
最判平成7・3・9労判679号30頁〔商大八戸ノ里ドライビングスクール事件〕··· 38
東京地決平成7・4・13労判675号13頁〔スカンジナビア航空事件〕········· 98
最判平成7・9・8労判679号11頁〔オリエンタルモーター事件〕············ 312
長野地上田支判平成8・3・15労判690号32頁〔丸子警報器事件〕·········· 140
最判平成8・3・26民集50巻4号1008頁〔朝日火災海上保険（高田）事件〕···290, 292
東京高判平成8・5・29労判694号29頁〔帝国臓器製薬（単身赴任）事件〕····· 66
福岡高判平成8・7・30労判757号21頁〔九州朝日放送事件〕·············· 63
最判平成8・11・28労判714号14頁〔横浜南労基署長（旭紙業）事件〕·······15, 255
最判平成9・2・28民集51巻2号705頁〔第四銀行事件〕··················· 125
最判平成9・3・27労判713号27頁〔朝日火災海上保険（石堂・本訴）事件〕····128, 287
東京地判平成9・3・27労判720号85頁〔中労委（株式会社シムラ）事件〕·······284, 285
東京高判平成9・11・17労判729号44頁〔トーコロ事件〕················· 41
最判平成10・4・9労判736号15頁〔片山組事件〕······················· 193
最判平成10・4・9労判736号15頁〔片山組事件〕······················· 75
大阪地判平成10・8・31労判751号38頁〔大阪労働衛生センター第一病院事件〕······· 98
最判平成10・9・10労判757号20頁······································ 63
東京地判平成10・10・25労判746号7頁〔新日本証券事件〕··············· 184

平成11～15年

最判平成11・9・17労判768号16頁······································ 66
東京地決平成12・1・21労判782号23頁〔ナショナル・ウエストミンスター銀行
（3次仮処分）事件〕··· 96
最判平成12・1・28労判774号7頁〔ケンウッド事件〕···················· 62
最判平成12・3・9民集54巻3号801頁〔三菱重工業長崎造船所（1次訴訟・
会社側上告）事件〕···223, 224
最判平成12・3・9労判778号8頁〔三菱重工業長崎造船所（1次訴訟・
組合側上告）事件〕·· 224
最判平成12・3・24民集54巻3号1155頁〔電通事件〕···················· 264
最判平成12・3・31民集54巻3号1255頁〔日本電信電話事件〕············· 242
最判平成12・7・17労判785号6頁〔横浜南労基署長（東京海上横浜支店）事件〕··· 261
最判平成12・9・7民集54巻7号2075頁〔みちのく銀行事件〕············· 125
最判平成13・3・13民集55巻2号395頁〔都南自動車教習所事件〕·········· 34
最判平成13・6・22労判808号11頁······································ 41
東京地判平成14・2・27労判830号66頁〔中労委（日本アイ・ビー・エム）事件〕·· 284
最判平成14・2・28民集56巻2号361頁〔大星ビル管理事件〕············· 225
東京地判平成14・4・16労判827号40頁〔野村證券（留学費用返還）事件〕···· 185
最判平成15・4・18労判847号14頁〔新日本製鐵（日鐵運輸第2）事件〕····· 68
大阪地堺支判平成15・6・18労判855号22頁〔大阪いずみ市民生協（内部告発）事件〕
··· 89
名古屋高判平成15・7・8労判856号14頁〔豊田労基署長〔トヨタ自動車〕事件〕···· 262

最判平成15・10・10労判861号5頁〔フジ興産事件〕……………………30, 77, 78
最判平成15・12・4労判862号14頁〔東朋学園事件〕…………………………… 246
東京高判平成15・12・11労判867号5頁〔小田急電鉄（退職金請求）事件〕………… 114
最判平成15・12・18労判866号14頁〔北海道国際航空事件〕………………… 197
最判平成15・12・22民集57巻11号2335頁〔北海道旅客鉄道・日本貨物鉄道事件〕
　………………………………………………………………………………48, 51, 307

平成16～20年

東京地判平成16・3・26労判876号56頁〔独立行政法人N事件〕……………… 75
東京高決平成16・9・8労判879号90頁〔日本プロフェッショナル野球組織
　（団体交渉等仮処分抗告）事件〕…………………………………………17, 286
最判平成17・6・3民集59巻5号938頁〔関西医科大学研修医（未払賃金）事件〕……… 15
東京地判平成17・10・19労判905号5頁〔モルガン・スタンレー・ジャパン
　（超過勤務手当）事件〕…………………………………………………215, 221
大阪高判平成18・4・14労判915号60頁〔ネスレ日本（配転本訴）事件〕……… 66
最判平成18・4・18民集60巻4号1548頁〔安威川生コンクリート工業事件〕……… 299
最判平成18・10・6労判925号11頁〔ネスレ日本（懲戒解雇）事件〕………… 79
最判平成18・12・8労判929号5頁〔中労委（JR東海〔新幹線・科長脱退勧奨〕）
　事件〕………………………………………………………………………… 311
最判平成19・2・2民集61巻1号86頁〔東芝労働組合小向支部・東芝事件〕……… 275
最判平成19・6・28労判940号11頁〔藤沢労基署長（大工負傷）事件〕………… 15
最判平成19・10・19民集61巻7号255頁〔大林ファシリティーズ（オークビル
　サービス）事件〕……………………………………………………………… 225
東京地判平成20・1・28労判953号10頁〔日本マクドナルド事件〕…………… 219

平成21～25年

札幌高判平成21・3・26労判982号44頁〔NTT東日本（北海道・配転）事件〕……… 66
広島高松江支判平成21・5・22労判987号29頁〔三洋電機コンシューマエレクトロ
　ニクス事件〕…………………………………………………………………… 188
最判平成21・12・18労判1000号5頁〔ことぶき事件〕………………………… 218
最判平成22・3・25民集64巻2号562頁〔三佳テック事件〕…………………… 116
最判平成22・5・25労判1018号5頁〔小野リース事件〕………………………… 96
最判平成22・7・12民集64巻5号1333頁〔日本アイ・ビー・エム事件〕………… 72
東京高判平成23・2・23労判1022号5頁〔東芝事件〕………………………… 92
福岡高判平成23・3・10労判1020号82頁〔コーセーアールイー（第2）事件〕……… 56
最判平成23・4・12民集65巻3号943頁〔国・中労委（新国立劇場運営財団）事件〕…… 17
最判平成23・4・12労判1026号27頁〔国・中労委（INAXメンテナンス）事件〕……… 17
最判平成24・2・21民集66巻3号955頁〔国・中労委（ビクターサービス
　エンジニアリング）事件〕…………………………………………………… 17
最判平成24・3・8労判1060号5頁〔テックジャパン事件〕…………………… 215
最判平成24・4・27労判1055号5頁〔日本ヒューレット・パッカード事件〕…… 86
東京高判平成24・10・31労経速2172号3頁〔日本アイ・ビー・エム（退職勧奨）
　事件〕…………………………………………………………………………… 117
最判平成24・11・29労判1064号13頁〔津田電気計器事件〕…………………… 112
東京高判平成25・4・24労判1074号75頁〔ブルームバーグ・エル・ピー事件〕……… 95

最判平成25・6・6民集67巻5号1187頁〔八千代交通事件〕················· 239
東京地判平成25・12・5労判1091号14頁〔国・中労委（阪急交通社）事件〕··········· 157

平成26～31年
最判平成26・1・24労判1088号5頁〔阪急トラベルサポート（派遣添乗員・第2）
　事件〕·· 232
最判平成26・3・24労判1094号22頁〔東芝（うつ病）事件〕················· 265
最判平成26・10・23民集68巻8号1270頁〔広島中央保健生協（C生協病院）事件〕··· 169
最判平成27・2・26労判1109号5頁〔海遊館事件〕···················79, 81
最判平成28・2・19民集70巻2号123頁〔山梨県民信用組合事件〕·······126, 287
最判平成28・12・1労判1156号5頁〔福原学園事件〕······················· 59
最判平成29・7・7労判1168号49頁〔医療法人康心会事件〕················· 215
最判平成30・2・15労判1181号5頁〔イビデン事件〕······················· 188
最判平成30・6・1民集72巻2号88頁〔ハマキョウレックス事件〕············· 138
最判平成30・7・19労判1186号5頁〔日本ケミカル事件〕··················· 215
最判平成30・9・14労判1194号5頁〔日本郵便（期間雇用社員ら・雇止め）事件〕··· 32
最判平成31・4・25労判1208号5頁〔平尾事件〕·························· 36

令和元年～
最判令和2・2・28民集74巻2号106頁〔福山通運事件〕··················· 185
最判令和2・3・30民集74巻3号549頁〔国際自動車（差戻上告審）事件〕··········· 215
最判令和2・10・13民集74巻7号1901頁〔メトロコマース事件〕············· 138
最判令和2・10・13労判1229号77頁〔大阪医科薬科大学（旧大阪医科大学）事件〕··· 138
最判令和2・10・15労判1229号58頁〔日本郵便（東京）事件〕············· 138
最判令和2・10・15労判1229号5頁〔日本郵便（佐賀）事件〕············· 139
最判令和2・10・15労判1229号67頁〔日本郵便（大阪）事件〕············· 138
神戸地姫路支判令和3・3・22労判1242号5頁〔科学飼料研究所事件〕·········· 140
中労委令和3・8・4「労働協約の地域的拡張適用に関する決定を求める申立て」に係
　る決議、厚生労働大臣決定令和3・9・22····························· 293
大阪高判令和3・11・4労判1253号60頁〔東リ事件〕··················· 151
最判令和4・3・18民集76巻3号283頁〔山形大学事件〕··················· 318
東京高判令和4・9・14 LEXDB25593539〔日本通運事件〕················· 146

おわりに

どこかの教科書売り場にて——

「この本ってさー、『プレップ』にしては厚くない？ 労働法の
　くせに生意気じゃね?!」
「確かにー！ せっかくのこじゃれた装丁もこの厚さだとちょ
　いダサー、みたいな」

　おっしゃるとおり。「プレップとは、英語のPrepで予習、予備、
準備という意味」なのに、「これから法律学にチャレンジする人
のため」の、「新しいタイプの『入門の入門』書」（以上、弘文堂ホ
ームページより）なのに、結局フツーの教科書くらいの厚さになっ
てしまった。値段もその分ちょっと高い。
　いや、筆者も最初はせいぜい200頁いくかいかないかくらいの
ボリュームで考えていたのだが、いざ書き出してみると「アレも
大事だ」「コレは落とせない」「ソレを書かないとアホだと思われ
る（○○センセイには面と向かってアホと言われる）かも」——で気が
ついたら300頁だ。そう、（論点の）リストラ、（ページ数の）ダウン
サイジング、（記述の）スリム化にことごとく失敗してしまったの
である。たぶん経営者だったら完全に失格だ……でも労働法学者
としてはむしろ立派かも。

＊　　　＊　　　＊

　そんなやや「大盛り」の「プレップ」を最後まで読んで頂いた
読者の皆さん、本当にありがとうございました。途中ほとんどと
ばしてとりあえず今ここを読んでいるアナタ、でも大丈夫、ミス
テリーってわけでもないのでここを読んでも犯人とかオチがわか

っちゃったりはしません。これから時間をかけてゆっくり中身を
読んでもらえれば嬉しいです。

2006年秋　やっぱり吉祥寺東急裏のスタバにて

森戸　英幸

【著者紹介】

森戸英幸（もりと　ひでゆき）

1965年　千葉県生まれ
1988年　東京大学法学部卒業
　　　　東京大学法学部助手、成蹊大学法学部助教授、
　　　　コロンビア大学ロー・スクール客員研究員、
　　　　ハーバード大学ロー・スクール客員研究員、
　　　　成蹊大学法科大学院教授、上智大学法学部教授などを経て
現　在　慶應義塾大学大学院法務研究科教授

ターポン、米咲さん、古田先生、りえちゃんにそっと捧ぐ

プレップ労働法〔第7版〕　　　　　　　　プレップシリーズ

2006（平成18）年12月15日	初　版1刷発行
2008（平成20）年8月30日	第2版1刷発行
2011（平成23）年3月15日	第3版1刷発行
2013（平成25）年9月15日	第4版1刷発行
2016（平成28）年3月30日	第5版1刷発行
2019（令和元）年5月1日	第6版1刷発行
2023（令和5）年1月30日	第7版1刷発行
2024（令和6）年1月30日	同　2刷発行

著　者　森戸英幸
発行者　鯉渕友南
発行所　株式会社　弘文堂　　101-0062　東京都千代田区神田駿河台1の7
　　　　　　　　　　　　　　TEL 03（3294）4801　振替 00120-6-53909
　　　　　　　　　　　　　　https://www.koubundou.co.jp

装　幀　青山修作
印　刷　三美印刷
製　本　井上製本所

ISBN978-4-335-31333-2

弘文堂プレップ法学

これから法律学にチャレンジする人のために、覚えておかなければならない知識、法律学独特の議論の仕方や学び方のコツなどを盛り込んだ、新しいタイプの"入門の入門"書。

プレップ	法学を学ぶ前に	道垣内弘人
プレップ	法 と 法 学	倉沢康一郎
プレップ	憲 法	戸松秀典
プレップ	憲 法 訴 訟	戸松秀典
プレップ	民 法	米倉 明
*プレップ	家 族 法	前田陽一
プレップ	刑 法	町野 朔
プレップ	行 政 法	高木 光
プレップ	環 境 法	北村喜宣
プレップ	租 税 法	佐藤英明
プレップ	商 法	木内宜彦
プレップ	会 社 法	奥島孝康
プレップ	手 形 法	木内宜彦
プレップ	新民事訴訟法	小島武司
プレップ	破 産 法	徳田和幸
*プレップ	刑事訴訟法	酒巻 匡
プレップ	労 働 法	森戸英幸
プレップ	社会保障法	島村暁代
プレップ	知的財産法	小泉直樹
プレップ	国 際 私 法	神前 禎

*印未刊